고상만의 수사반장

고상만의 수사반장

2017년 2월 20일 초판 1쇄 펴냄

펴낸곳 도서출판 삼인

지은이 고상만
펴낸이 신길순

등록 1996. 9. 16 제25100-2012-000046호
주소 03716 서울시 서대문구 연희로 5길 82(연희동 2층)

전화 (02) 322-1845
팩스 (02) 322-1846
전자우편 saminbooks@naver.com

디자인 디자인 지폴리
인쇄 수이북스
제책 은정제책

ISBN 978-89-6436-125-2 03330

값 14,000원

고상만의 수사반장

고상만 지음

삼인

억울한 이에게 자상하고
불의한 이에게 무서운 고 반장

〈고상만의 수사반장〉을 함께했던 시간을 그리며

고상만 반장~ 잘 있었어?

군 의문사 피해 유족을 위한 연극 〈이등병의 엄마〉를 기획·제작하느라 요즘 많이 바쁘지? 이 책 원고를 읽다 보니 경쾌한 시그널과 함께 "고상만의 수사반장!"을 외치던 그때가 절로 생각나는군.

예전 흑백텔레비전 시절 인기 높았던 드라마 〈수사반장〉 기억하지? 그 주인공 박 반장(텔런트 최불암 분)은 어떤 경우에도 쉽사리 흥분하지 않는 냉철하고도 온화한 인물로 그려지고 있었지.(사실 그 당시 경찰의 실상과는 달랐지만) 그런데 어떤 에피소드에서의 장면 하나. 추운 겨울에 한 아이가 얼어 죽어가고 있는데 이를 외면했던 한 남자의 멱살을 잡고 그 특유의 쉰 목소리로 불같이 화를 내던 장면이 나에게는 잊히지가 않네.

"야, 이놈아! 너는 따뜻한 사무실에 있을 때 밖에서는 한 아이가 울면서 죽어가고 있었어!"

대강 이런 대사였을 거야. 그렇게 사회적 약자의 억울함을 대변하던 박 반장처럼, 고 반장 역시 나에게는 그런 이미지로 남아 있네.

대한변협 인권위 재심소위원회 부위원장으로, 고양시 인권위원으로, 또 국회의원 보좌관으로, 교육청 시민감사관으로, 미디어협동조합 국민 TV의 발기인 및 대의원으로, 혹은 〈오마이뉴스〉 시민기자와 책을 쓰는 저술가로 활동하는 와중에 나와 방송하며 '수사반장'이라는 명칭까지 더 했지. 이렇게 별칭이 많다 해도 고 반장은 역시 '인권운동가'라는 호칭이 대표 수식어이긴 하지만.

학내 민주화를 이루려다 의문사로 목숨을 잃은 김용갑 선배, 몸에 불을 붙이며 그 김용갑의 억울한 죽음을 밝히라며 외쳤던 정연석 친구를 보면서 '더 이상 누군가가 억울하게 목숨을 잃는 세상을 만들지 않겠다'며 인권운동가의 길을 선택한 고 반장은 그 순간부터 지금까지 늘 정의를 향한 분노와 눈물을 잃지 않았다고 생각해.

그것이 때로는 시국 사범으로 구속되었을 때 고 반장이 우연히 만났던 어린 소년수를 걱정하는 마음으로, 때로는 사이비 진보 언론인에 대한 규탄으로, 혹은 재야인사 장준하 선생의 의문사를 밝히고자 하는 의분으로 내내 나타나고 있다고 믿네.

그래서 나는, '고 반장의 저런 에너지는 도대체 어디에서 나오는 것일까!' 늘 놀랍고 감탄하게 되네. 누구나 느끼고 생각하는, 하지만 어느새 무뎌져버린 정의에 대한 감수성을 고 반장은 어른이 되어 가정을 이루고, 그렇게 해서 낳은 아들이 예비역 병장이 되고, 딸아이가 대학생이 된 지금까지도 잊지 않고 있으니 말이야. 그 열정으로 수많은 사건을 꼼꼼하게 살피고 분석하는 냉정함과 세심함 속에 고 반장은 가슴속 불덩어리를 품고 있는 것이지.

　생각해보면, 방송에서 고 반장이 제일 자주 쓴 부사가 무엇인지 아나? 아마도 '놀랍게도'가 아니었을까? "놀랍게도 그는 사실을 부인했다" "놀랍게도 진실은 따로 있었다", 뭐 이런 식으로 말이지.

　맞아, 우리는 정말 상식이나 사실마저도 부인하고 무시하는, 그야말로 '놀라운' 사건과 사람들 속에서 살아가고 있지. 그래서 듬직한 몸집에 어울리는 우렁찬 목소리로 때로는 절규하고, 울고, 웃으며, 그래서 함께했던 그 방송은 'On Air'라는 말처럼 허공에 흩어지는 것이 아니라 여기저기 사람들의 마음속에 켜켜이 쌓여 있을 것이라고 생각하네. 아니면 땅 밑에서 불이 붙어버린 석탄처럼 이글거리고 있을 거야. 그렇지 않으면 2016년 연말을 달궜던, 천만이 넘는 저 도도한 촛불의 바다를 설명할 수 없다고 생각해.

　2016년 연말에 군 의문사 가족들과 송년회를 했다는 소식을 전하며 고 반장이 나에게 들려준 이야기가 생각나는군. 가슴에 자식을 묻은 그 부모님들이 식사 후 2차로 노래방을 가셨는데 그곳에서 일부러 즐거운 노래만 부르다가 누군가 가수 임희숙 씨의 〈내 하나의 사람은 가고〉를 부르자 모두들 걷잡을 수 없이 눈물보가 터졌다는 그 이야기. "너를 보내는 들판에 마른 바람이 슬프고…"로 시작하는 그 노래는 이별가였으니 말이야. 아무리 즐거운 생각을, 행복한 분위기를 만들고 싶어도 억울함이 풀리지 않고 또한 유족이 알고 싶어 하는 그 진실이 온전히 밝혀지지 못한다면, 그것은 거짓 위로일 뿐이지. 설사 그렇다 하더라도 죽은 자식이 돌아올 수 있는 것은 아니지만….

세월호 참사 가족과 친구들이, 검찰, 경찰이 만들어내었던 억울한 사람들이, '대표적인 군 의문사' 허원근 일병의 늙은 아버지 허원춘 님이, 감옥에서 나이 들어가는 존속살인 혐의 무기수 김신혜 씨가 다소라도 포한을 풀려면, 죽어도 차마 눈을 못 감은 고인들과 화병으로 세상을 등진 이들의 눈을 감기려면, 아직도 가야 할 길이 멀지 않은가 말일세.

나는 고 반장이 이렇게 억울하고 원통한 사람들의 이야기를 들어주고, 처참한 광경을 목격하고, 거짓말을 일삼는 이들과 싸우며 마음이 다칠까봐, 다치지는 않더라도 거칠어질까 봐 걱정되네. 방송을 함께하며 듣고 맞장구만 치던 나도 이렇게 힘든데 말이지. 그러니 가끔이라도 편하게 쉬었으면… 전화기도 잠시 꺼두고 말이지. 고 반장의 그 장난기 어린 웃음이 얼마나 쉽게 사람을 무장해제시키는지 아는가? 그 개구진 함박웃음을 더욱 자주보고 싶네.

그러기 위해서는 법을, 정치를 바로 세우는 나라를 만드는 것이 제일 빠른 길이 아니던가? 그래서 우린 또 광장에서 촛불을 들고 만나는 것이고 말이야. 그때까지 억울한 이에게 자상하고 불의한 이에게 무서운 고상만 수사반장의 건투를 빌겠네. 끝으로 고 반장의 영원한 직속상관이신 제수씨에게 안부 꼭 전해주게. ㅎㅎ

2017년 1월
팟캐스트 〈고상만의 수사반장〉을 함께 진행했던
형 손병휘로부터

〈고상만의 수사반장〉은 계속 뛰겠습니다

2014년 2월의 일이었다. 그날 나는 인기 팟캐스트 〈나는 꼼수다〉 출연으로 인연을 맺게 된 김용민 PD로부터 연락을 받았다. 미디어협동조합에서 운영하는 국민라디오가 개편을 하는데 새로 신설될 방송 중 하나를 맡아서 진행해줄 수 있냐는 요청이었다. 그러면서 내가 할 방송의 제목까지 자기가 정했다는 것이다. 그렇게 해서 만들어진 팟캐스트 이름, 〈고상만의 수사반장〉이었다.

첫 방송을 한 날은 2014년 4월 2일이었다. 이렇게 해서 만 2년간 진행한 팟캐스트 〈고상만의 수사반장〉을 통해 나는 참으로 많은 걸 얻었다. 무엇보다 큰 변화는 사람들이 나를 부르는 '별칭'이었다. 이 방송을 맡기 전까지 나를 부르는 별칭은 참 다양했다. 예를 들어 내가 국회에서 일할 때 만난 분들은 아직도 나를 '보좌관'이라고 부른다. 또 인권단체에서 일할 때 만난 분들은 '간사'라고 불렀고 교육청 감사관실에서 일할 때 만난 이들은 '시민 감사관'이라고도 부른다. 인터넷 매체인 〈오마이뉴스〉에 기사를 쓰고 있어 또 누군가는 '기자'라고 부르기도 하고 책을 여러 권 냈다며 '고 작가'라고 부르기도 한다. 이처럼 많은 별칭 중에 그래도 가장 많았던 호칭은 '고상만 조사관'이었다. 과거 의문사위원회에서 재야인사 장준하 선생 사건을 담당했던 경험 때문에 그러한 것 같다. 그래서 여러 사람이 한자리에 모여 있는 경우, 나를 부르는 호칭이 제각각인 경우도 있었다. 그러다 보니 종종 나에게 "저, 혹시, 저희가 뭐라고 호칭해야 맞는 건가요?"라며 묻는 경우도 있었다. 그럴 때 나 역시 뭐가 좋을지 몰라 그저 배시시 웃는 것으로 대신하기도 했다. 그런데 바로 이 별칭 고민을 정리해준 것이 고맙게도 〈고상만의 수사반장〉이었다. 그 숱한 호칭을 다 정리하고 지금은 나를 만나는 대부분의 사람들이 부르는 별칭, 바로 '고 반장님'이다. 사연 모르는 남들이 들으면 저 사람이 무슨 동네 통·반장쯤 되나 싶을지도 모르겠다. 그래서 처음엔 '고 반장'이라며 나를 부르는 것에 민망한 생각도 들었다. 하지만 차차 이 별칭이 익숙해지면서 이제는 누군가가 "뭐라고 호칭해야 적절하냐?"며 물으면 "네, 많은 분들이 반장이라고 하니, 고 반장이라고 하시면 좋겠네요"라고 답한다. 그래서 나에게 영원히 잊히지 않을 '고 반장'이라는 애칭을 만들어준 이 방송, 〈고상만의 수사반장〉은 영원히 잊을 수 없는 의미로 남게 된 듯하다.

돌아보면, 내 삶의 반전은 1989년 일어났다. 그해 봄, 나는 대학 입학 후 학생운동에 입문하였고, 이듬해 봄에 함께 민주화운동을 하던 동료 형을 잃었다. 2시간 25분 실종 끝에 시신으로 발견된 의문사였다. 이듬해 봄에도 비극은 계속 이어졌다. 1991년 봄, 이때 나와 가까운 운동권 동료가 분신 자결을 시도하는 슬픔을 겪었다. 앞서 일어난 형의 의문사 사건의 진실을 밝혀달라는 절규였다. 그리고 이어진 분규와 항쟁…. 얼마 후, 나는 경찰의 수배를 받게 되었고 결국 감옥에 갇히는 고난을 겪게 된다.

그때였다. 1991년 3월 말의 비 내리던 밤, 구속영장이 발부된 그날 호송 버스를 타고 감옥으로 향하는 길에 비가 거칠게 창문을 때렸다. 나는 온몸이 포승줄로 묶인 채 수갑을 차고 그렇게 감옥으로 끌려가고 있었다. 그때 생각했다. 나는 왜 지금 감옥으로 끌려갈까? 왜 형은 억울하게 죽었으며 내 동료는 살아서 싸우지 못하고 죽음을 각오하고 항거했을까? 그래서 내려진 결론은 하나였다. '힘이 없어서'였다. 그때 결심했다. 인권운동가가 되겠다고. 그래서 다시는 나처럼, 우리처럼 당하지 않는 정의로운 세상을 만들겠다고 생각했다. 그것이 내가 인권운동가로서 살아가게 된 계기이다.

이 책은 '내 이름으로 내는' 여섯 번째 책이다. 무릇 모든 책이 그렇지만, 이 책의 출간은 저자인 나에게 있어 더욱 특별하다. 이 책에 담긴 누군가의 사연 때문이다. 왜 그럴까? 인권운동가인 내가 가장 하고 싶은 일은 억울한 누군가의 '스피커 역할'이었다. 억울하지만 그 억울함조차도 말할 수 없는 누군가를 대신하여 그 억울함을 전하는 것, 그것이 내가 가장 잘할 수 있는 인권운동 중 하나라고 늘 여겨왔다.

그동안 〈고상만의 수사반장〉에서 다뤘던 사건 피해자들은 대부분 이미 이 세상 사람들이 아니다. 그렇기에 자신의 억울함을 말할 수 없는 이들이다. 또 누군가는 감옥에 갇혀 있거나 또 누군가는 그 억울함을 설명할 길이 없어 깊은 절망에 빠진 분들이다. 그렇기에 나는 이분들을 대신하여 그들의 억울함을 전하고 싶었다. 그래서 〈고상만의 수사반장〉을 통해 이

분들의 사연을 전하고자 나는 나름 애를 썼다. 하지만 애석하게도 정해진 방송 시간 내에 미처 다 전하지 못한 말들이 많았다. 사연은 끝내 삼켜지지 못한 채 내 가슴에 늘 미안함으로 남았다. 그래서 생각한 것이 이 책, 책으로 읽는 〈고상만의 수사반장〉이었다.

다행히 책의 출간에 화답해주신 삼인출판사 홍승권 부사장님 덕분에 잊힌 그들의 이름이 세상에 다시 메아리쳐질 수 있게 되었다. 그 고마움을 무엇으로 전해야 될지 모르겠다. 독자들의 선택으로 그 고마움이 전해지기를 바랄 뿐이다. 또한 내 길을 한결같이 응원해주는 고마운 아내 장경희 님에게도 내 고마움을 전한다. 참 고맙다.

비록 방송은 끝났으나 〈고상만의 수사반장〉은 내 마음속에 남아 계속 뛸 것을 약속드린다. 여전히 우리 주변에는 억울한 이들의 호소가 남아있고, 그 억울함을 들어주는 것만으로도 누군가는 살아갈 힘을 얻는다고 믿기 때문이다. 그 길 위에서 더 많은 분들이 함께해주실 것을 또한 믿는다. '정의는 더디 오지만 결국 진실을 찾아온다'는 확신을 의심치 않기에, 우직하게 그 길을 걸어갈 것을 이 책의 독자님들께 약속드린다.

함께 가시자.

2017년 1월
꽃우물 마을에서
고상만

차례

3부　되돌아올 수 없는 우리 군인들의 목소리

1부

대한민국에서
정의는 가능한가

영화보다 슬픈, 영화보다 아픈
한 목사의 여정

영화 〈7번 방의 선물〉 모티프, 춘천파출소장 딸 강간살인사건

2003년 어느 날, 당시 제가 살고 있던 경기도 안산 집으로 60대 정도 노인 목소리의 남자로부터 전화가 걸려왔습니다. 제가 앞서 출간한 책 『니가 뭔데⋯⋯—젊은 인권운동가가 들려주는 인권 현장이야기』라는 책을 읽은 독자이신데, 이 책을 읽고 너무 큰 감동을 받았다고 격려를 해주시더군요. 그렇게 집으로 전화까지 해서 격려해주는 사람은 처음이었기에 사실 미심쩍기도 했습니다. 국정원 등 공안 관련 기관 사람이 공갈을 치는 것은 아닌가, 정신적으로 뭔가 문제가 있는 사람은 아닌가 하는 상상까지 한 걸 고백합니다.

어쨌거나 그래서 "우리 집 연락처는 어찌 아셨냐"고 여쭈어보니 "출판사를 통해 알게 되었다"면서 갑자기 집 주소를 알려달라셨습니다. 시골에서 사슴을 키우는데 녹용을 많이 넣어 달인 보약을 보내주고 싶다고 하

시더군요. 당연히 사양했습니다. 아직 나이도 젊고 보약 먹을 줄도 모르니 마음만으로 이미 먹은 것 같다며 만류했습니다. 하지만 그분의 호의는 막무가내였습니다. 결국 그분의 완강한 고집에 꺾여 주소를 불러드리고 말았습니다. 대신 저도 조건을 제시했습니다. 그 선물을 그냥 받는 것은 부담스러우니, 제가 쓴 책을 그 보약 값 대신 보내드리겠다고요. 그렇게 해서 뜻하지 않은 선물을 주고받게 된 얼마 후였습니다. 그분에게서 다시 연락이 왔습니다. 서울에 볼일이 있어 올라오는데 그 길에 한번 만날 수 있겠냐는 말씀이었습니다.

그렇게 만나게 된 그분은, 말 그대로 '호호 할아버지'였습니다. 자그마한 체구에 사람 좋은 미소, 그리고 온 얼굴을 덮은 하얀 수염이 멋진, 그런 할아버지가 대뜸 제게 아주 두툼한 인쇄물 한 뭉치를 건네주는 것 아닌가요. 한번만 읽어봐달라는 부탁과 함께….

지난 2013년 개봉되어 총 관객 1,281만 명의 가슴을 울린 영화 〈7번 방의 선물〉 모티프가 된 정원섭 목사님과 제가 처음 만난 사연입니다. 그리고 저에게 건넨 두툼한 인쇄물은 바로, 자신이 당한 이 사건의 전모를 기록한 문서였습니다. 1972년 11월부터 춘천파출소장 딸 강간살인사건 용의자로 체포·구속되어 이후 1973년 3월 사이에 모두 4번에 걸쳐 1심 재판부에 제출했던, 이름하여 '장편 탄원서'라 쓰인 정원섭 목사님의 기록이었습니다.

오늘 〈고상만의 수사반장〉은 이 문서에 기록된 내용을 중심으로 영화 〈7번 방의 선물〉 모티프가 된 이 사건 '72년 춘천파출소장 딸 살인사건의 진실, 그리고 여전히 해결되지 못한 비극'을 준비했습니다.

1972년 9월 28일, 박정희 독재 권력이 유신 체제 선포를 통해 장기 집권 시나리오를 비밀리에 추진하고 있던 그때, 강원도 춘천에서 매우 충격적인 사건이 발생했습니다. 당시 춘천경찰서 역전 파출소장의 11살 된 딸 장미희 양이 실종 14시간 만에 숨진 채 발견된 것입니다. 그리고 이어진 부검 결과, 안타깝게도 장미희 양은 누군가에 의해 성폭행당한 후 목졸려 살해된 것으로 밝혀집니다.

어린이를 상대로 한 성폭행 살인 사건도 경악스러웠고, 더구나 그 피해자가 현직 파출소장의 딸이라는 점에서 이 사건은 엄청난 사회적 파문을 일으키게 됩니다. 당시만 해도 한적한 시골이었던 강원도 춘천에서 벌어진 이 사건은, 그래서 전 국민의 관심사가 되기에 충분했습니다. 그러자 박정희 정부 역시 소용돌이치는 국민적 분노에 방관할 수 없었습니다. 사건 발생 이틀이 지나가던 10월 1일, 김현옥 내무부장관이 직접 수사본부가 차려진 춘천경찰서를 방문합니다. 그러면서 김현옥 내무부장관은 장미희 양 살인사건을 비롯하여 그 당시 발생했던 강력 미제 사건 범인을 10일 내에 전부 검거하라는 특별 지시를 내립니다. 김현옥 당시 내무부장관이 지시를 내린 날이 10월 1일이니, 따라서 10월 10일까지 이 사건 범인을 검거하라는 지침에 따라 춘천경찰서는 그야말로 전쟁 아닌 전쟁을 벌일 수밖에 없었습니다. 만약 기한 내에 범인을 검거하지 못할 경우 해당 사건 책임자에게 책임을 묻겠다는 강력한 경고가 있었기 때문입니다.

김현옥 장관의 이 말을 단순 경고로 생각한 이는 아무도 없었습니다. 이유가 있었습니다. 김현옥 장관은 '불도저'라고 불렸는데, 자신의 목표대로 밀어붙이는 것만이 전부인 사람이었습니다. 이를테면, 우리 근현대사를 이야기할 때 빠지지 않는 유명한 사건, 와우 아파트 붕괴사건의 이면에도 김현옥의 불도저 정신이 도사리고 있습니다. 우리나라에서 최초로 지어진 아파트는 서울의 와우 아파트입니다. 이 당시 서울시장은 대통령이 임명했는데, 당시 서울시장이 김현옥이었습니다. 그는 대한민국이 처음 짓는 이 아파트를 초고속으로 지어 세상을 깜짝 놀라게 해주고 싶었습니다. 그래서 불도저식으로 현장을 밀어붙인 결과, 1969년 6월에 착공한 지상 5층의 아파트 15개 동이 불과 6개월 만에 지어지게 됩니다. 엉터리 날림 공법으로 모든 것을 지은 이 아파트, 하지만 초고속으로 지은 이 아파트의 공기 단축보다 더 놀라운 일은 그다음에 벌어집니다. 이 아파트가 순식간에 와르르 무너지고 만 것입니다. 날림 공사로 인한 결과는 너무도 참혹했습니다. 33명이 사망하고 40여 명이 크고 작은 부상을 입었습니다. 결국 김현옥은 이 사고에 대한 책임을 지고 서울시장에서 경질됩니다. 그러나 이처럼 무능하고 무책임한 김현옥을 총애하는 사람이 있었습니다. 당시 대한민국 독재자 박정희 대통령입니다. 박정희는 김현옥을 다시 내무부장관에 기용합니다. 그의 잘못된 '불도저' 사고가 입에 맞으니 재신임한 것입니다.

그러한 김현옥이 이번엔 강원도 춘천에 나타나 똑같은 방식으로 범인 검거를 밀어붙이고 있었던 것입니다. 밑도 끝도 없이 '10일 내 범인 검거'를 지시한 김현옥 내무부장관, 그러니 경찰 입장에서는 그야말로 죽기 아니면 살기로 범인을 검거하기 위해 몸부림칠 수밖에 없는 일이었습니다. 그리고 김현옥 장관이 데드라인으로 설정한 마지막 날을 하루 앞둔 10월 9일, 정말 놀라운 소식이 뉴스를 통해 전파됩니다. 김현옥이 제시한 검거 시한 31시간을 남겨둔 그때, 춘천파출소장 딸 장미희 양을 강간하고 목 졸라 살해한 범인을 경찰이 검거했다는 소식이 전파를 탑니다.

범인은 정원섭, 이 사건이 벌어진 마을에서 만화가게를 운영하던 당시 서른여덟 살의 남자였습니다. 경찰이 당시 발표한 수사 결과에 따르면, 경위는 이렇습니다. 범인 정원섭 씨는 대학 졸업 후 초등학교 교사로 일하다가 고향인 춘천으로 돌아와 만화가게를 운영하며 생계를 유지하고 있었다 합니다. 교사 재직 중 아들 하나를 병으로 잃자 이에 크게 낙담하여 고향으로 돌아온 것이라고 합니다. 그러던 중 사건이 발생한 1972년 9월 28일, 자신이 운영하는 만화가게로 장미희 양이 들어오자 정원섭 씨가 순간적으로 성적 충동을 느꼈다고 경위서는 적고 있습니다. 정원섭 씨가 장미희 양에게 자신의 가게에선 TV가 잘 안 나오니 이웃 만화가게로 가서 TV를 보자며 밖으로 꾀어냈다는 것입니다. 그런 후 사건 현장으로 유인, 그곳에서 강간을 한 후 신고할까 두려운 마음에 목을 졸라 살해했다는 것입니다. 경찰의 이러한 발표 후 사건을 송치받은 검찰 역시 정원섭 씨를 이 사건 강간 치사 혐의로 재판에 기소한 것입니다.

한편 수사기관이 이 사건 범인이 정원섭 씨가 틀림없다며 내세운 증거들이 있었습니다. 먼저 사건 현장에서 발견된 연필이 있습니다. 장미희 양의 사체가 발견된 현장에 연필 한 자루가 떨어져 있었는데 이 연필 주인이 바로 정원섭 씨의 초등학생 아들이라는 것입니다. 경찰은 이 진술을 정 씨의 아들에게서 확인했다고 밝혔습니다. 또한 정 씨가 사건 발생을 전후하여 입었던 팬티에 피가 묻어 있었다는 주민의 진술도 확보했다고 경찰은 밝혔습니다. 당시 정원섭 씨의 부인이 임신 중이라서 마을의 한 여자에게 돈을 주고 빨래 등 집안일을 부탁했었는데, 정 씨 집 일을 하던 여인에게서, 빨래 가운데서 정 씨 속옷에서 피를 봤다는 증언이 나옵니다. 그런데 이러한 증거와 진술 외에 더 확실한 증거가 있었습니다. 바로 "내가 장미희를 강간 후 살해했다"는 정원섭 씨의 자백 진술조서였습니다. 그 당시 기준으로 보면 자백은 가장 확실한 증거였습니다. 지금으로서는 말이 안 되는 일이지만 '인권'이라는 단어가 사치스러웠던 박정희 독재 시절에는, 자백이야말로 가장 훌륭한 증거였기 때문입니다.

한편, 경찰의 범인 검거 보고에 누구보다 기뻐했던 이가 있었으니, 바로 내무부장관 김현옥이었습니다. 10일 내 범인 검거를 지시하고 언론으로부터 뜨거운 주목을 받고 있던 상황에서 만약 자신의 지휘가 공염불로 그치게 되면 면목이 없었을 테니 말입니다. 그런데 그 불도저 지시가 현실화되었으니 자신의 강력한 지도력이 통한 듯 자신만만했겠지요. 그래서 1972년 10월 12일, 범인 검거 소식이 알려지고 불과 3일 만에 범인 정원섭을 검거했다는 경찰관에게 특진과 내무부장관 표창이 수여됩니다. 그렇게 해서 일계급 특진한 사람이 춘천경찰서 경장 김상범과 순경 이준상, 그리고 내무부장관 표창자로는 강원도경 수사과 소속의 경사 황춘근과 춘천경찰서 순경 진현천이 영광을 안게 됩니다. 그야말로 황홀한 축제 분위기였습니다.

한편 그들이 축제를 하는 동안 이 축제의 먹잇감이 된 정원섭 씨는 지옥으로 떨어지고 맙니다. 1973년 3월 30일 춘천지법에서 있었던 이 사건 1심 판결에서 정원섭 씨는 '강간 치사죄'가 적용되어 무기징역을 선고받습니다. 이후 같은 해 11월 27일에는 대법원에 제기한 상고가 기각되었습니다. 이로써 정원섭 씨는 언제 석방될지 알 수 없는 무기수로 수형생활을 시작하게 됩니다. 검찰의 사형 구형에도 불구하고 무기징역을 선고받은 것을 그나마 다행으로 여겨야 할까요? 그렇게 이어진 끝도 없는 무기수로서의 수형생활….

그런데 불가능할 것 같은 일이 벌어졌습니다. 놀랍게도 정원섭 씨가 감옥에서 풀려나게 된 것입니다. 그것도 대한민국 무기수 역사상 최단 시간인 만 15년 3개월 만에 석방된 것입니다. 때는 1987년 12월 24일, 크리스마스를 하루 앞둔 날이었습니다. 어찌 된 일일까요? 그 놀라운 반전을 지금부터 들려드립니다.

정원섭 씨는 처음 구속되었을 때 자살을 결심했다고 합니다. 자신이 하지도 않은 일로 억울하게 구속되었기 때문입니다. 그런데 그 억울한 일로 무기징역까지 선고받자 더 이상 삶의 희망을 이어갈 수 없었다고 합니다. 그래서 자살할 방법을 찾고 있던 그때, 뜻밖에도 한 사람이 면회를 왔습니다.

바로 유명한 여성 운동가 이우정 씨입니다. 훗날 정치인으로서 민주당 대표와 국회의원을 지낸 분입니다. 또한 구속된 정원섭 씨와는 한신대학교 선후배 관계로 매우 가까운 사이였다고 합니다. 그런 이우정 씨가 찾아와 건넨 첫마디가 이후 정원섭 씨의 인생을 바꾸게 됩니다.

"원섭아, 너 억울하지? 그래서 죽고 싶지?"

그 말에 정원섭 씨가 고개를 들어 이우정 선배를 바라봤다고 합니다. 그러자 다시 이어진 이우정 씨의 말….

"원섭아, 나는 안다. 네가 억울하다는 것을. 그러니 죽지 마라. 네가 죽으면 너를 무고하게 만든 사람들에게 면죄부를 주는 것이다. 그러니 여기서 살아나와 반드시 네 무죄를 밝히도록 하자. 그게 네가 해야 하는 또 다른 소명인 것을 생각해보렴."

이 말 한마디로 정원섭 씨는 다시 일어나게 되었다고 합니다. 그동안 자살하기 위해 준비했던 방법들을 모두 버리고 대신 손에 성경을 듭니다. 그러면서 한신대학교에서 신학 공부를 했던 마음으로 돌아가 성경을 읽기 시작했다고 합니다.

그러면서 깨달은 또 하나, 그동안 자신이 외면해온 예수에 대한 것이었습니다. 아들을 잃은 후 정원섭 씨는 하느님을 원망했다고 합니다. 교사로서, 또 전도사로서 열심히 하느님께 봉헌하며 찬양해왔는데 왜 자신에게 이런 시련이 왔을까 싶어 이후 정원섭 씨는 하느님과 성경을 멀리했다고 합니다. 그런데 바로 그러한 자신을 꾸짖기 위해 하느님이 이런 시련을 주신 것이라고 생각하게 된 것입니다. 그러면서 정원섭 씨는 무릎을 꿇었습니다. 그동안 잘못되게 살아왔던 과거를 반성하고 진정으로 뉘우치는 절절한 눈물 고백이 이어졌습니다. 그 순간 정원섭 씨는 자신을 '기름 가마에 던져진 도넛 반죽'이라고 생각했다고 합니다. 뜨거운 기름 속에 던져진 그 도넛 반죽처럼, 고통스럽지만 참고 견디면 결국 모두에게 행복을 주는 결과물이 되는 것처럼 진심으로 회개하고 다시 일어서자고 결심합니다.

이후 정원섭 씨의 삶은 달라졌습니다. 과거 군 복무 시절 군악대에 있었던 경험을 살려 교도소에서 합주단을 만들었습니다. 이를 위해 모든 악기를 스스로 배워 이를 다른 재소자에게 가르쳤다고 합니다.

그렇게 눈물겨운 만 15년 3개월의 시간이 흘러갔습니다. 무기수 정원섭은 교정당국도 감동케 했습니다. 정원섭 씨의 말이라면, 그가 한 일이라면 그럴 만한 명분이 있을 것이라는 상호 믿음이 생겼고 그 결말 역시 기대와 다르지 않았습니다. 1987년 12월 23일 저녁, 교도소장이 갑작스럽게 정원섭 씨를 찾았습니다. 무슨 일인지 모르고 교도소장실에 들어선 정원섭 씨에게 잠시 후 들려온 말 한마디.

"그동안 고생하셨습니다. 내일 세상으로 나가셔도 될 것 같습니다. 방금 법무부에서 크리스마스 특사로 정 선생님을 석방하라는 결정이 도착했습니다. 축하드립니다."

그날, 1987년 12월 24일 하늘에서는 하얀 눈이 내렸다고 합니다. 무기수로서 보낸 15년 3개월, 그 억울한 세월을 보상해주려는 듯 그렇게 하늘에서는 크리스마스이브의 눈이 내렸습니다.

그런데 정원섭 씨는 다시 스스로를 15년간 더 세상에 묻어두게 됩니다. 세상에 나와 자신의 억울함을 밝히기 위해 바로 나서지 않았습니다. 그러기에는 여전히 세상은 바뀐 것이 없었기 때문입니다. 무기수에서 특사로 세상에 나왔지만 작은 감옥에서 큰 감옥으로 나왔다뿐, 여전히 그는 춘천파출소장 딸 강간살인범일 뿐이었습니다.

슬픈 일은 또 있었습니다. 자신이 구속되어 있는 동안 부모님이 모두 돌아가신 겁니다. 이 사실을 전해주던 누나가 정원섭 씨에게 서류 봉투 하나를 건네줬다고 합니다. "원섭이가 세상에 나오면 이 땅을 줘서 살아갈 수 있게 해주라"며 남긴 시골의 작은 땅이었습니다.

이후 정원섭 씨는 그곳으로 가서 땅을 개간합니다. 거기서 흑염소와 사슴 등을 키웠습니다. 그러면서 중단되었던 신학 공부를 다시 시작했습니다. 이후 정원섭 씨는 목사가 됩니다. 마을 주민과 함께하는 작은 교회를 지어 목사로서 새 삶을 시작한 것입니다. 그렇기에 이제부터는 정원섭 씨를 목사로 칭하겠습니다. 한편 정원섭 목사가 만든 이 교회는 여느 교회와 달랐습니다. 성도 누구에게도 일체 헌금을 받지 않은 것입니다. 이른바 자비량 교회. 정 목사는 오히려 자신이 기른 흑염소와 사슴을 팔아 그 돈으로 교인에게 베풀었다고 합니다.

그렇게 감옥을 나와 다시 15년간을 목사로서 살아온 그가 마침내 세상을 향해 자신의 억울한 사연을 들고 나온 때는 1999년 11월의 일이었습니다. 무려 27년 만의 첫 외침이었던 것입니다. 1998년 2월 25일 김대중 정부가 출범하면서 희망을 가져도 된다고 여긴 것일까요?

그동안 참아왔던 자신의 누명을 벗겨달라고 호소합니다. "나는 결코 '춘천파출소장 딸 강간살인사건'의 범인이 아니다"라며 세상을 향해 외칩니다. 하지만 그러한 정 목사의 주장을 믿는 사람은 없었습니다. 왜 여태까지 가만있다가 갑자기 억울하다고 나서냐며 오히려 의심하는 눈길이 더 많았습니다.

실제로 정원섭 목사는 1999년 11월 서울고등법원에 재심을 청구하며 진실을 밝히고자 시도합니다. 그러자 서울고법 재판부는 재심 개시 청구 2년 만인 2001년 10월 이 사건 재심 개시 여부를 위한 심리를 연 후 이 청구를 기각한 바 있습니다. 놀라운 점은 이 당시 서울고법 재심 재판부가 청구를 기각한 사유입니다. 1972년 10월 당시 "정원섭 목사가 장미희 양 살인사건의 범인"이라며 수사기관이 제기한 증거가 사실은 '전부 조작' 임을 입증했음에도 불구하고, 서울고법 재심 재판부가 이 사건 재심 청구를 기각한 것입니다.

지금부터 재심 청구 사유와 재판부의 기각 사유를 차근차근 들어보시기 바랍니다. 당시 수사기관은 사건 현장에서 범인의 혈흔을 발견했다고 했습니다. 그래서 국과수 혈흔 감정 결과 장미희 양을 살해한 범인은 A형의 혈액형을 가진 사람이라고 했습니다. 그렇다면 범인은 A형 혈액형이어야 할 텐데 정 목사의 혈액형은 A형이 아니었습니다. B형이었습니다. 이러한 사실은 당시 국과수가 경찰에 회보한 기록에서도 분명히 적혀 있었습니다. 그래서 당시 언론이 이 기록을 받아 범인의 혈액형은 A형이라는 보도까지 나왔습니다. 그런데도 당시 경찰과 검찰, 그리고 법원은 B형의 혈액형을 가진 정 목사를 이 사건 범인으로 조작한 것입니다.

유감스럽게도 정 목사는 이런 사실을 알지 못했습니다. 감옥에 갇혀 있던 정 목사에게 이 사실을 알려주는 사람이 없었기 때문입니다. 신문도 볼 수 없었습니다. 그러니 현장에서 발견된 혈액형이 무엇인지, 자기에게 어떤 누명이 씌워졌는지 알 수 없었는데 재심 청구 과정에서 알게 된 사실이었습니다.

더욱 어이없는 두 번째 사실, 경찰과 검찰이 정 목사의 유죄 증거로 자신있게 제시했던 당시 초등학생 아들의 진술이었습니다. "사건 현장에서 발견된 긴 하늘색 연필이 바로 내 연필"이라는 아들의 진술, 따라서 아들 연필을 가지고 나간 정 목사가 범행 중 현장에 흘린 것이라며 당시 경찰은 정 목사가 틀림없는 범인이라고 했습니다. 하지만 이 역시 조작 수사였음이 밝혀집니다. 진실은 이랬습니다.

범인 검거 시한이 못 박혀 있어 다급했던 경찰은 자신들이 범인으로 설정한 정 목사의 아들에게 파출소로 오라고 합니다. 엽기적인 살인사건의 범인으로 아버지가 잡혀간 상태에서, 당시 초등학생이었던 아들이 이러한 경찰의 요구를 어찌 거부할 수 있을까요? 그래서 찾아간 아들에게 경찰이 뜬금없는 요구를 합니다. 파출소로 올 때 필통을 가져오라는 지시였습니다. 이에 영문도 모른 채 필통을 가져가자, 경찰이 필통 안에서 기다란 하늘색 연필 한 자루를 꺼내더라는 것입니다. 그러더니 아들을 사건 현장으로 데려간 경찰, 또 황당한 일을 합니다. 가져간 연필을 사건 현장에 던진 것입니다. 그러더니 땅에 떨어진 그 연필을 가리키며 아들에게 "이게 네 연필이냐"며 물었다는 것. 당시 초등학생에 불과한 어린 아들은 경찰의 행동이 묘했으나 두려운 마음에 얼떨결에 자신의 연필이 맞다며 답했다는 것입니다. 그러자 경찰은 다시 그 연필을 줍더니 "그럼 이빨로 한번 물어보라"며 아들에게 건네줬다고 합니다.

그렇게 된 일이었습니다. 아들이 연필 끝을 깨물어 남게 된 이빨 자국. 경찰은 그 이빨 자국을 근거로 사건 현장에서 아들의 연필이 발견되었고 이걸 근거로 "사건 현장에서 범인인 정 목사가 잃어버린 물적 증거를 찾아냈다"고 한 것입니다.

여기에는 가려진 진실이 더 있습니다. 사건 현장에서는 진짜로 연필이 발견되었다는 것입니다. 그런데 그 연필은 긴 하늘색 연필이 아니라 '노

란색 몽당연필'이었습니다. 경찰은 진짜 범인의 것으로 보이는 이 노란색 몽당연필 주인을 잡지 않고 가짜 증거를 조작한 것입니다. 바로 김현옥 장관이 요구한 그것, '10일 내 범인 검거'에 부응하기 위해 필요한 범인을 만든 것입니다.

이렇듯 모든 증거가 조작된 것이었습니다. 정 목사가 범인이라며, 빨래하다가 피 묻은 속옷을 봤다는 마을의 한 여인의 진술 또한 조작이었습니다. 또한 사건 현장에서 발견된 빗이 평소 정 목사가 쓰던 물건이라며 증언한 만화가게 여종업원, 마지막으로 사건 당일 밤 살해된 장미희 양이 만화가게로 들어가는 것을 봤다며 증언한 당시 9살 여자아이의 증언도 마찬가지였습니다.

먼저, 정 목사의 속옷에서 혈흔을 봤다는 이 여인의 진술은 사실일까요? 2001년 당시 재심을 청구하기 위해 동분서주하던 정원섭 목사를 도와준 이들이 있었습니다. 바로 『동아일보』 법조팀 기자들이었습니다. 이들은 정 목사로부터 처음 사건의 진실을 듣게 된 뒤 사실 여부를 취재하기 시작했습니다. 이때 제일 먼저 만난 사람이 바로 이 여인이었습니다.

기자로부터 정 목사의 재심 청구 노력을 전해 들은 여인은 눈물부터 흘렸다고 합니다. 사실은 지난 30여 년 동안 단 한 번도 마음 편하게 살지 못했다며, 이제라도 진실을 말하고 싶다는 것이었습니다. 그러면서 경찰의 강압으로 당시 허위 진술했다고 고백했습니다. 경찰이 허위로 자백을 강요했고, 이후 검찰이나 재판정에 가서 달리 진술하면 그땐 자신을 위증죄로 구속시킨다는 경찰의 겁박에 두려워 끝내 진실을 밝히지 못했다는 것입니다. 하지만 그 후 자신 역시 일상적인 삶을 살 수 없었다고 합니다. 자기 때문에 죄도 없는 사람이 죄를 뒤집어썼다는 죄책감으로 단한 순간도 마음 편히 산 날이 없었다 했습니다. 한편 여인은 그 사건으로 정 목사가 사형당한 줄로 알고 있었다 합니다. 그런데 사형이 아니라 무기수로 감옥에서 살았고 지금은 진실을 밝히고자 재심 청구를 준비 중이라는 기자들의 말에, 이제라도 그 재판에 자신이 나가 진실을 밝히겠다 약속했다는 것입니다.

다음은 현장에서 발견된 머리빗이 정 목사의 것이라는 증언을 남긴 만화가게 여종업원의 진실입니다. 앞서 마을 여인과 전혀 다르지 않았습니다. 경찰이 자신을 여관으로 연행한 후 머리를 쥐어박으며 윽박질렀다는 것입니다. 경찰이 정상적인 수사시설이 아닌 곳에서 임의로 수사를 했다면 이는 중대한 위법 행위입니다. 그런데 여관으로 데려가 이런 방식으로 강압해가며 결국 허위진술을 받아낸 것입니다.

이제 마지막으로 남은, 사건 발생 당일 피해자 장미희 양이 정 목사가 운영하던 만화가게로 들어가는 것을 목격했다는 당시 9살 여자아이의 진술입니다. 1972년에서 2001년이 되었으니 어느덧 꼬마는 39살의 어른이 되어 있었습니다. 과연 그는 어떤 말을 했을까요? 그녀 역시 마찬가지였습니다. 『동아일보』 법조팀 기자들이 찾아가서 정 목사의 사연을 전하자 눈물과 함께 그녀의 입에서 터져 나온 진실은 이랬습니다.

"수사 당시 경찰이 겁을 주고, 그러다가는 또 사탕을 사주는 등 협박과 회유를 거듭하면서 괴롭혔습니다. 그래서 겁이 나 보지도 않은 사실을 경찰이 시키는 대로 말했어요. 어린 나이에 겁이 나서 그저 시키는 대로 거짓말했지만, 저 역시 지금까지 편히 살 수가 없었습니다. 밤마다 그 아저씨의 모습이 떠올라 힘들었고 그래서 지금까지 결혼도 못 한 채 정상적인 삶을 살 수 없었습니다. 이제라도 정말 모든 진실이 밝혀지기를 원합니다. 이를 위해 필요하면 재심 재판에 나가 진술을 하겠습니다."

그렇습니다. 이제 진실은 분명해졌습니다. 정 목사가 이 사건 범인이라고 주장해온 수사기관과 법원의 모든 증거가 사실은 전부 조작된 것임이 드러난 것입니다. 이런 사실이 2001년 서울고법의 재심 개시 여부 재판에서 드러난 것입니다.

그런데, 그런데도 말입니다. 정말 충격적이지 않습니까? 놀랍게도 이 재심 개시 여부를 맡은 서울고법 재판부가 정원섭 목사의 청구를 그냥 기각해버린 것입니다. 재판부의 비열한 논리는 이랬습니다. 이 사건 발생 30년이 지난 지금, 주요 증인들이 진술을 번복한 것에 대해 신뢰할 수 없다는 것입니다. 또한 피고가 사건 당시 범행을 자백했는데 이제 와서 그 자백을 번복한다고 해서 판단이 달라질 수 없다는 것입니다. 이것이 재심 청구 기각의 주된 이유였습니다. 정말 기가 막힌 사법부의 변명이었습니다. 먼저 재판부가 주장한 것처럼 정원섭 목사는 왜 사건 당시 자백을 하게 된 것일까요? 그 이유를 정말 서울고법의 재판부는 모르는 것일까요? 이에 대한 정원섭 목사의 고백은 처참합니다.

"하나님이 나에게 끔찍한 고문까지 견뎌내게 할 힘은 주지 않았습니다."

실제로 정원섭 목사는 장미희 양 살해 혐의로 연행된 후 내내 자신의 혐의를 부인합니다. 그런데 연행 3일이 지난 후부터 갑자기 자백을 하기 시작합니다. 그 자백을 시작한 첫날을 정 목사는 잊을 수 없다고 했습니다. 바로 고문이 시작된 첫날이었기 때문입니다.

"폭행이란 폭행은 다 받았어요. 경찰이 우선 나를 조져놓고 봤지요. 그걸 어떻게 잊어버립니까. 처음에 저는 웃었어요. 웃기는 얘기니까요. 그런데 경찰이 고문을 하기 시작했습니다. 제가 고문을 받아본 사람으로서 한 가지는 분명히 말할 수 있습니다.

고문에 견딜 수 있는 사람이란 없습니다. 못 견디기 때문에 허위자백을 하게 되는 겁니다. 허위자백을 하면 분명 죽게 될 줄 알면서도, 그것을 인정하면 사형 받을 수 있는 걸 알면서도, 결국 허위 자백을 하게 됩니다. 죽음보다 더한 것, 그게 바로 고문이에요."

그렇다면 정 목사가 받은 고문은 무엇일까요? 재심 청구가 전부 기각된 후 정 목사는 마지막 희망으로 노무현 정부하에서 출범한 '진실·화해를 위한 과거사정리위원회'(약칭 '진화위')의 문을 두드립니다. 그리고 이곳에서 정 목사의 진정을 접수받아 조사한 결과를 2007년 보고서 형태로 발표했는데, 이에 따르면 그가 겪은 고문의 형태는 이러했습니다.

'1972년 10월 7일 11시에 파출소로 두 번째 연행된 정원섭은 이후 영장도 없이 숙직실에 갇힌 채 사건 발생 당시인 9월 27일부터 28일까지 이틀간에 걸친 행적 조사를 받는다. 그리고 그날 밤 11시께 춘천경찰서로 옮겨진 정원섭에게 기합과 구타가 가해지는 신문이 이뤄진다.

경찰은 정원섭의 옷을 벗긴 후 수건으로 손을 묶었다. 그리고 이어 팔과 다리를 뒤로 묶어 나무 봉 사이에 끼운 후 그 봉의 끝을 책상 사이에 걸치도록 했다. 정원섭의 몸은 뒤로 말린 채 나무에 대롱대롱 매달렸다. 그런 상태에서 얼굴에 수건을 덮고 찬물을 부었다. 그러한 고문은 자신이 범인임을 자백할 때까지 계속 이어졌다.'

말로 다 옮길 수 없는 고문이 끝없이 이어졌고 결국 이러한 상태에서 나온 자백을 근거로 재심을 기각해버린 대한민국의 법 정의. 하지만 정 목사는 끝내 포기하지 않았습니다. 그래서 찾은 진화위가 마침내 잃어버린 진실을 찾아준 것입니다. 잘못된 판결이 있었다며 대한민국 법원에 재심을 권고한 것입니다.

정 목사는 진화위의 재심 권고를 근거로 다시 한 번 대한민국 사법부의 양심을 노크합니다. 과연 이번엔 어떻게 될까요? 2008년 7월의 일이었습니다. 처음 사건이 발생했던 춘천지법에서 재심 사건 첫 선고가 열린 것입니다. 곧이어 춘천지법 형사2부 재판장 정성태 판사가 법정에 들어섰습니다. 그리고 이어진 판결 주문主文. 모두가 침을 삼키며 그 한마디 한마디에 귀를 기울이는 순간이었습니다. 정원섭 목사의 심정은 더 말해 무엇할까요? 그때 들려온 판사의 주문은 이러했습니다.

"수사 과정에서 자신이 마땅히 누려야 할 최소한의 권리와 적법 절차를 보장받지 못한 채 고통을 겪었던 피고인이 마지막 희망으로 기대었던 법원마저 적법 절차에 대한 진지한 성찰과 고민이 부족하였고, 그 결과 피고인의 호소를 충분히 경청할 수 없었다는 점에 대해서는 어떠한 변명의 여지도 없다고 하겠습니다. 이제 판결을 내리겠습니다. 피고 정원섭 무죄."

사건 발생 37년 만의 무죄 선고. 마침내 정원섭 목사의 진실이 밝혀진 것입니다. 다시 2년 뒤인 2011년 10월 27일, 대법원은 최종적으로 정원섭 목사에게 무죄를 확정 판결합니다. 마침내 39년에 걸친 정원섭 목사의 무고한 죄가 벗겨지는 순간이었습니다.

한편 처절한 산고 끝에 무고함을 밝힌 정 목사는 자신이 그동안 당한 경찰의 고문 등 불법행위와 수감 생활에 대한 국가 책임을 묻고자 2012년 11월 28일 손해배상 청구 소송을 제기합니다. 그리고 2013년 7월 15일 서울중앙지법은 정 목사에게 26억 원의 손해배상을 국가가 할 책임이 있다고 판결합니다. 39년간에 걸친 고통을 1년에 1억씩 계산해도 턱없이 부족한 국가 책임이 아닐 수 없습니다. 그런데 이 야박한 책임마저 국가는 수용하지 않았습니다. 비열한 반전이 일어난 때는 2014년 1월 23일의 일이었습니다. 26억 원의 국가 배상을 명령한 1심 판결을 항소심이 뒤집은 것입니다. 상상도 할 수 없었던 그 판결, 1심에서 인정된 26억 원의 국가 배상을 전부 무효로 하고 1원도 지급할 수 없다는 것이었습니다. 어떻게 또 이런 판결이 내려진 것일까요?

이유는 또 어처구니없었습니다. 2013년 대법원에서 있었던 새로운 판례 때문이었습니다. 이 당시 대법원은 과거 박정희 독재권력하에서 발생한 수많은 조작사건으로 국가 상대 소송이 급증하자 새로운 법 해석을 내놓습니다. 이전까지는 민법에 따라 국가 상대 책임 소멸시효 기간을 3년으로 적용해왔는데, 이를 '형사보상금 결정 확정일로부터 6개월' 이내로 못 박은 것입니다. 즉, 재심 청구로 무죄 판결을 받으면 하루 감옥 일수당 최저 임금 기준으로 형사 보상금을 지급받는데 이 돈을 받기로 확정된 날로부터 6개월 이내에 국가 상대 손해배상(손배) 소송을 제기해야 한다는 것입니다. 만약 이를 넘겨 소송을 청구하면 그 권리를 인정할 수 없다는 것이었습니다. 대법원이 이처럼 3년에서 6개월 이내로 소송 청구 기간을 단축한 것은 대단히 비열한 수작이 아닐 수 없었습니다. 과거 독재하에서 만들어진 조작사건으로 국가 상대 손배 소송이 잇따르자 이 돈을 주지 않고자 법의 이름으로 면피 수단을 만든 것입니다.

정원섭 목사가 바로 이 규정, 6개월 이내 국가를 상대로 소송을 청구했어야 하는데 이를 넘겨 청구했다며 1심이 인정한 26억 원이 2심 재판에서 전부 무효가 된 것입니다. 그리고 이러한 판결은 대법원에서도 받아들여져 결국 피맺힌 39년의 한은 1원 한푼 배상받지 못하게 되었습니다.

그렇다면 정 목사는 왜 이처럼 기한을 넘겨 청구하게 된 것일까요. 내막을 알고 나면 이 역시 대한민국 법무부의 잘못이었습니다. 정 목사는 무죄 판결에 따라 형사 보상금을 받기로 되어 있었습니다. 그리고 규정에 의하면 이 형사 보상금은 결정 후 10일 이내에 전부 지급하도록 되어 있었습니다. 하지만 법무부가 정 목사에게 사정했다고 합니다. 책정된 예산이 부족하다며, 4번에 나눠드릴 수밖에 없다고 사정했습니다. 어쩔 수 있나요? 그렇게 해서 정 목사는 법무부로부터 다섯 달에 걸쳐 이 돈을 받았다고 합니다. 그리고 이렇게 받은 돈으로 정 목사는 국가를 상대로 한 손배 소송에 착수하게 됩니다. 소송을 하려면 법원에 인지 대금도 내야 하고 변호사도 선임해야 하니 이 돈을 받고 나서야 나설 수밖에 없었던 것입니다. 이전처럼 3년 이내에만 제기하면 되니 별문제가 없다고 생각한 것입니다. 그런데 이 일이 문제가 될 줄 몰랐던 것입니다, 그때는. 그렇게 해서 6개월 이내에 제기해야 할 소송을 6개월에서 10일을 넘겨 제기했다고 하여 이를 문제 삼아 2심에서 단 한 푼도 주지 않겠다고 판결한 것입니다.

　이러한 판결에 대해 정 목사는 "돈이 문제가 아닙니다. 손해배상금을 전부 인정하지 않은 것은 나에게 다시 억울하게 무기징역을 선고한 것과 다르지 않습니다. 저는 국가의 고문으로 조작된 사건으로 인해 긴 세월을 감옥에서 살았습니다. 이로 인해 저와 제 가정, 그리고 아이들의 일생은 완전히 파탄 났습니다. 그런데 이 판결로 저는 다시 죽은 것과 다름없습니다"라고 말했습니다. 그러면서 "이 돈을 주지 않겠다는 것은 여전히 국가가 잘못한 걸 인정하기 싫다는 것이며 자기 아버지 시대에 있었던 고문 인권 유린에 대해 그 딸인 박근혜가 인정하지 않는 파렴치 행위"라며 강력히 비난하기도 했습니다.

　정원섭 목사, 그분은 그래서 다시 싸우겠다고 말씀하시고 계십니다.

80세가 넘은 그분에게 과연 얼마의 시간이 남아 있을까요? 저는 이분을 대신하여 대한민국 정의에게 따집니다. 정말 이래도 됩니까. 대한민국에는 양심이 있습니까?

그런데 뜻밖의 소식이 전해졌습니다. 2016년 11월 24일의 일이었습니다. 서울중앙지법 민사 45부에서 이 사건 피해자 정원섭 목사님에 대해 23억 원을 손해배상하라는 판결이 내려졌습니다. 배상 책임자는 이 사건 당시 정원섭 목사님을 고문하여 허위 자백을 강요한 고문 경찰관과 그 유족들. 시효 문제로 국가 배상이 전액 무효화된 상황에서 그나마 다행일까요? 하지만 이날 판결을 받고도 정원섭 목사님은 웃을 수 없었습니다. 이유가 있었습니다. 애초 정원섭 목사님은 고문 경찰관뿐만 아니라 이 사건을 담당했던 1심 사건 재판장과 검사, 그리고 국가 역시 책임이 있다며 배상 책임을 물었습니다. 하지만 이번 판결에서도 서울중앙지법 민사 45부는 이들의 책임을 인정하지 않았습니다. 정원섭 목사님이 깊은 한숨을 내쉬게 된 까닭입니다.

정 목사님은 말합니다. 돈이 문제가 아니라고, 그들은 왜 자신들의 잘못을 끝내 인정하지 않느냐는 것입니다. 손바닥으로 하늘을 가리는 그들의 비열한 마음, 그 양심을 저도 함께 비판합니다.

〈고상만의 수사반장〉, 다음 시간에 또 뵙겠습니다.

그는 어떻게 해부용 시신이 되었나

스물여덟 버스 기사 문영수의 삶과 죽음

1982년 8월, 한 남자가 갑자기 실종되었습니다. 이름은 문영수. 1953년생으로 당시 만 29살이었던 그는, 사라지기 직전까지 평범한 버스 운전기사로 서울 모 운수회사에서 일하고 있었습니다. 그랬던 문영수가 1982년 8월 갑자기 광주로 가게 됩니다. 이것이 가족이 문영수를 본 마지막 모습이었습니다. 이후 가족들은 사라진 문영수의 행방을 애타게 찾았으나 세상 어디에서도 그의 행방은 찾을 길이 없었습니다.

문영수는 과연 어디로 사라진 것일까요? 가족들은 문영수의 행방을 찾고자 애썼습니다. 하지만 1년이 지나고, 다시 1년이 지나도 문영수의 행방을 알 수가 없었습니다. 한 통의 편지나 전화도 없었다고 합니다. 그러던 1987년이었습니다. 문영수가 사라지고 5년이 지나가던 그때, 가족들에게 문영수의 행방을 알려주는 연락이 왔다고 합니다. 당시 치안본부(현

'경찰청')가 추진했던 '헤어진 가족 찾기 캠페인'에 문영수의 행방을 민원 제기한 덕분이었습니다. 하지만 가족들이 다시 만나게 된 문영수는 살아 있는 상태가 아니었습니다. 그렇다고 시신도 아니었다고 합니다. 과연 문영수에게는 어떤 일이 벌어진 것일까요?

1982년 3월 당시, 서울에서 버스 기사로 일하던 문영수는 직장에서 해고당합니다. 알려진 바에 의하면, 버스 안내양들의 소위 '삥땅'을 조사한다며 버스 회사가 안내양들의 몸을 수색하자 버스 기사 문영수가 이를 보고 '인권 침해'라며 항의했고, 그러자 회사에서 그를 해고시켰다는 것입니다. 이로부터 비극은 시작됩니다. 회사에 맞서다 해고된 그에게 일을 맡길 서울 지역 버스 회사는 없었습니다. 그의 이름이 서울 소재 버스 회사들 사이에서 '블랙리스트'로 공유되어 취업길이 막혔기 때문입니다. 결국 선택할 수 있는 방법은 하나였습니다. 자신을 전혀 모르는 곳으로 가서 새로운 일자리를 얻는 길이었습니다.

그래서 찾아간 곳이 전라도 광주였습니다. 그런데 일자리를 찾아 내려갔던 1982년 8월 19일 밤, 예상치 못한 사고가 일어났습니다. 직장을 찾아보기 위해 묵고 있던 여인숙에서 문영수가 옆방 사람과 이야기 도중 싸움에 휘말린 것입니다. 결국 이 사건으로 문영수는 경찰에 연행까지 되었습니다.

사건은 그때 벌어졌다고 합니다. 이 사건을 담당한 광주 서부경찰서 경찰관의 주장에 의하면 이렇습니다. 폭행 혐의로 연행되어 조사받던 문영수가 갑자기 의식을 잃고 쓰러졌다는 것입니다. 이 과정에서 고문이나 가혹행위 같은 건 일체 없었다는 것입니다. 마치 1987년 1월 치안본부 남영동 분실에서 경찰의 물고문 끝에 숨진 '박종철 열사 치사사건'과 거의 유사한 주장입니다. 다만 당시 경찰은 박종철 열사의 죽음에 '책상을 탁 치니 억 하고 쓰러졌다'라는 궁색한 거짓말이라도 붙였으나 문영수에게 는 그러한 변명조차 없다는 차이 정도만 있을 뿐입니다.

경찰의 이 같은 주장을 그대로 믿을 사람이 과연 얼마나 있을까요? 29살 의 건장한 청년이 왜 이유 없이 경찰서에서 조사를 받다 쓰러질까요? 문 영수가 경찰서에서 쓰러진 그때는 1982년이었습니다. 쿠데타로 권력을 찬탈한 독재자 전두환이 1980년 5월 광주를 피로 물들인 지 불과 2년밖 에 지나지 않았던 그 시절, 폭력 잡범으로 연행된 문영수에게 경찰이 어찌 했을지 상상하는 것은 그리 어려운 일이 아닙니다. 하지만 경찰은 이러한 의혹에 대해 그때도 그렇고, 지금까지도 여전히 잡아떼고 있습니다.

본 사람도 없고 증언해줄 이도 없는 1982년 8월 20일 새벽 광주 서부 경찰서 형사계 사무실, 추후 밝혀진 사실에 의하면 문영수가 연행될 당시 상황은 이랬습니다. 처음 사건 신고가 접수된 때는 8월 19일 밤, 이어 현 장으로 출동한 경찰은 문영수를 광주 서부경찰서 관할 내 역전 파출소로 처음 연행했다고 합니다. 그 후 파출소를 거쳐 본서인 광주 서부경찰서 형사계로 문영수의 신병이 인계될 때 담당한 경찰이 최 아무개 순경이었 다고 합니다. 그런데 최 순경에 따르면, 연행된 문영수를 상대로 사건 경 위를 조사하는데 갑자기 반 혼수상태가 되더니 의자에서 바닥으로 쓰러 졌다는 것입니다. 이에 최 순경은 문영수를 병원으로 후송하여 응급 치료 를 받게 하였으나 그로부터 이틀 후인 1982년 8월 22일 저녁 6시 5분경, 끝내 뇌혈관 장애증으로 문영수가 사망했다는 것입니다.

신체 건강했던 문영수에게 도대체 무슨 일이 있었던 것일까요? 그는 왜 급작스레 사망한 것일까요? 아무런 폭력도 가해지지 않았다는 경찰의 주장은 정말 사실일까요? 하지만 사건은 끝이 아니었습니다. 문영수에게 가해진 참혹한 일은 이후에도 계속됩니다.

만약 경찰의 주장처럼 아무 일도 없었는데 문영수가 쓰러진 것이 사실이라면 오히려 경찰은 자신의 무고함을 증명하고자 철저히 사고 경위를 조사했어야 합니다. 마찬가지로 이 사건을 보고받은 검찰 역시 경찰을 상대로 수사를 개시하여 사건 경위를 명쾌하게 밝혀야 했습니다. 그런데 과정은 전혀 그렇지 않았습니다.

1987년 5월, 사라진 문영수의 행방을 찾던 가족들이 치안본부의 '헤어진 가족 찾기 캠페인'의 진정을 통해 알게 된 진실은 참으로 끔찍했습니다. 그토록 찾았던 문영수가 사실은 이미 5년 전 사망했다는 비보였습니다. 그런데 이상한 점이 있었습니다. 분명 문영수는 폭행사건으로 경찰에 연행되었고 그 조사과정에서 쓰러져 병원으로 옮겨졌다고 했습니다. 그런데 경찰 전산망에는 전혀 다르게 사실이 적혀 있었던 것입니다. 길거리에 쓰러져 있던 문영수를 경찰이 발견하여 병원으로 후송된 것처럼 기록되어 있었던 것입니다. 명백한 조작 행위였습니다.

이에 문영수의 유족은 경찰의 조작 이유를 밝혀달라며 치안본부와 광주지검 등에 진정하게 됩니다. 그리고 진정 후 석 달이 지나가던 1987년 8월경, 이 사건을 진정 받은 광주지검은 문영수의 유족에게 매우 충격적인 사실을 전합니다. 사실은 그날 밤 문영수를 조사하던 최 순경이 이 모든 것을 조작했다는 것이었습니다. 진실은 이랬습니다. 그날 밤 경찰서에서 연행된 문영수를 담당했던 최 순경은 다음과 같은 허위 자료를 작성합니다.

'1982년 8월 20일 아침 8시경, 광주시 북구 중흥동 소재 원예조합 앞 노상에서 신음하고 있는 변사자 문영수를 순찰 근무 중 발견하고 동일 12시경 광주 적십자병원에 행려 환자로 운반, 입원가료 중 동년 8. 22.

18:10경 사망.'

이러한 허위 공문서를 통해, 문영수의 사망과 경찰 간에는 아무 상관없는 것처럼 조작한 것입니다. 도대체 왜 최 순경은 이러한 허위 공문서를 작성하여 진실을 은폐하려 한 것일까요?

그런데 충격적인 사실은 여기까지가 다가 아니었습니다. 문제의 최 순경이 문영수의 사망 경위를 조작한 데에는 무서운 음모가 숨겨져 있었습니다. 사람이 숨지면 경찰은 그 유족을 찾아 시신을 인도해야 합니다. 실제로 문영수가 행려병자로 사망했음을 거짓 보고받은 당시 검찰은 경찰에게 '사체 검시하여 사인 규명 후 유족에게 인도하라'고 지시합니다.

그러나 문영수를 담당했던 최 순경은 이러한 검찰 지시와 달리 업무를 처리했습니다. 그는 문영수가 사망한 바로 다음 날인 8월 23일, 문영수의 시신을 광주 적십자병원에서 전남대학교 병원으로 직접 옮겨갑니다. 그렇게 해서 도착한 곳, 바로 전남대학교 의대 해부학 교실이었습니다. 왜 검찰이 문영수의 시신을 가족에게 인도하라고 했는데 최 순경은 그곳으로 간 것일까요?

놀라지 마십시오. 최 순경은 이날 문영수의 시신을 의대 해부학 교실의 실험 교재로 넘겨버립니다. 이렇게 할 수 있었던 것은 바로 최 순경이 작성한 허위 공문서 덕분이었습니다. 마치 경찰과는 아무 상관이 없는 것처럼 조작된 문제의 공문서로 당시 경찰서장에게 최 순경은 결재까지 받아냅니다. 이를 통해 행려 사망자로 조작된 문영수가 의대 해부용 실험 교재로 처리된 것입니다.

어떻게 이런 일이 벌어진 것일까요? 추후 이 사건을 진정받은 진실·화해를 위한 과거사정리위원회(약칭 '진화위')가 밝혀낸 사실에 의하면, 최 순경은 문영수에 대해 '주소 본적 불상'으로 처리한 후 가족이 없는 무연고자로 조작했습니다. 더구나 정말 행려병자 신분이라 할지라도 통상 3일 이상은 사망한 병원에 그대로 보관한다고 합니다. 하지만 문영수는 달랐습니다. 사망하고 불과 18시간 만에 해부학 교실로 보내진 것입니다. 대단히 특이한 사례였습니다.

도대체 최 순경은 왜 이처럼 다급하게 문영수의 시신을 처리한 것일까요? 정말 그날 경찰서에서는 무슨 일이 있었던 것일까요? 최 순경은 이러한 의문 제기 일체를 단호하게 부인했습니다. 자신은 결코 연행된 문영수를 상대로 구타나 가혹행위를 한 적조차 없다고 주장합니다.

하지만 이러한 최 순경의 주장에 정면으로 배치되는 현장을 본 목격자가 있었습니다. 바로 그날, 그러니까 문영수가 연행되고 다음 날인 1982년 8월 20일 아침 9시경 문영수가 최 순경에게 조사를 받던 그때 광주서부경찰서 형사계에서 함께 있었던 조 모 씨라는 사람이었습니다. 그는 친구와 다투다가 부상을 입힌 혐의로 체포되어 문영수와 같은 시간에 조사를 받고자 형사계에 출석하여 대기 중이었다고 합니다. 그때 조 씨가 목격한 한 남자의 잔혹한 비밀, 진화위에 출석하여 증언한 조 씨의 진술입니다.

"1982년 8월 20일 아침 9시경에 출석하여 낮 12시경 경찰서를 나오기까지 줄곧 형사계 사무실에 있었습니다. (제가 조사를 받고 있던) 옆자리 형사는 조사 도중에 뺨도 때리고 고함을 치고 하였음에도 피의자로 온 사람이 형사에게 대들어 서로 입씨름을 하고 있었고, 형사가 '너 오늘 한번 죽어볼래'라고 말하였습니다. 그 사람이 저보다 먼저 형사계 안에 들어와 있었습니다.

형사가 그 사람의 온몸을 사정없이 구타했습니다. 다리, 가슴, 복부,

머리 할 것 없이 사정없이 걷어차고 때렸는데 너무 많이 폭행을 하니까 저마저도 저렇게 맞을지 모르겠다는 생각에 공포감이 들었습니다. 형사들이 구타를 할 때 손을 앞으로 내밀면서 막지 못하고 뒤로 젖힌 채로 있어 [맞는 사람이] 수갑을 차고 있다고 생각했습니다.

[이때] 형사가 발, 주먹으로 사정없이 폭행했습니다. 당시 그 사람이 의자에서 일어나 저항을 하려고 했고 몸부림도 꽤 심하게 했으며 고함도 지르고 악도 꽤 썼습니다. 당시 형사계에서 조사를 받던 사람이 거의 없었고 수갑이 채워진 채 묶여 있을 만큼 형사들이 주의해야 하는 사람도 그 사람밖에 없었습니다. 폭행하는 형사를 말리는 형사가 없었고 모두 수수방관하거나 제압하는 것을 도와준 것 같습니다. […]

우리가 나갈 때 그 사람을 본 기억이 없는 것으로 보아 형사들이 밖으로 데리고 나간 것 같고, 나가는 것을 본 기억은 없습니다. 폭행당하던 사람이 문영수와 비슷한데 마치 걸인 같은 아주 남루한 옷이었습니다. 당시 저는 경찰서에 처음 갔고 그렇게 얻어맞는 사람도 처음 보았으며 당시 그 사람이 폭행당하는 것을 보면서 공포감을 느껴 그 사람을 잊을 수가 없었습니다."

이날 목격자는 조 씨뿐만이 아니었습니다. 문영수가 연행된 그때, 광주서부경찰서에서 한 남자가 경찰에게 집단 폭행당하는 것을 봤거나 들어서 안다는 사람이 4명이나 더 있었기 때문입니다. 사실이 이런데도 최 순경은 문영수가 그냥 쓰러졌다며 끝내 거짓말을 했습니다. 또한 그가 사망하자 이를 행려병자로 둔갑시켜 공문을 조작했고 어처구니없게도 그런 피해자가 사망하자 그를 가족이 없는 무연고자로 조작하여 해부학 교실의 교재로 처리한 것입니다. 이것이 바로 1982년 8월에 발생한 문영수 의문사 사건의 진실 일부였습니다. 그리고 이처럼 무서운 음모와 조작으로 해부학 교실에 보내진 문영수의 시신은 이듬해인 1983년 5월경부터 같은 해 12월까지, 무려 7개월간 '해부학 실습용 시신'으로 사용되었습니다.

그런데 더 충격적인 것은 이러한 극악한 범죄를 저지른 최 순경에 대한 처벌 결과였습니다. 문영수의 유족이 1987년 9월 18일 문제의 최 순경을 '허위 공문서 작성'과 '사체 은닉' 등의 혐의로 고소합니다. 그러자 같은 달 23일 광주지검은 최 순경을 구속 기소했습니다. 그런데 그처럼 엄청난 범죄를 저지른 최 순경에게 내려진 처분 형량이 경악할 수준이었습니다. 징역 1년에 집행유예 2년, 이것이 그의 죄에 대한 법의 심판이었습니다.

재판을 담당한 광주지방법원은, 문영수의 사망 경위에 대해서 최 순경의 책임이 없다고 판단한 것입니다. 다만 '공문서'를 허위로 기재하여 가족이 있는 문영수를 행려병자로 만든 점, 그리고 가족에게 인계해야 할 그의 시신을 무연고자로 처리하여 해부학 교실의 실습 교재로 처리한 책임만 유죄로 인정했습니다. 도대체 이런 판결을 내린 법관의 정의는 무엇인지, 저는 납득할 수 없습니다.

최 순경은 이 사건의 진실을 고의적으로 은폐했습니다. 문영수의 신원을 확인하는 것은 대한민국에서 너무도 쉬운 일입니다. 그냥 문영수의 지문만 조회하면 됩니다. 그렇게 하면 그가 누구인지, 가족은 어디에 사는지 금방 알 수 있는 일입니다. 그런데 이러한 문영수의 사망 경위를 조작하고 더 나아가 그의 시신까지도 완벽하게 훼손한 그를 단순 업무 실수로 인정하여 미약한 처벌로 끝낸 것은, 해도 해도 참 너무한 일이 아닐 수 없습니다. 경찰, 검찰, 법원이 억울한 일을 당한 국민의 한을 해소해줘야 마땅할진대 오히려 그 기관들이 합세하여 실로 억울한 국민을 만든 것입니다.

한편 최 순경에 의해 해부학 교실 교재로 넘겨진 문영수의 시신은 이후 7개월간 자신의 뜻과 상관없이 마구 파헤쳐지게 됩니다. 그리고 그렇게 찢기고 잘린 문영수의 시신은 1984년 1월, 다른 해부용 실험 도구였던 시신 10여 구와 함께 화장되어 전남대 의대 추모관에 안치되었습니다. 문영수의 유족이 5년 후 찾아낸 문영수가 바로 그 모습이었던 것입니다.

문영수의 가족들은 그렇게 찾았던 문영수의 유골함을 부여안고 울부짖었습니다. 당시 29살, 결혼하여 아내가 있던 문영수. 그리고 자신을 닮은 아들도 한 명 두었던 아버지 문영수. 가족의 생계를 위해 새 직장을 알아보고자 내려간 그곳에서 너무도 어처구니없는 죽임을 당하고 또 그 육신마저 갈가리 찢기고 잘린 문영수. 이 가족들의 한을 상상한다면 최 순경에게 내려진 판결은 도저히 납득할 수 없는 결과입니다.

이후 문영수의 유족들은 은폐되고 유린된 이 사건의 진실을 규명하고자 다시 싸움에 나서게 됩니다. 이를 위해 1988년에는 서울 기독교회관에서 무려 135일에 걸친 의문사 진상규명 농성도 벌였고 다시 또 그 10년 후인 1998년에는 여의도 국회 앞에서 422일간 천막 농성을 하기도 했습니다. 그러한 처절한 싸움 끝에 2009년 11월 10일, 진화위가 이 사건의 전모를 발표합니다. 2006년 3월 14일 문영수 가족으로부터 진정을 받고 근 2년 8개월 만의 일이었습니다.

진화위는 "문영수를 연행한 당시 경찰이 시간과 사건 경위를 조작하였고 사건 전 과정에서 보고 누락과 허위 진술, 그리고 검사 지휘가 있기도 전에 문영수의 사체를 해부용 시신으로 전남대 의대에 인계하는 등 잘못이 있었음"을 공식 확인합니다. 또한 공문서를 조작한 최 순경이 문영수에게 가혹행위를 하지 않았다고 주장하나 목격자를 확보하여 그날 밤 문영수가 광주 서부경찰서 형사계에서 가혹행위를 당했음을 확인합니다.

더불어 경찰뿐 아니라 행려병자로 위장된 문영수의 시신을 인계받은 전남대학교 의대 해부학 교실, 그리고 시신을 인계하는 행정 업무를 담당하는 광주 북구청 역시 '시신 처리에 관한 각종 규정'을 위반하는 등 총체적인 위법 사실이 있었다며 이들 기관이 "문영수의 유족에게 사과하고 그에 따른 피해 구제 조치를 취하도록" 권고하기도 했습니다. 하지만 거기까지였습니다. 진화위의 진실 규명 결정 이후에도 경찰을 비롯한 어느 기관도 문영수와 문영수의 가족에게 사과하지 않았습니다. 자기 책임이 아니라며 부인했고 다른 기관의 잘못으로 책임을 떠넘기기만 했습니다. 그렇게 누구도 책임지지 않는 가운데 또다시 시간만 흘러갔습니다. 유족들은 억울하게 죽은 문영수의 한이 풀릴 때까지 "절대 유골을 인수할 수 없다"며 거부했습니다. 그렇게 사후 30년이 지나도록 문영수의 유골은 그 원한 서린 전남대학교 의대 추모관에 방치되고 있었습니다.

그러던 2012년 5월의 일이었습니다. 문영수의 유족은 고심 끝에 결단을 내리게 됩니다. 가해 기관들이 서로에게 책임만 전가할 뿐 끝내 사과하지 않는 가운데 더 이상의 사과 요구는 의미가 없다고 판단 내린 것입니다. 더구나 가족에 의한 장례식도 치르지 못한 문영수였습니다. 그렇게 30년간 가해 기관과 싸우는 동안 문영수의 부모님 역시 모두 돌아가셨다고 합니다. 원통한 아들의 죽음으로 한이 맺힌 그 부모님의 심정을 생각하면 누구든 가슴 아프지 않을까요? 그래서 가족들은 부모님 묘 곁에 문영수를 안장해주기로 결심합니다.

그날이 바로 2012년 5월 15일입니다. 전국민주화운동 유가족협의회와 민족민주열사·희생자 추모연대, 그리고 의문사 유가족 대책위원회로 구성된 '경찰폭력 및 시신 훼손 희생자 고 문영수 사건 대책위원회'가 중심이 되어 문영수의 장례식을 치른 것입니다. 그리고 문영수가 쓰러진 광주 서부경찰서 앞마당에서 한 맺힌 노제를 치르며 대책위는 경찰에게 다시 한 번 사과할 것을 요구했습니다. 하지만 광주 서부경찰서장의 사과 인사만 있었을 뿐, 그동안 요구해온 경찰청 차원의 공식 사과는 끝내 거부되었다고 합니다.

그날 밤, 문영수는 지독하고도 끔찍한 30년 악몽을 뒤로하고 춘천의 가족묘지에 안장된 부모님 곁으로 돌아왔습니다. 이 한 맺힌 억울함에 사람들의 눈물은 통곡으로 변할 수밖에 없었습니다.

하지만 이 사건은 여전히 현재 진행형입니다. 그날 새벽, 1982년 8월 20일 광주 서부경찰서에서 정말 무슨 일이 벌어진 것인지 밝혀야 할 '남은 진실'이 있습니다. 이를 밝히려는 것은 결코 문영수 개인의 한을 풀기 위함이 아닙니다. 누군가가 또다시 이런 참담하고도 믿을 수 없는 피해자가 되지 말라는 법이 없기 때문입니다. 그렇기에 제대로 밝히고 제대로 책임자를 처벌해야 이러한 비극은 다시 반복되지 않습니다.

29살 청년이었던 문영수. 당신의 억울한 죽음에 이 나라의 인권을 고민하는 한 사람으로서 깊은 위로를 전합니다. 당신의 억울함을 잊지 않겠습니다. 그렇기에 30년 세월이 아니라 앞으로 더 많은 시간이 지나더라도 우리는 '또 다른 당신이 되어' 당신의 억울함을 말하겠습니다. 부디, 30년 만에 다시 돌아간 부모님의 품 안에서 행복하시기를 기원합니다.

〈고상만의 수사반장〉, 다음 시간에 또 뵙겠습니다.

누가 죄 없는 신호수를 죽였는가

작전명 '장흥 공작'의 비밀

〈고상만의 수사반장〉, 오늘 이야기는 좀 색다른 주제입니다.

정치 공작에 의한 억울한 죽음입니다. 그 피해자 신호수 씨의 이름을 제가 처음 알게 된 때는 1992년의 일이었습니다. 당시 저는 전국민주화운동 유가족협의회(약칭 '유가협')라는 인권단체에서 활동가로 일하고 있었습니다. 당시 서울 동대문구 창신동에 위치한 유가협에 들어서면 제일 인상적인 것이 벽 전체를 둘러싼 영정 사진이었습니다. 대한민국 정부 수립 이후 지금까지 민주주의와 인권을 위해 싸우다 목숨을 잃은 민족민주 열사들의 영정을 뵐 때마다 참 설명할 수 없는 무게감을 느끼곤 했습니다.

너무나 많은 이들이 억울하게 목숨을 잃었던 야만적인 시대가 있었습니다. 박종철, 이한열, 김성수, 이철규, 이내창, 박창수, 김귀정 등등…. 그런데 이처럼 낯익은 이름과 얼굴 사이에서 유독 제 관심을 끌던 낯선 이름이 하나 있었으니 '신호수'라는 분이었습니다.

1963년생으로서 사건이 일어난 1986년 당시 만 23살로 일생을 마친 신호수. 그저 대한민국의 평범한 한 청년이었던 그 신호수에게 상상도 못 했던 비극이 닥친 것은 전두환 독재정권이 마지막 독기를 뿜어내던 1986년 6월의 일이었습니다. 1986년 6월 11일, 당시 신호수는 인천의 모 가스 회사에서 가스 배달원으로 일하고 있었습니다. 그런데 당일 오후 1시 30분경, 신호수는 생각지도 않은 이들의 방문을 받게 됩니다. 다름 아닌 서울 서부경찰서 대공과 소속의 경찰들이었습니다. 그러면서 그들이 신호수에게 내민 체포 영장에는 '국가보안법 위반'이라는 무서운 혐의 사실이 기재되어 있었습니다.

신호수는 대학을 다닌 적도 없어 학생운동을 한 적도 없습니다. 재야 운동권 출신도 아니며 그런 사람들과 만난 적도, 어느 단체에 가입한 적도 없는 사람이었습니다. 그런 사람에게 뜬금없이 국가보안법 위반이라니, 신호수의 입장으로서는 그야말로 '아닌 밤중에 홍두깨로 맞는' 황망한 일이 아닐 수 없었습니다. 영문을 몰라 당황하던 신호수에게 경찰이 겉면에 '증거물'이라고 쓴 대봉투 하나를 꺼내 거꾸로 쏟아냈다고 합니다. 그 대봉투 안에서 쏟아진 물건은 다름 아닌 북한 삐라들, 그러면서 경찰의 질문이 이어졌습니다. 경찰은 "이 삐라를 본 적 있냐?"며 신호수에게 물었습니다. 그러자 신호수는 "모른다"며 부인했다고 합니다. 그러자 동행한 경찰 중 한 명이 코웃음 치며 "거봐라, 거짓말할 줄 알았다"며 비아냥거렸습니다. 그러자 신호수는 "정말 모르는 일"이라며 반발했는데 그 중 경찰관 한 명이 또 다른 종이 한 장을 제시합니다. 살펴보니 어느 동네의 약도였습니다. 그런데 자세히 보니 잊고 있었던 하나의 기억이 떠오릅니다. 과연 신호수의 머릿속에서 떠오른 기억은 무엇이었을까요?

경위는 이랬습니다. 신호수는 1984년 4월 23일 방위병으로 입대하여 경기도 양주군 장흥면에 위치한 모 사단 소속 부대에서 근무하던 중 1985년 6월 22일 소집 면제되었습니다. 이때 신호수는 장흥에서 방 하나를 얻어 자취 생활을 하면서 군 복무를 마쳤다고 합니다. 그리고 이후 가스 회사에 취직한 신호수는 직장이 있는 인천에서 1년째 생활하고 있던 중이었습니다. 그런데 이처럼 일상적인 일이 지나가고 있던 사이, 세상에서는 당사자인 신호수도 모르는 가운데 어떤 음모가 진행되고 있었던 것입니다.

시작은 신호수가 살았던 자취집에서의 벌어졌습니다. 신호수가 이사하고 난 후 그 방에 새로운 세입자가 이사를 왔는데, 그는 낡은 장판이 마음에 걸렸습니다. 그래서 장판을 새로 깔기 위해 낡은 장판을 걷어치우는 순간, 그야말로 깜짝 놀랄 만한 상황과 마주하게 되었습니다. 격하게 대한민국 정부를 비난하는 수십 장의 알록달록한 북한 '삐라'가 온통 도배하듯 장판 밑에 깔려 있었던 것입니다. 그러자 반공정신에 투철한 세입자는 즉시 경찰서를 찾아가 이 사실을 신고했습니다. 경찰은 이 삐라의 주인이 전 세입자라고 판단하게 됩니다. 바로 그 사람이 신호수였던 것입니다. 이것이 신호수가 잊고 있었던 1년 전 그때의 일이었던 것입니다.

신호수는 왜 이처럼 많은 삐라를 자신의 집 장판 밑에 보관하고 있었던 것일까요? 신호수의 주장에 의하면, 이는 방위 복무 중 포상 휴가를 받고자 모아놓은 삐라였다는 것입니다. 실제로 신호수가 복무하던 군부대에서는 북한 삐라 100장을 수거해오는 사병에게 포상 휴가를 실시한 것으로 확인되었습니다. 그래서 신호수와 같이 복무하던 군인 중 한 명이 먼저 제대하면서 그동안 자신이 모아온 삐라를 복무 중인 신호수에게 줬다는 진술 역시 확보한 상태였습니다. 이로써 신호수의 자취집에서 발견된 북한 삐라에 대한 의혹이 명쾌하게 해소되는 듯했습니다. 무시무시한 국가보안법 위반 사건에서 일요일 아침 드라마 해프닝처럼 끝나가는 듯 싶었습니다. 하지만 아니었습니다. 그렇게 그날 경찰에 연행된 신호수는 그러나 다시, 자신의 가족에게 돌아가지 못했습니다. 연행된 신호수가 그만 실종된 것입니다. 그리고 신호수가 사라지고 16일이 지나가던 그날, 그러니까 1986년 6월 27일 신호수의 가족에게 충격적인 소식이 전해집니다. 그것은 바로 신호수의 사체 발견 소식이었습니다.

사실 신호수의 가족들은 신호수가 경찰에 의해 연행되었다는 사실조차 알지 못하고 있었습니다. 경찰이 신호수의 연행 사실을 알려준 적이 없기 때문입니다. 그러다가 신호수의 아버지 신정학 씨가 아들의 사망 소식을 알게 된 것은 1986년 6월 27일. 도대체 무슨 일이 있었던 것일까요? 신호수의 유족이 신호수의 사망 소식을 알기 8일 전이었던 1986년 6월 19일로 시간은 다시 돌아갑니다. 신호수가 경찰에 연행된 6월 11일로부터 8일이 지나가던 이날 오전 10시 30분경, 전남 여천군 돌산읍 평사리에 위치한 '대미산' 동굴 속에서 신호수가 목 매달아 숨진 채 발견되었다는 것입니다. 잘 있는 줄로만 알고 있던 아들이 동굴 안에서 목을 매달고 죽어 발견되었다니, 누가 이 말을 사실이라고 믿을까요?

신호수의 아버지 신정학 씨는 그길로 바로 사체가 발견되었다는 여수를 향했습니다. 황망한 일은 그것만이 아니었습니다. 아들의 사체를 확인하려는 아버지에게 경찰이 알려준 사체 보관 장소가 너무도 어처구니없었습니다. 당연히 병원 장례식장에 안치되어 있어야 할 아들을 경찰이 그냥 땅에 매장해버렸다는 것입니다. 사체가 발견되었다면 일단 병원 냉동고에 보관했다가 그 유족이 나타날 경우 시신을 인계하는 것이 당연한 절차인데 경찰이 임의로 매장했다니, 이것이 있을 수 있는 일인가요?

더구나 당시 신호수는 만 23살로 군 복무까지 마쳤으니 지문 조회만 하면 그의 신원을 금방 확인할 수 있는 일이었습니다. 그런데도 가족을 찾으려는 노력도 없이 그냥 시신을 땅에 매장까지 해준 경찰의 과잉 친절은 그 어느 사건에서도 찾아보기 어려운 일이었습니다. 더구나 사체 발견 후 무려 6일이 지나고서야 유족에게 그 사실을 알려준 것 역시 도저히 납득할 수 없는 의혹이었습니다.

한편, 신호수의 사체가 발견된 경위는 이랬습니다. 6월 19일 오전 10시 30분경, 여천 인근의 무술목 해안 초소에서 방위병 3명이 경계 근무를 하고 있었다고 합니다. 그때 이들 방위병의 눈에 특이한 모습이 잡혔다고 합니다. 산비둘기 한 마리가 대미산 중턱에 있는 동굴로 들어가는 광경이었다고 합니다. 참 신기한 일입니다. 그날따라 왜 이들 방위병들의 눈에 그것이 호기심을 자극하는 일이 되었을까요? 방위병들은 대미산 동굴이 어떻게 생겼는지 갑자기 궁금해졌다고 합니다. 그래서 그 호기심에 이들 방위병들은 의기투합하여 동굴로 발길을 옮겼다고 합니다. 그렇게 해서 도착한 동굴 앞, 천천히 발을 옮기며 안을 들여다보는데 문득 허공에서 뭔가가 희미하게 보였다는 것입니다. '저게 뭘까' 의문을 가진 이들 방위병들의 눈이 어둠 속에서 천천히 익숙해지는 순간, 놀랍게도 발견된 것은 사람의 형체였습니다. 한 남자가 흰 팬티만 입은 채 양손은 허리띠에 묶여 허공에 매달려 있었다는 것. 이들 방위병들은 혼비백산해 미친 듯이 산에서 뛰어내려왔다고 합니다. 그리고 이내 경찰지서를 찾아가 자신들이 본 사실을 신고했습니다. 이것이 경찰 연행 후 갑자기 사라진 신호수가 사체로 동굴 속에서 발견된 경위의 전부라는 것입니다.

한편 사건을 접수한 여수 경찰서는 대미산 동굴에서 발견된 남자에 대한 타살 의혹에 관해 별다른 수사 없이 스스로 목 매달아 자살한 것으로 결론 내렸습니다. 그래서 사체가 발견되고 3일 후인 6월 21일, 경찰은 발견된 신호수의 사체를 땅에 매장했다고 합니다. 사체가 많이 부패했기 때문이라고 변명했습니다. 참으로 어이없는 일이 아닐 수 없습니다. 아들의 이러한 황망한 죽음 앞에 어느 부모가 비통스럽지 않을까요. 아버지 신정학 씨는 자신도 모르는 가운데 벌어진 아들의 이 죽음과 사체 처리 경위에 대해 진실을 좇기 시작합니다. 도대체 아들에게 무슨 일이 있었기에, 국가보안법은 무엇이며 그 후 아무 연고도 없는 여수의 낯선 동굴에서 숨진 채 발견된 것일까, 그리고 왜 경찰은 이 의혹만으로 가득 찬 이 사건을 엉터리로 은폐하려고 한 것일까, 의문이 꼬리를 물고 일었기 때문입니다.

이후 아버지 신정학 씨는 아들의 의문사를 밝히기 위해 거리의 투사로 살게 되었습니다. 사건이 발생한 1986년 이래 그 아버지 신정학 씨는 생업마저 접은 채 의문사 진상규명을 외치며 처절한 투쟁을 시작합니다. 이를 위해 유가협 회원으로 가입하여 자신과 비슷한 처지인 다른 유가족과 함께 국가가 나서서 억울한 의문사를 풀어달라며 숱한 노숙 투쟁을 하십니다. 그야말로 찬바람 맞으며 거리 위에서 숱한 날들을 보내게 됩니다.

마침내 2000년 12월, 김대중 정부가 들어서면서 아버지의 투쟁은 드디어 빛을 봅니다. 이들 억울한 죽음의 진실을 밝힐 대통령 소속 의문사 진상규명위원회(약칭 '의문사위')가 국가 기관으로 출범한 것입니다. 그러면서 이 사건, 신호수의 사인 역시 조사 대상에 포함됩니다. 이때 의문사위에 출석 소환을 통보받은 경찰관이 차 모라는 경찰관이었습니다. 바로 신호수를 연행하기 위해 1986년 6월 11일 신호수의 직장을 찾아왔던 세 명의 경찰관 중 한 명이었습니다. 하지만 차 모는 신호수의 죽음에 대해 자신은 전혀 모르는 일이라고 강력히 부인합니다. 차 모는 신호수를 연행한 후 불과 3시간 만에 훈방으로 풀어준 것이 자신이 아는 이 사건의 전부라고 주장했습니다. 차 모의 주장은 계속 이어졌습니다. 차 모는 신호수가 살던 자취방에서 발견된 삐라가 별다른 용공 혐의점이 없는 것으로 확인되자 연행 당일인 6월 11일 저녁 6시경 그냥 훈방 조치했다고 주장합니다. 그러면서 차 모는 인천에서 연행된 신 씨가 서울 지리를 잘 모르는 것 같아 직접 서울역까지 데려다 주는 등 친절까지 베풀었다고 말했습니다. 더구나 차비가 없는 신호수에게 자신의 돈 3천 원을 주기까지 했다는 것입니다. 그런데 이후 자신이 연행했던 신호수가 사망했다는 소식을 언론 보도를 통해 알고 난 후 자신 역시 깜짝 놀랐다는 것이 차 모의 말입니다. 과연 사실일까요.

먼저 신호수 연행 후 3시간 만에 훈방했다는 차 모의 주장은 이후 의문사위가 확보한 다른 경찰관의 진술을 통해 사실이 아닌 것으로 확인됩니다. 신호수가 연행된 그날, 차 모와 같은 사무실에서 근무하던 수사관이 아무개는 "신호수가 연행된 날, 대공 2계 숙직실 작은 방안에 신호수가 있는 것을 봤다. 허술한 작업복 차림의 신호수가 바짝 긴장하여 앉아 있었는데 그는 이후 약 3일가량 경찰서에서 조사 받은 것으로 기억한다"고 진술합니다. 수사관 이 씨는 "그러다가 며칠 뒤 신호수가 없어졌는데 훈방된 것은 자기가 본적이 없어 어떻게 나갔는지 알지 못한다"는 것입니다. 이처럼 서부경찰서 대공과에 최소한 하루 내지 3일가량 신호수가 있었다는 것을 본 이들의 진술은 이 씨 외에도 서너 명의 진술이 더 확인되었습니다. 그렇다면 연행 후 3시간 만에 신호수를 훈방 조치했다는 차 모의 주장은 일단 사실이 아닌 것으로 판단할 수밖에 없습니다. 또한 차 모가 신호수에게 차비로 3천 원을 줬다는 진술 역시 납득하기 어려운 일이었습니다. 당시 신호수는 10만 원이 넘는 돈을 소지하고 있었던 것으로 확인되었기 때문입니다. 이는 신호수가 연행되기 전날 가스 배달 후 수금한 돈을 회사에 입금하지 못했기 때문입니다. 신호수가 이 돈을 가지고 있음을 차 모는 모를 수 없습니다. 이유는 차 모가 신호수를 연행하면서 제일 먼저 소지품을 전부 꺼내 압수하기 때문입니다. 그런데 10만 원이 넘는 돈을 가진 신호수에게 차 모가 굳이 3천 원을 더 준다는 것은 이해하기 힘든 일입니다. 즉, 거짓말이 아니라고는 믿기 어려운 주장입니다.

또 차 모는 신호수가 서울 지리를 잘 몰라 자신의 차로 서울역까지 태워줬다고 하는데, 이 역시 이상한 일입니다. 왜냐구요? 신호수는 어릴 적 서울 응암국민학교를 다녔습니다. 바로 서부경찰서가 위치한 서울 은평구 응암동이 신호수가 어릴 때 자란 익숙한 동네였던 것입니다. 그런 신호수가 '그곳 지리를 모르니' 서울역까지 태워줬다는 차 모의 말은 역시 신뢰하기 어려운 주장이 아닐 수 없습니다. 그런데 더 이상한 일은 따로 있었습니다. 바로 3시간 만에 신호수를 풀어줬다는 차 모의 주장입니다. 차 모의 주장과 달리 설령 삐라에 대한 혐의는 벗어났다 해도 당시 신호수는 훈방될 수 없는 처지였습니다. 신호수는 사실 그때 수배 중인 상태였기 때문입니다. 1985년 소집 해제된 후 신호수는 생업이 바빠 예비군 동원 훈련을 받지 못했습니다. 이로 인해 그는 향토예비군법 위반으로 수배 중인 상태였습니다. 차 모 역시 이러한 신호수의 수배 사실을 알고 있었습니다. 신호수를 연행하기 전, 신호수의 범죄 경력 조회를 통해 수배 중임을 알고 있었던 것입니다. 그렇다면 차 모는 삐라 건 의혹이 해소되었다 해도 이후 신호수를 다시 형사과로 이첩해야 했습니다. 그곳에서 향토예비군법 위반 혐의에 대한 조사를 또 받아야 하기 때문입니다. 그런데 그런 신호수를 연행 3시간 만에 그냥 훈방했다는 차 모. 그의 주장을 곧이곧대로 신뢰하기 어려운 이유였습니다. 하지만 이에 대한 차 모의 변명은 너무도 황당했습니다. 삐라 혐의에 대한 조사에만 집중하다가 그만 신호수의 수배 사실을 깜빡했다는 것입니다.

차 모는 과연 사실을 말하고 있는 것일까요. 그래서 의문사위는 차 모가 그동안 담당해온 사건에 대해 찬찬히 살펴봤습니다. 그동안 차 모가 처리해온 사건이 무엇인지, 그리고 어떤 방식으로 수사를 해왔는지 분석할 필요가 있다고 여긴 것입니다.

먼저 의문사위는 차 모를 상대로 신호수 연행 후 어떤 방식으로 조사했는지 구체적인 사실을 따졌다고 합니다. 조사 과정에서 물리적인 폭력, 즉 가혹행위 등이 있었는지 여부를 확인하기 위한 것이었습니다. 그러자 차 모는 "사실 신호수를 조사한 기억을 더듬을 수가 없다. 지금 기억나지도 않고 단지 신호수의 진술 조서를 받은 기억밖에 없다"고 답합니다. 이에 신호수를 상대로 가혹행위를 했는지 여부를 묻자 차 모는 말도 안 된다고 하면서 "저는 피의자들에게 잘 이야기해서 진실을 규명하는 방법을 취합니다"고 일체의 의혹을 부인했습니다. 하지만 차 모의 이와 같은 변명은 그야말로 천인공노할 거짓입니다.

1982년 7월 7일, 신호수 사건이 벌어지기 약 4년 전 새벽, 김정묵이라는 사람이 자신의 집에서 잠을 자다가 들이닥친 경찰에 의해 연행되었습니다. 그래서 끌려간 곳이 신호수와 똑같은 서울 서부경찰서. 이후 연행된 김정묵 씨는 엄청난 구타와 고문을 당하게 됩니다. 수건으로 코와 입을 덮어놓은 상태에서 겨자 푼 매운 물이 주전자를 통해 쉴 새 없이 퍼부어졌습니다. 그러면서 경찰이 자백을 강요한 것은 바로 간첩 행위 인정이었습니다.

사건의 발단은 김정묵 씨가 연행되기 24년 전에 있었던 어떤 일로부터 비롯되었습니다. 1958년 5월경, 당시 김정묵 씨는 연평도로 조기를 사기 위해 배를 탔다가 그만 북한 경비정에 배가 납북되어 끌려간 적이 있었습니다. 당시 허술한 경비 체계로 인해 벌어진 사건이었습니다. 한편 그렇게 북으로 끌려갔던 김정묵 씨는 그곳에서 4박 5일간 억류되었다가 다행히 풀려나왔다고 합니다.

그런데 문제는, 김정묵 씨가 이런 사실을 당국에 신고하지 않았다는 겁니다. 당시만 해도 통제가 허술하여 공안당국도 이 사실을 몰랐는데 굳이 이를 자진 신고했다가 어떤 피해를 입을지 무서워 차일피일 미루다가 그만 시기를 놓쳤다는 것입니다. 그렇게 해서 24년이라는 시간이 지났고 김정묵 씨 역시 흐르는 시간에 같이 흘러간 그 사건을 잊고 살아가고 있었는데, 그만 이 일이 어찌어찌한 사연을 거쳐 경찰에 포착되고 만 것입니다. 하지만 김정묵 씨가 잘못한 것은 납북 사실을 자진 신고하지 않았다는 것뿐, 경찰이 자백을 강요하는 간첩 활동은 하지 않았습니다.

그러나 진실은 지독한 고문 앞에서 결국 무너지고 말았습니다. 영장도 없이 연행된 김정묵 씨는 38일 만에 스스로 간첩임을 자백하게 됩니다. 그리고 그로부터 6개월 후, 김정묵 씨는 재판을 거쳐 무기징역을 선고받습니다. 간첩 활동을 해왔다는 김정묵 씨의 자백을 근거로 법원이 유죄를 인정했기 때문입니다. 하지만 다행히 무기징역형을 받고도 이어진 감형 조치 덕분에 김정묵 씨는 살아서 감옥에서 나올 수 있었습니다. 그나마 다행이라고 해야 할까요?

그러나 감옥을 나왔지만 영원히 사라지지 않는 흉터가 김정묵 씨에게 남았습니다. 김정묵 씨의 앞머리에 생긴 큰 흉터 자국이었습니다. 자백을 강요하는 경찰이 김정묵 씨의 입과 코로 겨자 물을 퍼붓자 이 물고문에 고통을 참지 못한 김 씨가 차라리 죽겠다며 책상 모서리를 향해 머리로 들이받아 생긴 상처였던 것입니다.

바로 그때, 영문도 모른 채 끌려온 서부경찰서 대공과 사무실에서 김정묵 씨에게 말을 건 사람이 있었습니다. 그는 "이곳에 온 이유가 뭔지 아느냐"고 김정묵 씨에게 물었습니다. 이에 김 씨가 두렵고 무서운 마음에 "잘 모르겠다"며 답하자 그 말이 끝나기 무섭게 아무 설명도 없이 무차별 구타를 시작한 사람, 바로 그 사람이 차 모입니다. 그랬습니다. 김정묵 씨가 차라리 죽겠다며 책상 모서리를 들이받게 만든 그 고문을 가한 사람이 바로 차 모였던 것입니다. 이후 차 모는 김정묵을 조사하는 일주일 동안 그야말로 지독한 고문을 가했다고 합니다. 김정묵 씨의 하체 전부가 시퍼렇게 피멍이 들도록 매질을 했고, 그 결과 사실이 아닌데도 "제가 간첩입니다"라고 자백하게 만든 그 사람, 김정묵 씨는 "바로 그 사람이 차 모였다"며 울부짖습니다.

그런 차 모가 김정묵 사건이 있은 지 4년 뒤 새로 연행한 사람이 바로 신호수입니다. 그런데 이러한 차 모가 수사결과 혐의 없다며 3시간 만에 신호수를 그냥 석방했고 또 차도 태워주면서 차비까지 주는 친절을 베풀었다 합니다. 차 모는 평소 '크레믈린'이라는 별명으로 불렸다 합니다. 옛 소련의 수도 모스크바를 상징하는 '크레믈린'. 그야말로 피도 눈물도 없다는 뜻이 아닐 수 없습니다. 그렇기에 '피의자를 잘 구슬러 조사한다'는 차 모의 진술에 대해 동료 경찰의 진술은 달랐습니다. '윽박질러서 수사하는 것'이 차 모의 수사 방식이었다는 것입니다.

신호수 사망사건에 있어 차 모가 어떤 역할을 한 것이 아닐까 의심스러운 대목은 이뿐만이 아닙니다. 차 모가 신호수를 연행하기 전까지 준비한 과정이 드러나면서 그 의혹은 더욱 짙어졌습니다. 신호수는 마치 단순한 의혹 확인을 위해 신호수를 연행했다가 3시간 만에 훈방 조치한 것처럼 주장했지만, 사실은 그렇지 않았습니다. 차 모는 신호수를 연행하기 전 매우 치밀하게 이 사건을 계획하고 있었습니다. 그 기간만 무려 9개월, 삐라 사건을 공안 사건으로 엮기 위한 차 모의 무서운 집념의 시간이었습니다.

그뿐만이 아니었습니다. 차 모는 이 삐라 사건에 대한 작전명까지 준비했습니다. 그 명칭, 삐라가 발견된 자취방 지역 명을 딴 '장흥 공작'이었습니다. 그런데 이렇게 9개월이나 준비한 사건을 불과 3시간 만에 포기하고 종료했다는 차 모의 주장은 과연 진실일까요?

놀라운 사실은 또 있었습니다. 차 모는 신호수를 연행하기 전 이미 그 삐라가 무엇인지 알고 있는 상태였습니다. 포상 휴가를 받기 위해 삐라를 모은 것이라는 진술을 신호수 연행 전에 이미 차 모가 신호수의 동료 사병을 통해 확인한 상태였던 것입니다. 그런데도 차 모는 신호수를 연행했던 것입니다. 더구나 이때 중죄인을 체포할 때만 사용하는 수갑까지 신호수에게 채웠다고 합니다. 맞습니다. 장흥 공작의 서막이었습니다.

하지만 이처럼 확인된 여러 의혹과 근거에도 불구하고 신호수의 아버지 신정학 씨가 제기한 아들의 억울한 죽음은 끝내 진상이 규명되지 못합니다. 경찰과 검찰은 신호수가 자살했다며 모든 진정을 기각합니다. 3시간 만에 신호수를 훈방 처리했다는 경찰관의 주장 외에 달리 타살로 볼 혐의가 없다는 것입니다. 하지만 신호수가 자살하지 않았음은 앞서 제기한 의혹을 다 떠나 신호수의 시신 자체가 온몸으로 웅변하고 있었습니다. 이를 경찰과 검찰이 외면하고 있을 뿐입니다. 그 진실, 바로 신호수가 죽은 자세가 말해주고 있습니다.

이 사건을 처리한 여수경찰서는 "신호수가 입고 있던 자신의 옷을 벗어 그 끝을 매듭지어 묶은 후 동굴 천장 부근의 바위틈에 끼워 빠지지 않게 한 후 여기에 목을 매 자살했다"고 결론 내렸습니다. 하지만 경찰의 이러한 주장은 그야말로 억지입니다. 신호수의 사체를 처음 목격한 당시 방위병 유 모 씨가 지난 2001년 의문사위에 참고인 출석하여 한 진술에서 그 증거가 뚜렷이 확인됩니다. 유 씨의 진술 일부입니다. "사건 직후 현장 검증에 참석하라고 하여 경찰들과 함께 대미산 동굴에 갔다. 그러면서 경찰이 나에게 발견 당시 상황을 설명하라고 했다. 이후 경찰들은 내가 목격한 것처럼 신호수의 자살 자세를 재현하고자 시도했으나 끝내 실패하고 말았다."

스스로 목을 매고 자살했다는 신호수의 자살 자세를 왜 경찰은 끝내 재현 실패했을까요? 이유는 간단합니다. 그러한 현장 속에서 스스로 자살하는 일은 불가능하기 때문입니다. 경찰의 주장처럼 신호수가 스스로 목을 매고 자살하려면 약 2.5미터 높이의 동굴 천장까지 올라가야 합니다. 하지만 동굴 현장에는 거기까지 다다를 수 있는 사다리가 없었습니다. 짚고 올라갈 만한 바위 같은 것조차 역시 없었습니다. 그런데 신장 165센티미터에 불과한 신호수가 2.5미터 높이의 허공 위로 어찌 올라갈 수 있단 말인가요? 그런 상황에서 어찌어찌 동굴 천장까지 올라간다 해도 또 문제입니다. 바위틈 사이에 자신의 옷 뭉치를 걸어 넣어야 하는데 이것이 또 불가능합니다. 결국 제3의 누군가가 도와주거나 사다리 등 도구가 없이는 불가능한 일입니다. 그렇기에 경찰이 신호수의 자살을 재현하고자 별별 수단을 다 동원했지만 결국 실패했던 겁니다.

그런데 불가능한 일은 이것 말고 또 있습니다. 신호수의 사망 자세였습니다. 사체 발견 당시 신호수는 양팔과 몸통이 가죽 허리띠로 묶여 있었다고 합니다. 그래서 신호수가 정말 자살한 것이 맞다면 자신의 양팔과 몸통을 허리띠로 먼저 묶어야 합니다. 그런 후에 자신의 키인 165센티미터보다 높은 250센티미터 높이의 동굴 천장으로 올라간 후 바위틈에 옷

매듭 뭉치를 걸고 그 후 동그란 올무에 목을 밀어 넣어야 자살이 가능한 일입니다. 이처럼 2중, 3중으로 불가능한 조건이었으니 경찰이 끝내 자살 과정을 재현할 수 없었던 것입니다.

그렇다면 도대체 신호수에게는 무슨 일이 벌어진 것일까요? 의문사위가 조사한 결론에 의하면, 드러난 진실은 이렇습니다. 1985년 11월 당시 서울시경 대공과에서는 신호수의 자취집에서 발견된 삐라에 대해 주목하게 됩니다. 이후 차 모 등은 이 삐라의 주인인 신호수를 상대로 불순분자와 연계된 공안 사건을 만들고자 이른바 '장흥 공작 평가 보고서'를 계획하고 이를 서울시경 대공과에 보고합니다. 한편 서울시경 대공과는 이러한 장흥 공작 계획에 대해 추진할 것을 승인했으며 이에 따라 차 모 등이 신호수를 연행, 본격적인 수사에 돌입하였습니다.

특히 신호수의 발목 부위에는 살이 움푹 팬 상처가 있었고 그로 인해 사체 발견 당시 신고 있던 하얀 양말은 피로 흠뻑 젖어 있었습니다. 자살이라면 절대 생길 수 없는 상처였습니다. 이 의혹에 대해 의문사위에서 지난 2002년 일본 측 법의학자에게 감정을 의뢰했습니다. 돌아온 답은 충격적이었습니다. 신호수의 양 발목 깊은 상처는 "쇠로 된 족쇄 같은 것이 작용해서 생긴 것으로 추정된다"는 소견이었습니다. 또한 신호수의 목에 수많은 피부 까임 증상이 발견되었는데 이 역시 일본 측 법의학자들은 "신호수의 목에 걸려 있던 와이셔츠로는 생길 수 없는 상처이며 이는 이미 다른 끈으로 타살된 후 다시 와이셔츠로 목을 건 것처럼 위장한 것"으로 봤습니다.

차 모의 이 뻔한 거짓말이 '거짓말'임이 밝혀지기까지는 23년의 세월이 걸렸습니다. 2009년 11월 10일의 일이었습니다. 신호수의 죽음을 조사한, 진화위는 "서부경찰서 수사관 차 씨 등이 '장흥 공작'을 통해 신호수를 간첩으로 조작하는 과정에서 사망하자 이를 자살로 위장했던 것으로 판단한다"며 공식 발표한 것입니다. 신호수의 죽음에 공권력의 부당한 행사가 있었다는 결론이었습니다.

하지만 여기서 그만 끝났어야 할 비극은 지금도 계속되고 있습니다. 이같은 진화위 조사 발표를 토대로 신호수의 아버지 신정학 씨가 대한민국 정부를 상대로 소송을 제기했습니다. 아들 신호수의 억울한 죽음에 대해 손해를 배상하라는 민사소송이었습니다. 하지만 2011년 8월 29일, 서울고등법원 재판부는 신정학 씨가 제기한 소송에 대해 다음과 같이 판결했습니다.

"피고 대한민국의 불법 구속으로 인한 신호수의 위자료 청구는 인정하나, 경찰의 가혹행위는 증거 불충분으로 인정하지 않는다."

신호수가 공권력의 개입에 의해 사망했다는 진화위의 발표를 대한민국 법원이 인정하지 않은 것입니다. 즉, 이미 드러난 경찰의 뻔한 거짓말에 대해 대한민국 법원이 다시 한 번 생명력을 불어넣어준 '부끄러운 판결'이었습니다. 그날, 일흔이 넘은 신호수의 아버지 신정학 씨는 법정을 나와 말없이 담배를 물었습니다. 아버님이 토해낸 말없는 항변이었습니다.

과연 신호수는 누가 죽였을까요. 진실은 누구나 다 알고 있습니다. 인권운동가로서 저는 이러한 거짓과 계속 싸울 것입니다. 그 길에서 또 얼마나 많은 시간이 필요할지 알 수 없으나, 우리가 포기하지 않는다면 진실은 반드시 승리함을 저는 믿습니다.

신호수 씨의 명복을 빕니다.

경찰이 만들어내는 '억울한 사람들'

경찰의 모욕에 온몸으로 항변한 38살 가장의 비극

위험한 고백일지 모르겠습니다만, 저는 지금의 경찰을 신뢰하지 않습니다. 경찰이 내세우는 '민중의 지팡이'라는 구호를, 그리고 우리 사회의 정의를 바로 세우기 위해 경찰이 노력하고 있다는 주장에도 거의 동의하지 않습니다. 물론 이러한 저의 주장에 대해 "어떻게 경찰 전부를 다 나쁘다고 할 수 있냐?"며 반문하는 분도 계실 것입니다. 하지만 저는 경찰을 믿지 않습니다. 물론 경찰 중에 훌륭한 일개인도 계실 겁니다. 그렇게 좋은 분도 많이 만났습니다. 하지만 그런 분일수록 오히려 자기가 속한 경찰 조직을 부끄러워하는 경우를 많이 봤습니다. 그래서 자기만이라도 그런 경찰이 되지 않고자 노력한다는 말을 합니다. 이것이 현실 아닐까요?

왜 불행하게도 저는 이런 편견을 가지게 되었을까요? 부인할 수 없는 사실은, 제가 지금까지 살면서 경험한 일들 때문입니다. 특히 1989년 대학 입학 후 지금까지 재야 인권운동과 그 주변부를 떠나지 않으며 피부로 접해온 사건과 사례를 통해 경찰 조직에 대한 이러한 불신이 깊어졌음을 부인하기 어렵습니다. 그래서 지금부터 제가 이야기하는 사건을 통해 여러분도 한번쯤 생각해봤으면 좋겠습니다. 이것이 과거에만 있었던 일부 경찰의 잘못인지, 그래서 지금은 그렇지 않은지 냉철하게 보아주십시오. 과연, 그때보다 지금은 분명 좋아졌는지 묻고 싶기 때문입니다. 그러한 경찰과 관련한 사건 하나, 〈고상만의 수사반장〉에서 시작합니다.

1995년 4월 19일, 당시 저는 '민주주의민족통일 전국연합'이라는, 재야 단체의 중심격인 곳에서 인권위 부장으로 일하고 있었습니다. 그런데 그날 경기도 안산에서 아주 슬픈 소식이 전해져왔습니다. 38살의 한 남자가 안산의 모 지역 파출소에서 분신자살을 기도했다는 소식이었습니다. 평범한 한 집안의 가장이었던, 작은 중소기업에서 직장인으로 생활하던 이 모 씨는 왜 그처럼 극단적인 선택을 하게 된 것일까요?

사연을 알아보니 우리 일상사에서 흔히 벌어지는 작은 실랑이가 발단이 되었습니다. 분신자살을 기도하기 전날 밤, 이 씨는 택시를 타고 귀가를 했습니다. 그런데 택시 요금 지불을 두고 기사와 시비가 일었다는 것입니다. 이 씨는 자신이 탈 때 회사 동료가 택시비를 내지 않았냐며 주장했고 반면 기사는 받은 돈이 없으니 요금을 내라 했습니다. 그러자 이 씨는 절대 돈을 낼 수 없다며 버텼고 이러한 실랑이가 계속되면서 결국 경찰이 출동했다는 것입니다. 그렇게 해서 연행된 곳이 경기도 안산 지역의 모 지역 파출소, 그런데 생전 처음 파출소를 가본 이 씨는 그곳에서 생각지도 못한 모욕을 당하게 됩니다. 요금 시비로 연행된 자신에게 경찰관은 물론이고 막내 동생뻘도 안 되는 의경마저도 반말로 응대하는 것이었습니다. 이러한 경찰의 응대에 이 씨가 따졌다고 합니다. 왜 반말을 하냐며, 존칭을 해달라고 요구한 것입니다. 그런데 돌아온 경찰의 답변이 기가 막혔다고 합니다. 이전까지 반말을 하던 경찰이 이번엔 "이 새끼가 술 처먹고 돌았나" 하며 욕설을 하고 나온 것입니다. 경찰의 욕설에 이 씨 역시 말문이 막혔습니다. 평소 성격이 곧고 사리가 분명했던 이 씨는 자신에게 욕을 한 경찰에게 사과를 요구했습니다. 하지만 이 씨의 사과 요구에 돌아온 것은 반말도, 또 다른 욕설도 아니었습니다. 비웃음과 조롱이 이어졌다는 것입니다.

그런데 이후 전개된 사건을 보면, 그야말로 '경찰이 이래도 되나'싶은 야비한 행위가 펼쳐집니다. 애초 이 사건의 발단이 된 택시 요금 시비가 마무리된 후, 함께 연행된 택시 기사는 돌아갔다고 합니다. 이 씨와 기사가 요금 시비를 원만히 해결한 것입니다. 그런데 돌아간 사람은 택시 기사뿐이었습니다. 이 씨는 나갈 수 없다며, 그냥 파출소에 남아 있으라고 경찰이 지시했다는 것입니다. 왜 그러냐고 되묻자 경찰에게서 "아직 당신에 대한 조사가 끝나지 않았다"는 답변이 돌아왔습니다. 도대체 무슨 조사가 남았다는 것일까요? 경찰의 야비한 복수극, 지금부터 시작됩니다.

억울하지만 인신을 구금하니 무슨 방법이 있겠습니까? 경찰이 나갈 수 없다고 하니, 이 씨는 그저 가만히 갇혀 있을 수밖에 없었습니다. 그런데 이후 경찰이 무엇을 묻거나 확인하는 일도 없었다고 합니다. 그냥 그렇게 파출소에 잡아둘 뿐이었습니다. 그렇게 밤이 지나 다시 아침이 밝아왔다고 합니다. 그때 문제의 한 경찰관이 출근을 합니다. 전날 근무한 이들과 교대하기 위해 출근한 사람은 바로 그 파출소의 부소장이었습니다.

아침에 출근한 부소장은 의자에 앉아 있던 이 씨를 발견한 후 부하 경찰에게 "무슨 건이냐"며 물었습니다. 그러자 경찰관들은 실제 사실을 비틀어 "전날 술을 먹고 요금 시비로 붙잡혀왔는데 우리더러 반말과 욕설을 했다며 시비를 걸어 대기 중에 있다"며 답했습니다. 그런데 이 말을 들은 파출소 부소장의 다음 행동이 놀랍습니다. 부소장은 곧바로 의자로 앉아 있던 이 씨의 머리채를 움켜쥐더니 다짜고짜 수갑을 꺼내 이 씨의 팔을 뒤로 꺾어 수갑을 채웠다고 합니다. 그러면서 "이런 새끼는 제대로 버릇을 고쳐놔야 한다"며 마구잡이로 폭행했다는 것, 이것이 이 씨가 분신자살을 결행하여 결국 사망하기 전 저에게 밝힌 그날 사건의 전모입니다.

이 씨로서는 그야말로 황망한 일이 아닐 수 없었습니다. 누군가가 자신의 억울함을 들어주리라 기대하고 밤새 근무한 경찰들 말고 새로운 경찰이 출근하기를 기다리고 있었는데 오히려 더한 수모와 폭행을 당하다니 그야말로 어처구니가 없었습니다. 하지만 수갑이 뒤로 채워진 채 얻어맞던 이 씨가 억울하다고 외치면 외칠수록 폭력은 더욱 심해졌다고 합니다. 거기서 끝이 아니었습니다. 잠시 후 수갑을 채워 이 씨를 폭행하던 부소장이 이번엔 이 씨를 즉결심판에 회부했다고 합니다. 부소장이 직접 작성한 문서에 적힌 이 씨의 죄목은 '공무집행 방해죄'. 도대체 이 씨가 무슨 공무집행을 방해했는지 모르지만 경찰이 그렇게 적으면 그것이 곧이곧대로 죄가 되는 시대였습니다. 그렇게 해서 이 씨는 이후 즉결심판을 받기 위해 경찰차를 타고 수원지법으로 이동했다고 합니다. 지금은 안산에 법원이 생겨 그럴 일은 없지만 1995년 당시에는 즉결심판을 받으려면 수원지법까지 가야 했기에 그런 것입니다.

얼마나 황당한 결말인가요? 택시 요금 시비로 경찰서에 간 것인데, 그래서 그 시시비비를 가려달라고 요구한 것인데, 이 과정에서 반말과 욕설을 하는 경찰에게 항의하자 이후 구타를 당하고 경찰에 의해 '공무집행 방해죄'로 즉심까지 받게 될 줄 누가 상상했을까요. 그런데 이런 일이

1995년에 '아주 재수 없던' 이 씨 혼자에게만 한번 일어난 일일까요?

그때로부터 정확히 20년이 지난 2015년 한 해 동안 경찰이 공무집행 방해 건으로 구속영장을 신청한 인원은 모두 2,140명이었습니다. 이는 2012년 당시 공무집행 방해 건으로 신청한 1,003명에 비해 무려 두 배가 넘는 수치였습니다. 이처럼 경찰의 공무집행 방해 건은 해를 거듭할수록 급증하고 있습니다. 예를 들어 2015년 한 해 동안 경찰이 공무집행 방해로 구속영장을 청구한 이들을 한 달 평균으로 나누면 178명꼴입니다. 이를 또 하루 평균으로 나누면 매일 6명꼴. 경찰이 자신들의 업무를 방해했다며 이렇게 많은 이들에게 구속영장을 발부한다는 것은 전 세계 어디에서도 찾아보기 어려운 이 나라 경찰의 특징입니다. 그렇다 보니 법원조차도 경찰의 '공무집행 방해' 사유로 신청하는 구속영장 발부에 대해 상당수를 기각하고 있는 실정입니다. 이처럼 과도하게 공무집행 방해죄를 적용하는 일은 과거 민주정부라 칭하는 김대중, 노무현 정부하에서는 상상할 수 없는 일이었습니다. 그런데 2008년 들어선 이명박 정부 이후 경찰은 공무집행 방해죄를 남용하기 시작했고 이후 정권에 반대하는 시위가 늘어나면서 더욱 남발하는 행태를 보이고 있습니다.

물론 진짜로 잘못한 사람도 분명 있겠지요. 하지만 과도한 공권력 남용에 항의하는 사람에게, 또는 이 씨처럼 경찰의 잘못을 지적하며 따지자 이에 대한 보복 차원에서 괘씸죄를 적용하여 공무집행 방해죄를 남용한다면 이는 비난받아 마땅한 일입니다. 더 용납할 수 없는 일은, 이처럼 무리한 공무집행 방해죄 적용에 대해 이를 수사하는 주체가 바로 피해자를 자처하는 경찰이나 검찰 등이라는 점입니다. 피해자도 경찰이고, 그래서 조사도 경찰이 하고 처벌 요구도 경찰이 하는 구조이니, 과연 이런 상황에서 공정한 결과가 나올 수 있을까요? 검사나 판사 역시 마찬가지입니다. 경찰이 가져온 사건을 검찰 역시 대부분 그대로 인정합니다. 이른 바 '높으신' 분들이 관심을 갖는 사건이 아니라면 대부분 경찰이 송치해 온 사실 그대로 법원에 기소합니다. 이것을 속된 은어로 '지게질'이라고 합니다. 경찰이 지고 온 '지게'를 검찰이 벗어놓으면, 그 안에 무엇이 있는지 확인도 하지 않고 다시 '지게'를 지고 법원으로 가져간다는 뜻입니다. 그러니 과연 이런 식으로 이뤄진 수사와 판결 내용에 대해 누가 억울하다고 하지 않겠습니까?

이날 이 씨가 바로 그런 심정이었습니다. 뜻하지 않게 택시 기사와 요금 시비가 일어 파출소에 갔는데 엉뚱하게도 경찰이 자신에게 반말과 모욕을 하자 이를 항의하던 과정에서 소위 패씸죄를 적용받은 이 씨. 그리고 이 과정에서 새로운 가해자인 파출소 부소장이 나타나 수갑을 채우고 마구잡이로 폭행을 하더니 "너 한번 당해봐라" 하면서 끝내 '공무집행 방해죄'로 즉결 심판까지 넘겨졌으니 이 씨로서는 너무도 분하고 억울한 일이 아닐 수 없었습니다.

그나마 다행인 사실이, 그날 이 씨가 아주 예외적으로 좋은 판사를 만난 것 같습니다. 이날 이 씨의 즉결심판을 맡은 해당 판사가 이 씨에게 무혐의 처분을 내린 것입니다. 판사는 이 씨가 경찰을 폭행한 사실도 없고 또한 파출소 기물을 손괴한 사실도 없다며 '무죄'를 선고하고 석방시킵니다. 정말 그나마 판사가 진실을 바로 본 것입니다. 억울했지만 판사로부터 무죄 처분을 받고 풀려난 이 씨. 그런데, 그런 이 씨가 이후 왜 분신자살을 기도한 것일까요? 안타깝게도 이 사건은 여전히 끝나지 않았습니다. 이번엔 수원에서 자신의 집인 안산으로 다시 돌아가는 것이 문제였습니다. 이 씨는 수중에 돈이 한 푼도 없었다고 합니다. 그래서 무혐의 처분을 받고 집으로 가야 하는데 자신을 집 앞인 안산에서 수원까지 경찰이 데려왔으니 당연히 다시 집이 있는 안산까지 데려다주리라 생각했던 것입니다. 파출소를 한 번도 가보지 않은 이 씨로서는 당연히 그럴 것이라고 여겼습니다.

그런데 아니었습니다. 자신을 안산에서 수원까지 수갑 채워 데리고 왔던 경찰차로 찾아가 문을 열고 자리에 앉은 이 씨에게 경찰이 내리라며 짜증을 냈습니다. 이에 이 씨가 "나를 데리고 왔던 안산까지 데려다주는 것 아니냐"고 묻자 경찰은 "경찰차가 무슨 택시인 줄 아냐"며 핀잔을 줬다고 합니다. 그러면서 다른 차를 타고 안산으로 가라며 내리라고 재촉할 뿐이었습니다. 이 씨는 그런 경찰에게 사정을 했다고 합니다. "어제 기사에게 택시비를 준 후 돈이 없어서 그러는데 어차피 안산으로 돌아가는 차일 테니 좀 태워달라"며 부탁했다고 합니다. 하지만 경찰은 냉혹했습니다. 결국 이 씨를 차에서 내리게 한 뒤 떠났습니다. 난감해진 이 씨는 결국 거리에서 사람들에게 구걸 아닌 구걸을 했다고 합니다. '죄송하지만 차비가 없어서 그러니 돈을 좀 빌려달라'고 구걸했습니다. 그렇게 몇 사람에게 부끄러운 말을 하며 난생처음 구걸해야 했던 이 씨. 다행히 어느 선한 분의 도움으로 이 씨는 차비를 구할 수 있었고 이후 수원에서 버스를 타고 집이 있는 안산까지 돌아왔다 했습니다.

하지만 이 씨의 가슴속에는 참을 수 없는 분노가 꺼지지 않았습니다. 이럴 수가 있나 싶었습니다. 전날 밤부터 다음 날 오후까지 이어진, 이해할 수 없는 경찰의 핍박이 아무리 생각해도 너무도 억울했습니다. 이 씨는 그렇게 집으로 돌아오며 거리에서 내내 눈물이 흐르더라 했습니다. 분하고 억울해서, 그 모욕을 받고 자존감이 훼손당해 울고 또 울었다고 합니다.

그러다가 결국, 그날 저녁 8시경 돌이킬 수 없는 비극이 벌어지고 말았습니다. 이 씨는 간신히 집에 돌아왔으나 그 분한 마음을 도저히 억누

를 수 없었다고 합니다. 그 분을 참아야 했으나 잠을 자고 일어났지만 생
살을 찢듯 배어나오는 그 억울함을 이길 수 없었다고 합니다. 결국 훗날
이 씨가 저에게 후회하며 말했듯 해서는 안 될 선택을 하고 맙니다. 휘발
성 신나 2통을 사들고 전날 자신을 연행한 파출소를 찾아간 것입니다. 그
런 후 이 씨는 당직 중인 경찰에게 "나를 때렸던 사람을 만나게 해달라"
고 말했다고 합니다. 그러자 영문을 잘 모르는 당직 경찰은 "전날 근무한
사람은 오늘 비번이라서 지금 없으니 내일 다시 오라"며 시큰둥하게 응
대했다고 합니다. 그러자 이 씨는 다시 "경찰 비상 연락망이 있을 것 아니
냐? 지금 연락해서 그 사람 오라고 해달라"며 재차 항의한 것입니다. 그
러자 경찰들은 이 씨에게 "어디 와서 행패를 부리는 거냐. 당장 밖으로 나
가라"며 파출소 밖으로 밀어냈다고 합니다.

그 순간이었습니다. 경찰에 의해 파출소 밖으로 밀려난 이 씨는, 파출
소 문 앞에서 사가지고 온 신나 뚜껑을 열었습니다. 그리고 그만, 절대 해
서는 안 될 일을 저지르고 말았습니다. 억울하다며, 분하다며, 용서할 수
없다며, 경찰관이 안에서 자신을 바라만 보고 있는 상황에서 라이터를 켜
고 만 것입니다. 순간 불길은 이 씨의 온몸을 휘감았습니다. 펑하는 소리
와 함께 길고 긴 비명이 밤하늘을 갈랐고 주변을 지나는 이들이 불길에
싸인 이 씨에게 달려왔습니다. 너무도 끔찍한 일이었습니다. 더 끔찍한
일은 이 사건이 벌어지던 순간에 경찰이 보인 행태입니다. 이 씨가 파출
소 문 앞에서 몸에 불을 붙이고 분신자살을 기도했는데 이러한 이 씨를
경찰이 보고도 방치했다는 의혹이 있습니다. 파출소 바로 앞에서 이 씨가
불을 붙였는데도 경찰이 바로 나와서 이 씨 몸의 불을 끄지 않았다는 것
입니다. 그래서 이 씨에게 도움을 준 사람은 경찰이 아니라 일반 시민이
었습니다.

한편 분신자살을 기도한 이 씨는 이후 온몸에 화상을 입고 고대 안산 병원을 거쳐 동대문 이대병원으로 후송되어 화상 치료를 받았습니다. 하지만 이 씨의 화상이 너무도 심해 제대로 된 치료가 되지 않았습니다. 병원마다 이 씨가 살아날 가능성이 없다는 회의적 반응을 보였습니다.

　제가 이러한 이 씨의 사연을 알게 된 때가 바로 이 시점이었습니다. 당시 유가협 회장으로 일하던 분은 87년 6월항쟁의 도화선이 된 박종철 열사의 아버님 박정기 씨였습니다. 그 박정기 아버님이 저에게 전화하여 이씨의 사연을 전해주며 함께 안산으로 가보자고 하셨습니다. 그래서 방문하게 된 그의 집에서 맞닥뜨린 이 씨의 모습은 너무도 끔찍했고 또 비참했습니다. 온몸을 붕대로 감은 채 두 눈만 내놓고 있던 이 씨는 다행히 의식만은 살아 있었습니다. 하지만 매일 화상 부위를 소독한 후 붕대를 갈아줘야 하는데 이를 하지 못하니 이로 인해 생긴 진물로 붕대는 젖어 있었고 그 악취 역시 말로 다 설명할 길이 없는 생지옥이었습니다. 심지어 화상 부위가 부패하면서 그곳에 구더기가 기어 다니는 참담한 상황이었습니다.

　도대체 이런 지경인데도 왜 이 씨와 그 가족은 병원에서 치료받지 않고 집에서 죽을 날만 기다리고 있던 것일까요? 이 씨의 집을 방문해보면 그 답을 알 수 있습니다. 이 씨는 아버지에게 물려받은 안산의 낡은 13평 아파트가 소유한 재산의 전부였습니다. 회생 가능성이 없다는 판정을 받은 상황에서 이 씨는 병원비로 아파트마저 잃게 된다면 이후 남게 될 처와 자식은 어찌 살까 싶어 자신이 고집을 부려 퇴원했다는 것입니다.

　그런 상황에서 이 사건의 단초가 된 경찰의 태도는 더욱 기가 찼습니다. 자신들의 무례하고 잘못된 행위로 인해 이 씨가 분신자살까지 기도하게 된 것인데 이에 대한 사과는 고사하고 오히려 이 씨가 파출소 문을 방화했다며 이 씨가 회복되면 방화죄로 처벌하겠다는 입장만 밝히고 있는 실정이었습니다. 보지 않았으면 모를까, 이런 상황을 알고도 외면할 수 있는 사람이 누가 있을까요? 유가협 박정기 아버님은 이 씨를 설득하기 시작했습니다. "아무리 돈이 중하다고 하지만 살아 있는 사람을 이렇게 방치할 수는 없다"며 일단 병원으로 옮기자고 설득했습니다. 병원비가 부담스러우면 일단 우리가 해결해줄 테니 병원에서 화상 부위도 소독하고 붕대만이라도 갈아보자고 말했습니다.

한편 이러한 이 씨의 사연을 알게 된 안산 지역 내 재야단체와 노동단체가 경찰의 잘못을 규탄하고 나섰습니다. 그 결과 '안산 경찰 이○○ 씨 폭행 및 분신 방조 등 인권유린에 대한 지역대책위원회'가 구성될 수 있었으며 이 기구를 통해 병원비가 모금될 수 있었습니다. 그렇게 해서 병원비 걱정으로 집에서 죽을 날만 기다리며 온몸이 썩어가던 이 씨가 다시 국립의료원에 입원하여 화상 치료를 받은 것입니다.

그렇다면 여기서 어떤 분들은 궁금해하실 것 같습니다. 이처럼 극단적인 선택을 한 이 씨가 평소 어떤 사람이었을까 하는 것 말입니다. 사건 당시 38살이었던 이 씨에게는 자신보다 다섯 살 아래인 부인과 6살 된 딸아이가 있었습니다. 기계 부품을 납품하는 공장에서 운전기사로 일하는데 경제적으로 풍족하진 않아도 마음씨 착한 남편이요, 성실한 아빠였다고 주변 지인들은 그에 대해 말했습니다. 직장 동료들 역시 이 씨가 올바르고 강직하여 불의에 타협하지 않는 성격이었다고 합니다. 야간 근무를 하는 날엔 회사에서 야식으로 빵과 우유를 주는데 이를 먹지 않고 집에 가져가 6살 딸아이에게 전해주던 자상한 아빠였다고 하였습니다.

그런데 그런 사람에게 어느 날 갑자기 파출소에서 일어난 하룻밤의 비극, 이것이 결국 모든 행복을 앗아가버립니다. 누군가는 또 말할지 모릅니다. 좀 참지 그랬냐고요. 네, 맞습니다. 좀 참아야 했습니다. 그러지 말아야 했습니다. 하지만, 하지만 말입니다. 이게 왜 온전히 이 씨만의 잘못일까요? 경찰이 이 씨에게 한 행위는 무엇입니까? 경찰이 이 씨에게 가한 그 반말과 핀잔, 모욕, 욕설은 누가 처벌할 일인가요? 결국 이로 인해 한 가정의 가장이 해서는 안 될 모진 마음을 먹게까지 되었는데, 왜 경찰은 아무런 처벌도 받지 않나요?

잊을 수 없는 기억이 하나 있습니다. 제가 이 씨의 집을 방문한 첫날 나누었던 이 씨와의 대화입니다. 너무도 참혹한 이 씨의 모습에, 무슨 말부터 꺼내야 할지 난감하여 내내 저는 그의 모습만 지켜보며 침묵하고 있었습니다. 그러다가 용기를 내어 다가앉았습니다. 그리고 물었습니다.

"이 선생님, 선생님의 억울한 사연은 이미 들어서 잘 알고 있습니다. 그래서 그런데요. 그날 선생님에게 가해를 한 경찰들에게 혹시 원하시는 게 있다면 말씀해주시겠어요?"

그러자 이 씨가 한없이 슬픈 표정으로 저를 바라봤습니다. 그렇게 아무런 말도 하지 않았고 바라만 볼 뿐이었습니다. 그래서 다시 한 번 그에게 물었습니다. 너무 아파서 내 말을 알아듣지 못하나 싶어 이번엔 좀 더 큰 소리로 물었습니다.

"선생님, 가해 경찰관들 처벌이나 사과를 원하세요? 우리가 어떻게 해드리기를 원하세요?"

그리고 그때 들었던 이 씨의 답변은, 그로부터 20년 세월이 넘었지만 지금까지도 잊히지 않습니다. 형편없이 일그러진 그의 입에서 흘러나온 그 답변. 너무나 슬펐고 너무나 아팠기 때문입니다. 그는 아주 작은 목소리로 말했습니다.

"이제 와서 그런 것이 무슨 소용이 있나요? 분신하던 날 경찰에게 한 마디 사과만 들었어도….'

그리고 잠시 후 그의 눈에서 떨어진 눈물….

분신사건이 발생하고 약 석 달이 지나가던 어느 날 아침, 저희 집으로 전화가 한 통 걸려왔습니다. 당시에는 휴대폰이 없었기에 만약 무슨 일이 생기면 사무실이나 집으로 전화를 해달라고 이 씨의 부인에게 부탁드렸기 때문입니다. 그래서 이 씨의 부인이 전해준 이른 아침의 소식은 남편의 부고였습니다. 이 씨가 결국 숨지고 만 것입니다.

하지만 이 당시 경찰은 끝내 숨진 이 씨에게 사과하지 않았습니다. 자신들은 이 씨의 주장처럼 인권을 유린한 적도 없으며 모욕한 적도 없다고 했습니다. 그러니 이 씨의 주장처럼 수갑을 채워 때린 적도 없다며 부인했습니다. 그뿐만이 아니었습니다. 숨진 이 씨가 사실은 정신이상자라며, 그래서 없는 사실을 주장하며 파출소에서 난동을 부리다 자살한 사건이라고 매도까지 했습니다. 다만 아무 잘못은 없지만 사건의 파장을 고려하여 관할 지방경찰청이 해당 파출소장을 비롯한 경찰관 3명을 직위 해제하는 것으로 마무리한 것입니다.

경찰의 이러한 뻔뻔한 태도에 항의하고자 해당 파출소를 찾아갔습니다. 그런데 그때 파출소 입구에 쓰인 구호가 제 눈에 확 띄었습니다. 그리고 그 구호를 본 순간, 저는 구역질이 치미는 것을 참을 수 없었습니다. 그 구호, '무엇을 도와드릴까요?'였습니다.

묻고 싶습니다. 20년 전 이 씨에게 있었던 사건 같은 건 지금은 일어나지 않는 과거의 이야기일까요? 오늘도 저는 그의 죽음을 애도합니다.

이 땅의 사법 역사상 가장 뜨거웠던 공방

1995년 치과 의사 모녀 살해사건

이번에 〈고상만의 수사반장〉에서 다룰 사건은 우리나라에서 가장 오랫동안 법적 공방을 벌인 사건, 무려 8년 동안 진실을 두고 공방이 벌어졌던 '치과 의사 모녀 살해사건'입니다.

사건이 벌어진 때는 1995년 6월 12일, 이날 서울 불광동 모 아파트에서 대단히 엽기적인 사건이 발생합니다. 사건 당시 31살이었던 엄마와 그의 1살 된 딸이 함께 본인 집 아파트 욕조 안에서 숨진 채 발견된 것입니다. 사건이 처음 알려지게 된 경위 역시 예사롭지 않았습니다. 1995년 6월 12일 아침 8시 40분경, 사고가 난 아파트의 경비원은 한 주민으로부터 어느 집에서 연기가 난다는 민원을 접수하게 됩니다. 이어 9시 10분경, 경비원은 119에 전화로 화재 신고를 했고 약 10분 후인 9시 20분경 소방차가 도착해 즉시 화재를 진압했다고 합니다. 이때 확인해보니 불은 안방의 장롱에서 시작되어 장롱과 일부 옷, 커튼과 벽지 등을 태웠다는 것입니다. 생각보다 작은 피해에 안도하며 마지막으로 욕실을 확인하던 그때, 소방관들은 또 놀랍고 끔찍한 현장을 목격하게 되었습니다. 불이 꺼져 어두컴컴했던 욕실에는 욕조에 물이 가득 차 있었다고 합니다. 그리고 그 욕조에서 발견된 두 구의 시신, 바로 모녀가 숨겨 있던 것입니다.

한편 외과 의사가 직업인 남편 이도행 씨가 이 소식을 듣고 달려갑니다. 마침 사고가 일어난 그날은 이 씨가 외과 병원을 개업한 첫날이었습니다. 그런데 이런 참혹한 일이 벌어졌으니, 이도행 씨로서는 믿을 수 없는 충격이었을 것입니다. 경찰은 그런 남편에게 출근할 당시 정황을 물어봅니다. 이 씨는 "개업 첫날이라서 아침 7시경 출근을 했는데 그때 아내가 배웅을 해줬다"며 답합니다. 즉, 7시 이전까지는 부인과 딸이 살아 있었다는 주장이었습니다. 이도행 씨의 주장이 사실이라면 범행은 오전 7시부터 9시 20분 사이에 일어났을 것입니다. 2시간 20분 사이에 과연 어떤 사건이 벌어진 것일까요. 이제부터 그 미스터리를 추적해보겠습니다.

먼저 본격적으로 사건을 추적하기 전, 한 가지 착각에 대해 정리하고 갈 필요가 있을 듯합니다. 많은 분들이 이 사건을 '이도행 치과 의사 모녀 살인사건'이라고 하더군요. 그러다 보니 꽤 많은 분들이 남편 이도행 씨의 직업이 치과 의사라고 착각합니다. 그런데 치과 의사는 남편인 이도행 씨가 아니라 사망한 부인의 직업이었습니다. 이도행 씨의 직업은 앞서 이야기한 것처럼 외과 의사입니다.

여하간 사건을 접수한 경찰은 제일 먼저 현장에 도착한 후 숨진 두 모녀의 상태를 확인했습니다. 확인 결과, 부인과 딸은 온수가 담긴 목욕탕 욕조에 엎드린 상태로 숨겨 있었는데, 발견 당시 부인은 팬티가 무릎까지 내려가 있었고 나머지 옷은 모두 벗겨져 있었다고 합니다. 직접 사인은 목에 남은 교살 흔적. 즉, 줄을 이용하여 목을 졸라서 질식사한 것입니다. 어린 딸의 사망 원인 역시 같았습니다. 명백한 타살로 확인된 것입니다.

경찰은 누군가 이들 모녀를 살인한 후 수사에 혼선을 주기 위해 장롱에 불을 붙였다고 판단합니다. 특히 모녀를 목 졸라 살해한 후 시신의 강직 상태를 속이고자 뜨거운 물에 시신을 담가놓은 것은 매우 이례적인 행위였기에, 경찰은 어느 정도 법의학적 지식을 가진 사람이 이 사건 범인이 아닐까 의심하게 됩니다. 그런데 특이한 점은 이 외에도 또 있었다고 합니다. 사고 현장인 아파트의 현관문이 안으로 잠겨 있었던 점, 또 외부로부터 침입 흔적도 없었다는 점, 사라진 귀중품도 없었고 심지어 살해된 치과 의사의 지갑에 든 50만 원 상당의 현금도 그대로 남아 있다는 점이었습니다. 즉, 누군가가 모녀를 목 졸라 살해한 후 불만 지른 채 그대로 도망간 것이 이 사건의 전부였던 것입니다. 그렇다면 단순 절도나 강도 사건도 아니었으니 경찰은 원한에 의한 사건일 가능성이 높다고 보고 이 부분에 대한 수사에 초점을 맞춰갔습니다.

하지만 도대체 누가 이들 모녀에게 원한을 가진 것일까. 사건이 그렇게 깊은 미궁으로 빠져들어가던 어느 날, 마침내 경찰이 범인을 검거했다는 소식이 뉴스를 탔습니다. 그리고 알게 된 놀라운 사실, 경찰이 사건 발생 3달 만에 체포한 범인은 다름 아닌 이 사건의 피해자인 여인의 남편이자 딸의 아버지 이도행 씨였던 것입니다.

경찰이 남편 이도행 씨를 범인으로 판단한 이유는 경찰 입장에선 너무도 분명해 보였습니다. 첫 번째는 국립과학수사연구소(약칭 국과수)가 감식한 결과였습니다. 국과수는 모녀가 사망한 추정 시간에 대해 사고 당일 새벽 3시 30분에서 새벽 5시 30분 사이라고 판단했습니다. 분석 결과는 매우 과학적으로 보였습니다. 사람이 사망하면 심장의 피돌기가 멈추면서 신체가 굳어지는 현상이 일어나는데 이를 시강이라고 합니다. 국과수는 숨진 부인의 지문을 확보하기 위해 손가락을 펼칠 당시 이미 손가락까지도 전부 굳어지는 시강 반응을 보였다며 이로써 사망한 지 최소 6시간에서 최대 12시간이 지났다고 본 것입니다. 따라서 이를 대입해보면 사망한 이들 모녀는 사체로 발견되기 전날인 밤 11시 30분부터 최대 다음날 아침 5시 30분 사이에 사망한 것으로 판단된다고 통보했습니다.

살인사건이 아침 7시 이전에 벌어졌다는 경찰의 증거는 이 외에도 또 있었습니다. 부검 결과 사망한 부인의 위에서 발견된 음식물이었습니다. 경찰은 사망한 부인의 위 속에서 소화되지 않은 음식물이 발견되었는데 그 위 속의 고형물 형태를 분석한 결과 두 모녀는 전날 밤 11시 30분경부터 사고 당일 새벽 4시경 사이에 살해되었다는 추정 결과를 내놓은 것입니다. 그렇다면 이 시간 사이에 이들 모녀와 함께 있었던 사람은 오직 한 명이었습니다. 바로 남편 이도행 씨였습니다. 사건 발생 직후 이도행 씨는 경찰에게 "아침 7시에 출근할 당시 아내가 배웅을 해줬다"고 말했습니다. 실제로 사건 당일 아침 이도행 씨가 출근하기 위해 아파트를 나서는 모습이 CCTV에 남아 있기에 그가 이 시간까지 집에 있었다는 것은 사실로 확인되었습니다. 이런 상황에서 국과수는 사체의 몸에서 확인된 시강 반응 및 위 속에서 확인된 음식물의 형태 분석 결과 살인사건은 최대 새벽 4시 이전에 발생한 것으로 감식했으니 범인은 바로 이도행 씨일 수밖에 없었던 것입니다.

이런 상황에서 이도행 씨에게 더욱 불리한 정황 증거가 또 하나 발견되었습니다. 바로 이도행 씨의 체육복에서 발견된 한 장의 메모였습니다. 이 사건의 유력한 범인으로 남편 이도행 씨를 의심하던 수사관들이 우연히 발견한 그 메모는 과연 무엇이었을까요. 본격적인 이야기가 이제부터 시작됩니다.

경찰이 발견한 메모에 적힌 여섯 글자, 바로 '위험한 독신녀'라는 영화 제목이었습니다. 1992년 개봉한 이 영화가 왜 이도행 씨에게 결정적으로 불리한 증거가 되었을까요. 아시는 분은 아시겠지만, 1995년 당시는 동네마다 비디오테이프 대여점이 많았습니다. 누구나 비디오테이프를 빌려다가 집에서 영화를 보던 시대였습니다. 문제는 그 영화 〈위험한 독신녀〉에 나오는 한 장면이었습니다. 영화 〈위험한 독신녀〉에는 놀랍게도 이 사건, '치과 의사 모녀 살인사건'과 너무도 유사한 장면이 나옵니다. 극중 여자 범인이 남자를 죽인 후 그 시신을 욕조에 담그는 것입니다. 바로 이 사건, 치과 의사 모녀 살인사건을 연상시키는 장면이었습니다. 그런데 더 이상한 일은 이때 이도행 씨의 답변이었다고 합니다. 경찰이 이도행 씨에게 영화 〈위험한 독신녀〉를 본 적이 있냐고 물었는데 이도행 씨가 이 영화를 본 적이 없다고 한 것입니다. 정말 그는 이 영화를 보지 않았을까요?

이 사건을 추적하던 경찰은 뜻밖의 사실을 확인하게 됩니다. 이도행 씨가 군 복무 대신 강원도 강릉에서 공중 보건의로 근무했는데 그 당시 근무하던 지역 주변의 비디오테이프 대여점을 조사한 결과 사건이 벌어지기 약 1년 4개월 전인 1994년 2월 28일, 문제의 영화 〈위험한 독신녀〉를 대여한 후 3일 후 반납한 것으로 드러난 것입니다. 그렇다면 그는 왜 이 영화를 보았는데 보지 않았다고 한 것일까요? 아니면 빌려다만 놓고 바빠서 보지 못한 것일까요? 그럴 수도 있는 일입니다. 그러나 이상한 일은 또 있었습니다. 이도행 씨가 문제의 영화를 빌린 것은 그때뿐이 아니었다는 사실입니다. 이도행 씨는 1994년 2월 28일 이 비디오를 빌린 후 다시 같은 해인 10월 26일 또 다른 비디오 대여점에서 〈위험한 독신녀〉를 대여한 것으로 드러났던 것입니다. 더구나 이때에는 3일 후 반납해야 할 기한마저 넘겨 연체료까지 지불한 것으로 밝혀집니다. 같은 영화를 두 번이나 빌린 것도 이상한데 이 영화를 본 적이 없다고 주장한 이도행 씨. 하지만 이러한 경찰의 추궁에도 이 씨는 끝내 자신의 주장을 철회하지 않았습니다. 자신이 이 영화를 빌렸는지 기억하지 못하며 '만약 빌렸다 해도 보지 않은 채 그대로 반납한 것'이라며 끝까지 고집합니다. 이러한 이 씨의 진술이 되레 그대로 모든 의혹으로 굳어지는 결정적 계기가 됩니다. 누가 봐도 쉽게 납득하기 어려운 해명이었기 때문입니다.

결국 이 사건 범인으로 경찰에 의해 체포된 이도행 씨는 이후 재판에 기소되어 1996년 2월, 1심 재판에서 유죄 선고를 받습니다. 앞서 제기된 이 씨의 출근 전 이미 모녀가 살해된 것으로 판단한 국과수의 감정 결과, 그리고 기타 여러 정황 증거를 들어 재판부는 그에게 사형을 선고합니다. 그러면서 재판부는 이 씨가 이처럼 끔찍한 범행을 한 배경으로, 이도행 씨가 부인의 외도를 알게 된 후 그 증오심으로 딸까지 함께 살해한 것으로 판단하게 됩니다.

하지만 사건 당사자인 이도행 씨는 억울하다며 절규했습니다. 자신은 결단코 아내와 딸을 살해한 사실이 없다며 무죄를 주장했습니다. 이도행 씨의 가족 역시 마찬가지였습니다. 특히 이 씨의 누나와 매형은 남동생이 절대 그럴 사람이 아니라며 천주교 인권위원회를 찾아와 도와달라며 눈물로 청했습니다. 이후 천주교 인권위원회는 사형이 내려진 1심 재판 결과를 분석하게 됩니다. 그리고 그 결과 1심 재판부의 판단과 달리 이 사건의 진실이 제대로 규명되지 않았다는 새로운 사실에 주목하게 됩니다. 이도행 씨 항소심 변론에 나서게 된 이유였습니다.

그래서 1996년 9월 이도행 씨의 항소심 재판이 다시 열리게 됩니다. 이날 모든 사람들은 항소심 재판부가 내린 선고를 듣고 놀라게 됩니다.

1심 사형이 내려진 이 재판에서 항소심 재판부가 내린 판결은 무죄였기 때문입니다. 그야말로 지옥과 천당이 뒤바뀌는 놀라운 결과가 아닐 수 없었습니다. 어떻게 된 것일까요? 치열한 법정 공방 끝에 항소심 재판부는 이도행 씨의 혐의 사실에 대해 '증거 불충분'을 이유로 무죄를 선고한 것입니다. 제기되는 여러 의혹은 있으나 이러한 의혹만으로는 이 사건 범인이 이도행 씨라고 확신하기에는 부족하다는 판결이었습니다. 즉, 사형이 선고될 정도의 중요한 재판에서 모녀 살해의 직접 증거를 하나도 확보하지 못했다면서 유죄를 인정할 수 없다고 판결합니다. 1심은 간접 증거와 정황만으로 사형을 선고했으니 잘못되었다고 본 것입니다.

어떻게 이런 결과가 나올 수 있었을까요? 탓할 것 없이 이 사건을 초동 수사한 경찰의 잘못 때문이었습니다. 그러한 대표적 근거 중 하나가 욕조의 온수였습니다. 경찰은 숨진 모녀가 담겨져 있던 욕조의 온수 온도조차 체크하지 않았습니다. 이는 매우 중요한 문제였는데 경찰이 이를 간과한 것입니다. 이유는 이렇습니다. 국과수는 사체에서 확인된 몸의 경직을 가지고 사망 시간을 판단했는데, 이는 욕조의 물 온도에 따라 얼마든지 그 상태가 바뀔 수 있는 것이었습니다. 그런데 경찰이 이러한 사실을 경시하여 사건 현장에 도착한 후 욕조 내 물 온도를 확인하지 않은 것입니다. 이로 인해 사체가 발견될 당시 물 온도를 알 수 없어 정확히 언제 사망사건이 발생한 것인지 특정할 수 없다는 점이 항소심에서 제기된 것입니다.

결국 이 욕조 물의 온도가 재판에서 논란을 빚자 경찰은 그야말로 코미디 아닌 코미디를 벌입니다. 처음 시신을 건졌던 수사관을 상대로 온수를 받아보게 한 후 그 물에 손을 넣어본 후 "이 정도였던 것 같다"는 황당한 방식으로 온도를 측정, 이를 사건 당시 욕조 온도라고 기재하는 주먹구구식 대처로 인해 오히려 더 큰 비난을 산 것입니다. 이러한 식의 잘못된 경찰 수사는 일일이 열거하기 어려울 지경입니다. 결국 이러한 잘못된 수사를 전제로 한 사형 선고였기에 항소심 재판부가 무죄를 선고할 수밖에 없었던 것입니다.

한편 이도행 씨로서는 그야말로 죽음의 낭떠러지에서 다시 살아난 것이니 그 기쁨이 얼마나 컸을까요. 하지만 이 사건은 여기서 끝나지 않습니다. 검찰은 항소심 재판부의 무죄 판결에 불복했습니다. 그래서 다시 대법원에 상고를 하게 됩니다. 일부 수사상의 문제는 있었지만 진실은 바뀌지 않는다고 주장한 검찰의 상고. 결과는 또 놀라웠습니다. 이번엔 검찰의 승리였습니다. 1995년 6월 12일 발생하여 만 3년이 지나가던 1998년 11월 13일, 대법원은 이도행 씨 사건에 대해 유죄 취지로 파기 환송 결정을 내립니다. 즉, 항소심 재판이 잘못되었으니 다시 재판을 열어 심리하라는 판결이었습니다.

대법원은 "범죄 사실에 대한 증명은 논리와 경험칙에 합치되는 한, 간접 증거만으로도 유죄를 선고할 수 있다"며 서울고법에서 다시 재판을 하라는 것이었습니다. 이 사건 범인은 이도행 씨가 맞다는 사실상의 유죄 판결이었던 것입니다. 그러자 이 사건은 이후 전 국민적 관심이 쏟아지게 됩니다. '제2의 O. J. 심슨 사건'이라 불리며 과연 누구의 주장이 맞는지를 두고 연일 언론이 분석 기사를 쏟아내기 시작한 것입니다.

그러면서 창과 방패의 전쟁도 치열해졌습니다. 검찰은 이도행 씨의 유죄가 틀림없다며 열기를 뿜었습니다. 그러자 고민이 깊어진 쪽은 변호인이었습니다. 대법원이 유죄 취지로 사건을 파기 환송한 상태에서 새로운 증거를 제시하지 못하는 한 재판은 해봐야 소용없는 일이었기 때문입니다.

그때 변호인에게 번뜩이며 다가온 영감이 있었습니다. 바로 '불'이었습니다. 재판 과정에서 큰 논란이 되지 않았던, 그러나 이 사건을 처음 세상에 알리게 된 계기가 된 장롱 안에서 시작된 불. 사건 당일 아침 8시 40분경, 한 주민이 경비실로 "누군가가 바퀴벌레 잡는 연막탄을 피웠냐"며 항의하면서 알게 된 불. 그래서 경비원은 처음 이 연기가 화재가 아닌 연막탄 연기로 알았다고 했습니다. 그렇다면 과연 그 불은 언제, 누가 낸 것일까? 변호인은 다시 시작하는 파기환송 재판에서 이 불에 대해 집중하기로 결심하게 됩니다. 검찰은 이 불이 아침 6시 50분에서 7시 사이에 장롱 안에서 발화되었다고 주장합니다. 즉, 아내와 딸을 살해한 이도행 씨가 이불에 불을 붙인 후 장롱 문을 닫았다는 것입니다. 그런 후 알리바이를 위해 이도행 씨가 출근하자 문이 닫힌 장롱 안에서는 산소 부족으로 아주 천천히 불씨가 번지는 상태였다고 주장한 것입니다. 그러다가 그 연기가 아파트 창문을 통해 빠져나온 아침 8시 40분경, 경비원이 화재를 인지했다는 것이 검찰의 주장이었습니다.

이러한 검찰의 주장이 정말 일어날 수 있는 일일까요. 변호인은 이러한 의문을 해소하기 위해 그 당시로서는 매우 특별한 노력을 하게 됩니다. 세계적인 화재 전문가를 상대로 무작정 이메일을 보내봅니다. 과연 검찰이 주장하는 것처럼 장롱 안에 불을 붙인 후 문을 닫으면 산소 부족으로 지연 화재가 될 수 있는지 질문을 보냈습니다. 그러면서 변호인은 과연 이러한 이메일을 받은 그들이 답변을 줄지 확신하지는 못했습니다. 다만 할 수 있는 모든 일을 다하자는 것이었습니다.

그런데 정말 뜻밖에도 답장이 한 통 왔습니다. 세계적인 화재 전문가 한 사람이 답변을 보낸 것입니다. 그리고 이러한 답변을 접한 이도행 씨의 변호인은 누구도 쉽게 예상할 수 없는 승부수를 띄웠습니다. 화재 전문가가 보내온 답변을 실제로 증명하기 위한 모의실험이었습니다. 단순하면서도 도발적인 그 방법, 바로 사건 당시와 똑같은 세트장을 만든 후 실제로 불을 질러 관찰해보는 것이었습니다. 경기도 용인에 위치한 '경기도 소방학교' 운동장에서 사고가 발생한 아파트 안방과 장롱을 실물과 똑같이 만든 후 첨단 측정 장비를 이용하여 사건과 똑같은 방식으로 불을 지른 것입니다. 그 비용만 약 1억 원. 이도행 씨의 누나가 남동생을 살리고자 자신의 아파트를 처분하여 이 돈을 만들었습니다.

이제 남은 것은 하나, 검찰 주장처럼 산소 부족으로 인해 천천히 불이 붙고, 그래서 1시간 40분이 넘도록 불이 나지 않는다면 이도행 씨는 틀림없이 이 사건 범인이었습니다. 그렇다면 그는 사형 선고를 피할 길이 없는 것입니다. 하지만 만약 검찰의 주장과 달리, 곧바로 활활 불이 타오른다면 이도행 씨는 무죄입니다. 아침 7시에 그가 출근한 것은 움직일 수 없는 사실이기에, 이미 출근한 이도행 씨가 8시 40분에 발화한 화재를 낼 수는 없는 노릇이기 때문입니다. 그렇기에 모든 이들은 본격적인 화재 실험을 위해 세트장 내 장롱 문을 닫으며 오그라드는 심장의 박동 소리를 느끼지 않을 수 없었습니다.

이 실험 결과에 따라 한 사람이 죽을 수도, 또 살 수도 있는 일이었습니다. 그리고 잠시 후, 숨 막히는 시간이 흐르던 그때였습니다. 불을 붙이고 1분, 다시 또 1분… 변호인과 이도행 씨의 가족들이 기대했던 불은 황망하게도 기미조차 보이지 않았습니다. 결국 진실은 이런 것인가. 입안에 침도 다 말라가던 그때, 예측할 수 없는 긴장감이 흐르던 그 순간, 정확히 3분 만의 일이었습니다. 불을 붙이고 2분이 지나 3분으로 접어드는 순간 연기가 발생하기 시작했고 마침내 3분이 되자 모의로 지은 아파트 세트장이 이내 큰 불길에 휩싸인 것입니다.

그렇습니다. 세계적인 화재 전문가가 보내온 답변처럼 '지연 화재는 존재하지 않는다'는 그 말이 사실로 확인된 것입니다. 즉, 누군가 낸 화재는 적어도 사건 당일 아침 8시 30분을 전후한 것임이 드러난 것입니다. 그리하여 2001년 2월, 사건 발생 근 6년이 지나가던 그때 고등법원 파기 환송심 재판부가 이 사건 법정에 들어섰습니다. 이어 자리에 착석한 주심 부장 판사는 판결문 낭독 전 다음과 같은 말로 선고를 시작합니다.

"진실은 거짓과 위선의 장막 속에 가려져 있습니다. 다만 우리는 그 장막을 걷어주는 빛이 있다고 믿고 그 빛을 따라갈 뿐입니다. 우리가 내린 결론이 최종적인 것은 아니지만 가능한 모든 노력을 기울였습니다."

그리고 이어진 판결. 파기 환송심 재판부는 가장 쟁점이 되었던 이 사건 발화 시각을 아침 8시 30분에서 40분 사이로 판단했고 이는 이도행이 출근한 후였기에 범인은 이도행 씨가 아니라는 판단이었습니다. 그야말로 반전과 반전의 연속이었던 이 사건. 결국 2003년 2월 대법원은 두 번째로 열린 재상고심에서 사건 발생 만 7년 7개월 만에 다음과 같은 최종 판결을 내립니다.

"이도행 무죄."

사지 끝에서 다시 돌아온 이도행 씨가 겪은 마음의 고통을 누가 상상할 수 있을까요? 하지만 그의 무죄를 여전히 믿지 않는 사람도 여전히 있을 것입니다. 정말 이 사건의 진실은 무엇일까요?

그런데 저는 개인적으로 이도행 씨에 대해 일종의 확신이 있습니다. 이도행 씨와 함께한 어떤 일화로 인해서입니다. 이도행 씨가 대법원에서 유죄 취지로 파기 환송 결정을 받고 난 후의 일이었습니다. 그때 제가 일하던 천주교 인권위원회는 판문점에서 의문사한 김훈 중위 사건의 진실을 밝히기 위해 동분서주하고 있었습니다. 그런데 한 가지 난관에 봉착했습니다. 김훈 중위에 대한 부검을 미국 군의관이 했는데 이 군의관이 부검 보고서를 영문으로 작성한 것입니다. 더구나 거기에 쓴 용어가 전부 의학 용어로 가득 차 있으니 영어를 아는 사람도 무슨 뜻인지 정확히 파악하기 어려웠습니다. 바로 그때 자청하여 도움을 준 사람이 이도행 씨입니다. 만약 그때 이도행 씨의 도움이 없었다면 이 사건을 해결하기란 절대 불가능했기에 더욱 고마울 수밖에 없었습니다.

더불어 그에 대해 또 하나 아주 개인적이고도 각별한 기억이 있습니다. 그날도 새벽 3시가 넘도록 이도행 씨가 김훈 중위 사건에 대한 자료 정리를 도와주었습니다. 어찌어찌 일을 마무리하고 잠시라도 눈을 붙이려고 우리 일행 3명은 작은 여관을 찾아들었습니다. 그런데 너무 늦은 시각에 여관을 찾으니, 이미 방이 다 찼다며 여관 주인은 난방이 고장 난 방만 있다는 것 아닌가요. 어떻게 할까 고민하다가 결국 우리는 그 방을 쓰기로 했습니다. 돌아다녀봐야 방 구하기도 쉽지 않을 것 같은 데다 또 서너 시간 후 일어나야 하니 방 값을 싸게 준다는 조건에 그 방을 쓰기로 했습니다. 그런데 잠시 후, 여관 주인이 냉방을 준 것이 미안한지 우리 방으로 전기난로를 하나 들고 왔습니다. 전기난로라도 켜고 자라는 배려였습니다.

우리는 당연히 고맙다고 하고 이내 잠자리에 들었습니다. 피곤한 상태였기에 어떻게 잠이 들었는지 모르게 까무룩 잠이 들었습니다. 그런데 그렇게 잠이 들었다가, 본능적으로 뭔가 이상한 느낌에 설핏 잠이 깼는데 바로 옆에 누군가가 앉아 있는 것 아닌가요. 순간 소스라치게 놀라 자세히 보니 다름 아닌 이도행 씨였습니다.

여기서 고백할 이야기가 하나 있습니다. 왜 그랬을까요? 정말 미안한 말이지만 그 순간 저는 이도행 씨의 그림자를 보며 무서운 생각이 들었습니다. 그가 한때 자신의 부인과 딸을 살해했다는 무서운 누명을 썼다는 사실, 그것이 순간적으로 떠오르며 온몸에 돋아나는 소름을 느끼지 않을 수 없었습니다. 하지만 저는 그런 내색을 숨기기 위해 노력하면서 몸을 반쯤 일으키며 "왜 주무시지 않고 앉아 계시냐?"고 말했습니다. 그때 듣게 된 너무도 뜻밖의 답변, 알고 보니 이도행 씨는 우리가 잠든 후에도 내내 그렇게 앉아 있었다는 것입니다. 방이 추워 켜놓은 전기난로가 쓰러지거나 또는 우리가 그로 인해 산소 부족 등 사고를 당할까 싶어 우리를 지켜주고자, 자기도 피곤한데 그렇게 앉아 있었다는 것입니다. 그 순간, 그를 의심했던 제 자신이 너무도 부끄러웠습니다. 정말 말할 수 없이 미안했고 또 미안했습니다. 그런 이도행 씨가 재상고심에서 최종 무죄를 선고받은 후 모 언론사와 2003년 인터뷰를 가지며 이런 말을 남겼습니다.

"진범은 반드시 잡힐 것이며, 공소 시효가 끝나기 전에 즉각 재수사에 들어가야 합니다."

하지만 검찰은 이 사건에 대해 재수사를 하지 않았습니다. 검찰은 여전히 이도행 씨가 진범이라고 우기고 싶은 듯합니다. 그리고 1995년 발생했던 이 사건은 2010년, 살인사건 공소시효 15년이 경과하면서 끝내 영구 미제 사건으로 끝났습니다. 과연 범인은 누구였을까요. 돌아가신 모녀의 영혼을 추모합니다.

대한민국 정의의 여신상에 묻습니다

사학비리 내부 폭로자 살인교사사건

누구에게나 잊을 수 없는 어떤 기억이 있습니다. 저에게도 그런 사건과 이름이 하나 있습니다. 마치 큰 가시가 목에 걸렸는데 이를 빼낼 수도, 그렇다고 삼킬 수도 없는 그런 일입니다. 오늘 이야기하려는 '이천희(가명) 청부살인사건'이 바로 그런 사건 중 하나입니다.

지난 2000년, 반부패국민연대라는 시민단체에서 민원국장으로 일하던 때였습니다. 저를 찾아온 사람이 있었습니다. 한 사립학교의 교육 비리를 신고하고 싶다고 했습니다. 그렇게 해서 만나게 된 그가 어느 날 갑자기 사라졌습니다. 그에게서 더는 소식이 없기에 처음엔 대수롭지 않게 생각했습니다. 무슨 사정이 생겨 연락이 없으려니 했지요. 그런데 몇 년 후, 생각지도 않은 사람에게서 연락이 왔습니다. 다름 아닌 이천희 씨의 부인이었습니다. 그리고 전해 들은 충격적인 사실, 남편 이천희 씨가 살해되었다며 도와달라고 했습니다. 과연 이천희 씨를 살해한 이는 누구인가. 오늘 저는 이 사건의 진실을 찾고자 여러분을 배심원으로 선정한 후 사건의 전말을 고발하려 합니다.

2000년 늦은 가을, 교육 관련 단체에서 연락이 왔습니다. 교육 비리와 관련하여 제보할 사람이 곧 갈 테니 상담해달라는 요청이었습니다. 그렇게 해서 찾아온 이천희 씨는, 당시 모 사립학교의 설립자 재산을 관리하는 회사의 책임자로 일하고 있었습니다. 그래서 지난 20년간 사립학교 설립자의 지시를 받아 온갖 교육 비리를 실행하는 한편, 그렇게 조성한 재산을 관리하는 일을 해왔다고 고백했습니다. 도대체 어떤 방법으로 교육 비리를 저질렀는지 궁금했습니다. 그래서 그 구체적 방법을 묻자 그가 고백한 수법들이 참으로 놀라웠습니다.

이를테면 교육용 컴퓨터 구매를 이유로 정부 지원금을 빼돌리는 수법이 있습니다. 국내 서너 개 전자 메이커 중 한 업체의 것을 구매하는데, 계약서와 달리 컴퓨터의 일부 부품을 빼내는 방식으로 컴퓨터 가격을 낮춘다는 것입니다. 이렇게 발생한 차액을 이사장이 착복하는데, 누구도 이 사실을 알 수 없다고 합니다. 학교에 납품하는 컴퓨터는 교육용이기 때문에 몇 개 부품(기능)이 없어도 아무 문제가 없다는 것입니다. 또한 감사가 나온들 걸리지 않는다고 했습니다. 구매 컴퓨터의 수량과 모델만 파악할 뿐 실제 성능까지 살펴보는 경우가 없기 때문입니다.

두 번째로는, 급식 업체 선정 과정에서의 리베이트 수수 행위가 있습니다. 1999년 이후 각급 학교에서 급식이 실시되었는데 학부모와 학생들은 상대적으로 믿을 수 있는 대기업 중심의 급식 업체를 선호한다고 합니다. 하지만 학교 입장은 달랐습니다. 급식을 잘하는 업체가 아니라 자기들에게 뒷돈을 줄 수 있는 업체가 우선이었습니다. 그러니 이렇게 계약한 업체는 이후 어떻게 할까요? 자신들이 대준 뒷돈을 다시 챙겨와야 하니 학생들의 급식이 부실해지는 것이었습니다. 이뿐만이 아닙니다. 이천희 씨가 재직하던 비리 사학에서는 심지어 학생들이 내는 밥값에서도 끼니당 100원씩 착복했다고 합니다. 형식적으로는 '학교 발전기금'이라고 하면서 실제로는 모두 학교 이사장의 호주머니로 들어가는 눈먼 돈이지요. 그렇게 해서 수억 원의 돈을 빼돌렸습니다. 그런데 웃기는 일은, 이런 학교가 추후 교육청에서 선정한 '급식 우수학교'로 표창까지 받았다 했습니다.

세 번째, 학교 건물을 신축한다고 하면서 지원받은 정부 지원금을 착복하는 방식입니다. 형식적으로는 공개 입찰을 하는 것 같지만 실제로는 특정 업체를 정해놓고 계약하는 비리를 저질렀다는 것입니다. 방식은 이랬습니다. 먼저 학교 게시판에 공사와 관련한 입찰 공고문을 게시한다고 합니다. 하지만 공고문은 사진 촬영을 해두고서는 바로 뜯어 내립니다. 그런 후 사전에 이야기된 특정 업체와 이 업체가 내세운 바람잡이 공사 업체 서너 군데를 같이 받았다고 합니다. 물론 이들 바람잡이 공사 업체에게서는 미리 정해놓은 업체보다 더 높은 견적 서류를 받았습니다. 이렇게 해서 사전에 정한 업체와 사실상의 수의 계약을 마치면 그다음부터는 마음대로 부정행위를 저질러도 상관이 없었다는 것입니다. 그렇게 해서 만든 차액을 이사장이 리베이트로 받았다는 것입니다. 문제는 입찰 비리로 끝나지 않는다는 것입니다. 급식 업체와 마찬가지로 뒷돈을 준 공사 업체 역시 그 손해난 부분을 메워야 하니 부실 공사를 할 수밖에 없는 것입니다. 뒷돈까지 챙긴 이사장이 설령 건설에 부실이 발생한다 할지라도 이를 끝까지 문제 삼을 수 있을까요? 그러니 부실한 공사를 해도 학교 당국 역시 눈감아줄 수밖에 없는 실정이라는 것입니다.

이런 사학 비리 사례가 한도 끝도 없었는데, 그중 이천희 씨에게 들은 제보 중 가장 인상적인 부분은 등록금을 이용한 비리 행위였습니다. 흔히 사람들은 등록금을 빼돌리는 것을 대표적인 학내 비리로 생각합니다. 그런데 등록금을 빼돌리지 않으면서도 사학 이사장 일가가 이익을 보는 방법이 있다고 합니다. 방법은 쉬웠습니다. 사립학교에서 학생들의 등록금을 받아 은행에 예치를 합니다. 여기까지는 당연한 절차입니다. 그런데 그다음이 관건입니다. 이사장 일가는 이후 등록금을 예치한 은행을 상대로 대출을 신청한다고 합니다. 그때 대출 받는 돈에 대한 이자는 얼마나 될까요? 사실상 무이자에 가까운 조건입니다. 어떻게 이런 일이 가능한 것일까요? 예금한 돈과 대출받은 돈의 이자를 맞바꾸는 것입니다. 즉, 학교가 등록금으로 예치한 거액의 통장 이자를 안 받는 대신 이사장의 대출이자를 은행이 받지 않는 형태인 것입니다. 이렇게 하니 겉으로 부정행위가 보이지 않지만 실상은 이사장이 이익을 가져가는 것입니다. 특히 1997년 IMF 이후 은행이자가 20퍼센트를 넘어가던 그때, 이런 방식의 대출이 성행하였다고 합니다. 더구나 이렇게 대출받은 돈으로 이사장이 이자놀이를 하면 이익은 배가 넘는 것입니다.

이천희 씨는 이러한 사학 비리 원인으로 감독기관의 문제를 지적했습니다. 특히 교육청 등 관리 감독기관이 가장 큰 문제라고 했습니다. 실제로 자신 역시 과거 학교 건물을 짓는다며 지원받은 교육청 예산 중 일부를 전용하여 이사장 딸의 다가구 주택을 지어준 일도 있는데, 이를 적발한 기관이 없었다고 했습니다. 그러면서 그는 과거 자신의 잘못을 반성하며 이렇게 말했습니다.

"교육자들의 비리는 너무 오랜 기간 지속되어 비리에 도취된 그들은 깨어날 줄 모르며, 그 자식에게 대를 이어 교육 비리를 연수시키는 실정입니다. 설령 비리가 적발되었다 하더라도 반성은커녕 재수 없어 걸린 것으로 생각할 뿐이지요. 그만큼 교육 비리는 일상적이며 사립학교 대부분이 이 비리에서 자유로울 수 없습니다. 나는 오래전부터 누적되어온 이런 비리 관행을 고쳐야 할 관계 공무원들이 과연 얼마나 노력하고 있는지 궁금합니다. 무엇보다 교육 비리에 연관된 학교장, 재단 이사장 등은 교육계에서 영원히 퇴출돼야 마땅합니다. 국민의 돈으로 기업을 경영하다가 실패하면 그 소유주가 퇴출되듯, 국민의 세금으로 학교를 운영하다 비리가 적발되면 이들도 퇴출되어야 하는 것 아닙니까. 교육은 결코 개인의 사유 재산이나 소유물이 되어서는 안 됩니다. 학교를 설립한 후 그 학교가 만인을 위해 기능할 수 있도록 가꾸는 역할에서만 재단이 기능하고, 이 외에는 간여해서 안 되는 것이지요. 사학이 과거 부패 관행을 붙잡고 개혁되지 않는다면, 이는 우리 모두에게 심대한 피해를 남기게 될 것이기 때문입니다. 교육 부패, 이제 그만 잊고 싶은 악몽입니다."

그런데, 이것이 그의 마지막 유언이 될 줄은 상상도 하지 못했습니다. 2000년 12월, 이천희 씨가 그간 자신이 경험한 교육 비리를 검찰과 국세청에 고발하고 난 뒤 약 2년 여가 지나가던 2003년 3월 어느 날, 이천희 씨의 부인이 전화를 걸어와 남편 이천희 씨가 청부살해되었다 전했습니다. 2003년 1월 21일 9시 40분경, 이천희 씨는 자신의 집에서 나왔다고 합니다. 당일 10시에 예정된 재판에 출석하기 위해서였습니다. 이천희 씨는 자신이 고발한 교육 비리와 관련하여 모 사학의 설립 이사장 아들 김모 씨와 거액의 민사소송을 3년째 이어가는 중이었습니다. 지난 20여 년간 자신이 일한 퇴직금과 또 업무 중 불가피한 사유로 개인 돈을 썼는데 이를 돌려달라는 민사 소송을 진행하는 중이었습니다.

그런데 재판 출석을 위해 바삐 걸어가던 중 뒤에서 승용차 한 대가 갑자기 나타났습니다. 이내 차량이 이천희 씨를 덮쳤고 이어 30대 초반의 남자 두 명이 쓰러진 이천희 씨에게 다가왔다는 것입니다. 그들은 사고를 낸 차량의 운전자 및 동승자였습니다. 이들은 이천희 씨에게 병원에 가자며 차에 타라고 권했습니다. 사고가 났으니 당연한 일이었습니다. 이천희 씨 역시 의심하지 않고 그 차량에 올라탔다고 합니다. 하지만 이천희 씨는 그 차에 타선 안 되었습니다. 돌이킬 수 없는 비극이 일어났으니까요.

검찰 수사 결과, 차에 탄 이천희 씨는 먼저 휴대폰을 꺼냈다고 합니다. 사고 사실을 가족에게 알리려 한 것입니다. 그런데 그 순간, 사고 가해자 중 한 명이 이천희 씨의 휴대폰을 강제로 빼앗았습니다. 순간 위기감을 느낀 이천희 씨가 창문을 열며 "사람 살려!"라고 외치려 했는데, 머리로 둔탁한 몽키스패너가 떨어졌다고 합니다. 몽키스패너는 나사 등을 풀거나 조일 때 쓰는 쇠로 된 공구입니다. 가해자들은 그렇게 이천희 씨의 머리를 몽키스패너로 구타하는 한편 흉기로 복부를 찔러 살해한 것입니다. 너무도 끔찍한 살인, 이 살인사건이 2003년 1월 21일 일어났습니다.

그나마 다행인 것은, 이들 살인범이 사건 발생 다음 날 경찰에 체포되었다는 것입니다. 서울 강남 길가에서 이천희 씨를 납치한 후 잔혹한 방법으로 살해한 이들 가해자들이 다시 시신을 암매장하고자 강원도 춘천으로 이동했는데 이때 완전 범죄를 위해 암매장을 도와달라며 찾아간 선배가 경찰에 신고하여 다행히 이들 가해자들이 체포된 것입니다. 그러면서 사건의 전모가 차차 밝혀지게 됩니다. 가해자들은 각각 34살의 반 모 씨와 28살의 곽 모 씨. 이들은 체포된 후 심경의 변화를 일으켜 자신들의 범행

동기를 밝히게 됩니다. 그러면서 밝혀진 이 사건의 숨겨진 진실. 물론 처음부터 이들이 진실을 밝힌 것은 아닙니다. 경찰의 1회 조사에서 이들은 '빚을 갚고자 강도살인을 모의했고 이천희 씨는 재수 없게도 우연히 그 피해자가 된 것'이라고 진술합니다. 그러나 이러한 주장은 다음 날 이어진 경찰 2회 진술에서 바뀌게 됩니다. 경찰이 "전 회 진술에서 사실과 다른 내용이 있냐"며 묻자 그들은 "사실은 강도살인이 아니라 어떤 사람의 청부로 이천희 씨를 살인한 것"이라며 말을 바꿉니다. 이에 경찰이 "왜 갑자기 마음을 바꿨느냐"며 되묻자 그들은 "우리가 죽인 이천희 씨에게 지금이라도 진실을 밝히는 것이 그나마 도리인 것 같아서"라고 답했습니다.

그러면서 그들이 밝힌 청부살해 지시자는 사건이 벌어지기 약 1년 반 전인 2001년 7월경 술집 종업원으로 일하던 자신을 찾아왔던 김중배(가명)라고 지목합니다. 그들은 김중배가 자신들을 찾아와 이천희 씨를 살해한 후 누구도 찾을 수 없도록 땅에 암매장해달라고 청부했다고 밝힙니다. 그렇게 해주면 자신들이 지고 있던 수천만 원대의 빚도 해결해주고 또 원한다면 중국으로 가족과 함께 도망갈 수 있도록 지원해주겠다며 회유했습니다.

이러한 진술을 얻은 경찰은 그 즉시 김중배의 검거에 나섰습니다. 하지만 한발 늦었습니다. 이미 김중배는 사라진 후였습니다. 청부했던 살인범들이 전날 경찰에 검거되었다는 사실을 안 직후 김중배가 도주한 것입니다. 그렇게 도주 49일째가 되어가던 2003년 3월 8일, 마침내 김중배의 꼬리가 잡힙니다. 경기도 부천의 한 오피스텔에서 도피 중인 김중배의 꼬리를 경찰이 잡은 것입니다. 그러나 체포에 직면한 김중배의 저항은 극렬했습니다. 경찰이 은신처인 오피스텔을 급습하자 김중배는 안에서 문을 걸어 잠근 채 7층 창문을 통해 줄을 타고 도주를 시도합니다. 그런데 하늘의 벌을 받았습니다. 줄을 잡고 내려오던 김중배가 그만 땅으로 떨어지고 만 것입니다. 하지만 김중배는 죽지 않고 대신 엉덩이뼈만 심하게 부러지는 부상을 입고 맙니다.

이후 김중배까지 체포되면서 사건은 일파만파 확대되었습니다. 경찰은 김중배를 상대로 이천희 청부살해 이유를 추궁했습니다. 이해할 수 없는 의문들 중에 가장 큰 의문은, 살해된 이천희와 살인청부를 한 김중배 사이에서 인과 관계가 확인되지 않는 것이었습니다. 무엇보다 김중배는 사실 이천희의 얼굴도 모르고 있었습니다. 수사 결과 김중배와 이천희가 마주친 것은 딱 한 번이었습니다. 다른 사람의 재판에서 우연히 한 번 얼굴을 마주친 적이 있을 뿐이었습니다. 그런 김중배가 무슨 이유로 거액의 돈을 줘가며 이천희를 살해하려 한 것일까요. 더구나 이 사건 당시 김중배는 자신의 사업이 실패하여 경제적으로 큰 고통을 겪는 상태였습니다. 이런 마당에 왜 아무런 원한 관계도 없는 이천희를 살해하고자 청부살인범들에게 거액의 돈을 주고 또 주겠다며 약속했을까요.

따라서 경찰은 김중배 뒤에 숨은 진짜 그림자를 들추어내고자 노력했습니다. 그 윗선, 바로 검거된 김중배와 초등학교 동창이면서 죽은 이천희와 원한 관계를 가진 또 다른 K에 대한 의혹이 있었습니다. K는 바로 이천희 씨가 20년간 일해온 사립학교 이사장의 아들이었습니다. 그리고 이천희와 K는 사건이 벌어지기 3년 전부터 내내 소송을 주고받으며 원한을 쌓고 있었습니다. 이러한 의혹에는 청부 살인범인 반과 곽의 진술 역시 중요한 근거로 작용했습니다. 청부살인을 지시하는 김중배에게 "왜 이천희를 살해하려고 하냐"며 반과 곽이 묻자 그는 "내 친구가 이천희와 소송 중에 있는데 그놈이 검찰과 국세청에 고발하여 내 친구가 감옥도 가고 또 수십억대의 세금도 추징당했다. 그래서 친구가 이천희와 비슷한 이름만 들어도 치가 떨리고 이가 갈린다고 하더라. 그래서 내 친구가 이천희를 살해하면 뒤를 다 봐준다고 했으니 뒷일은 걱정하지 말고 죽이라" 했다는 것입니다.

수사기관의 추궁에 김중배의 진술 역시 처음 반과 곽이 보여준 태도와 다르지 않았다고 합니다. 전적으로 자신이 혼자 한 범행이라고 주장한 것입니다. 그러나 김중배 역시 이 진술은 오래가지 못했습니다. 계속되는 경찰의 추궁 끝에 김중배 역시 "사실은 친구 K가 이천희를 없애달라며 사주한 것"이라며 말을 바꾼 것입니다. 그리고 이러한 진술은 이후 경찰과 송치된 검찰의 1회 조서에서까지 이어졌습니다. 김중배의 진술에 의하면, K는 "이천희 고발 때문에 내가 구속되는 등 인생을 망쳤다, 이천희는 내 원수다, 죽을 때까지 이천희가 망하든 내 재산의 반이 날라가든 어떻게든 결판을 지어야 한다, 이천희가 잘못되는 것이 내 소원이다, 이천희와 비슷한 이름만 들어도 기분이 나빠진다, 이천희를 병신으로 만들거나 없애버렸으면 좋겠다"는 말을 입버릇처럼 자주 했다는 것입니다.

이천희에 대한 복수심으로 들끓어 오르는 K의 말에 김중배는 혼자 고민에 빠졌다고 합니다. 김중배는 실패한 사업으로 지독한 생활고를 겪던 중이었습니다. 그런 상황에서 친구가 줄곧 던지는 말은 그냥 흘려들을 수 없는 어떤 메시지로 받아들여졌습니다. 그리고 마침내, 한적한 대중목욕탕에서 함께 샤워를 하던 날 김중배가 친구 K에게 매우 의미심장한 말을 던졌다고 합니다. "내가 니 똥 마려운 것 싸줄 테니, 내 똥 마려울 때 너도 싸달라"고 했다는 것입니다. 즉, 이천희에 대한 살인을 자신이 나서서 해결하겠다는 취지의 메시지였던 것입니다. 김중배는 이후 경찰에서의 8회 진술 조서 및 검찰의 1회 조사 초반까지 이 주장을 일관되게 주장합니다. 누가 봐도 이제 사건의 전모가 다 드러나고 있다고 확신할 수 있는 상황이었습니다.

　그런데 김중배가 경찰에서 검찰로 송치되어 검사의 첫 조사를 받던 날의 일이었습니다. 담당 검사는 이 사건의 중대성을 감안하여 조사 과정을 비디오 녹화하고 있었습니다. 그러면서 변호인이 입회하여 있는 상태에서 김중배에게 물었습니다. "K로부터 지시를 받아 살인 실행한 두 사람에게 이천희를 살해하라고 했나요?" 그러자 김중배는 "예, 사실입니다"라고 대답했습니다. 한데 이때였습니다. 조사 입회 중이었던 김중배의 담당 변호사가 갑자기 검사에게 엉뚱한 요구를 하고 나선 것입니다. 김중배와 단둘이서 접견할 수 있도록 잠시 조사를 중단하고 모두 나가달라는 요구였습니다. 만약 이를 허락하지 않는다면 앞으로 김중배가 진술을 거부하도록 권유하겠다고 주장했습니다. 검사는 처음엔 이 요구를 거부하다가 결국 원만한 조사 진행을 위해 15분간의 접견권을 허락하게 됩니다.

　문제는 그때부터 시작되었습니다. 15분간의 변호사 단독 접견이 끝난 후부터 김중배는 이전과 다른 진술을 하기 시작했습니다. 그동안 조사 내내 K의 부탁으로 이천희를 청부 살해한 것이라며, 그래서 체포된 K가 김중배의 주장과 달리 일체의 혐의 사실을 부인한다고 하자 "이제라도 모든 진실을 밝히고 각자가 자신이 한 잘못에 대해 책임을 져야 한다. 끝까지 K가 부인한다면 대질 조사도 하겠다"며 경찰 조사 당시 밝힌 김중배가 이제는 자신만의 단독 범행이라고 진술을 바꾼 것입니다.

　김중배가 "사실 K는 자신에게 이천희를 죽이라고 지시한 사실도 없고 또한 사전에 이를 모의하거나 상의한 사실도 전혀 없다"면서 "다만 이천희 때문에 K가 고통스러워하는 모습을 보며 내가 이천희를 죽여버린 후 찾아가 대가를 요구하면 줄 것이라고 생각하여 단독 범행을 한 것"이라고 입장을 바꾼 것입니다. 김중배의 이러한 갑작스러운 진술 변화에 검사는 그 진정성을 믿을 수 없었습니다. 그래서 김중배를 상대로 '왜 기존의 진술을 바꿨는지' 집요하게 추궁합니다. 이때 김중배의 입에서 참으로 해석하기 묘한 발언이 나왔다고 합니다. 김중배와 나눈 대화를 주임 검사에게 보고하고자 검사가 기록한 메모는 다음과 같았습니다.

〈피의자가 자신의 수사 과정을 담은 비디오 촬영도 중단해달라고 하여 이에 따라 촬영도 중단하자 갑자기 눈물을 흘리면서 "자식들이 눈에 선하다. 앞으로 가족들이라도 살아야 하지 않겠느냐. 그래서 검거될 때도 투신하여 죽어버리려고 그랬다. 나 혼자 모든 것을 책임지고 가게 해달라"며 검사에게 읍소했다. 이에 검사는 피의자를 진정시키며 "피의자의 심정을 알겠으나 피해자 가족과 자식들을 위해서도 양심에 따라 진실을 밝히는 것이 중요하다"고 말하자 피의자가 검사에게 "검사님. 죄송합니다. 용서해주십시요"라고 말한 후 이후 K의 청부 지시 사실을 전면 부인하는 진술을 계속하였다.〉

이러한 김중배의 진술 변화와 관련하여 또 하나 의심스러운 정황이 있었습니다. 끝내 이전과 달리 단독 범행을 주장하는 김중배를 상대로 검사가 "만약 K가 청부한 것이 사실이 아니라면, 왜 경찰의 8차례 조사에서는 K가 청부한 살인이라고 인정했냐?"며 집요하게 추궁하자 김중배는 "경찰의 강압에 의한 허위 진술"이라고 답했다고 합니다. 그러자 이러한 김중배의 답변에 격분한 이가 있었습니다. 바로 김중배를 담당했던 경찰이었습니다. 검찰에서 조사를 마친 김중배를 상대로 담당 경찰이 "왜 사실과 다르게 말하냐?"며 항의했다고 합니다. 그러자 돌아온 김중배의 답변은 "죄송합니다. 가족이 생각납니다. 하루만 더 생각을 해보고 다시 마음이 바뀌면 내일 아침에 전화를 하겠습니다. 전화가 없으면 오늘과 같이 가는 것으로 알고 계세요"라고 변명했다는 것입니다.

그런데 이러한 김중배의 돌변한 진술에 더 분개한 이가 있었으니, 검사도 아닌 경찰도 아닌, 바로 청부사건을 실행한 두 사람이었습니다. 그들은 자신이 이 사건 범행에 이르기까지 알고 있던 사실과 전혀 다른 주장을 하고 있는 김중배의 주장에 대해 대질조사 과정에서 "거짓말하지 말라"며 거칠게 항의했다고 합니다. 그러면서 "이제라도 모든 진실을 밝히라"며 화를 냈다는 것입니다.

하지만 끝내 김중배의 진술은 바뀌지 않았습니다. 그리고 이어진 이 사건 1심 판결일이었던 2003년 11월, 법원은 살인교사 등 혐의로 기소된 K에게 무죄를 선고했습니다. 1심 재판부는 K가 살인을 교사했다는 증거가 불충분하다며 무죄를 선고한 것입니다. 하지만 K의 연루를 확신하고 있던 이천희 씨의 유족은 무죄 선고가 내려지자 그야말로 울부짖으며 원통함을 참을 수 없었습니다. 검사장 출신 등 전관예우 변호사를 4명이나 선임한 K의 힘 때문에 진실이 은폐된 것이라며 이천희 씨의 유족들은 땅을 치며 통곡했습니다.

그대로 끝날 것 같았던 이 사건에서 다시 반전이 일어난 것은 항소심 판결이었습니다. 1심에서 무죄 선고로 K에게 패한 담당 검사가 그 결과에 불복하여 항소를 했고 무려 73쪽에 달하는 항소 이유서를 통해 그 부당함을 주장한 것입니다. 그러면서 검사는 이 사건 전반에서 김중배의 진술 변경이 어떻게 이뤄진 것인지, 또한 경제적 어려움을 겪던 김중배에게 친구 K가 12차례에 걸쳐 모두 1억 2천만 원을 준 배경, 그리고 이후 김중배가 K에게 받은 이 돈으로 청부살해 실행범인 반과 곽에게 매일 고급 룸살롱에서 술을 샀던 정황을 조목조목 지적했습니다. 그러면서 이를 근거로 K에게 무죄를 선고한 1심 재판부에 대해 '망각' '과오' '오류' 같은 강렬한 용어를 써가며 강하게 비판하고 나선 것입니다.

그러한 검사의 정성 덕분이었을까요? 2004년 3월 31일, 이번엔 2심 선고에서 전혀 다른 결론이 선고됩니다. 1심에서 무죄를 선고받은 K에 대해 항소심 재판부가 살인교사 혐의를 유죄로 인정하면서 무기징역을 선고한 것입니다. "K와 이천희 사이에서는 원한 관계가 있으나 김중배는 이 씨를 살해할 이유가 전혀 없고, (또한) K와 김중배 사이에서 경제적 후원 관계가 인정된다"는 이유로 K가 이천희 살해교사를 한 것이라며 무기징역을 선고합니다. 그러자 이번엔 K가 억울하다며 항변합니다. 자신은 결코 이천희를 살해하라고 교사한 사실이 없다며 억울함을 주장했습니다. 그러면서 무기징역이 선고되어 법정 구속된 직후, K는 이 사건을 대법원에 상고합니다. 또다시 한치 앞을 알 수 없는 미로 속으로 빠진 이 사건, 이번엔 대법원이었습니다.

2004년 7월, 1심에서는 무죄로, 그리고 2심에서는 유죄 선고되었던 K에게 대법원은 어떤 판결을 내렸을까요? 모두가 놀랐던 그 판결, 결론은 '무죄 취지의 파기 환송 결정'이었습니다. 즉, 유죄로 본 항소심 판결이 잘못되었으니 다시 고법에서 심리하라는 결정이었습니다. 왜 그랬을까요? 대법원의 결정은 참 묘했습니다. "K가 교사하여 살인이 저질러졌을 가능성이 농후하나, 직접 증거 없이 간접 증거만으로 K를 유죄로 인정한 것은 잘못"이라며 다시 심리하라는 것이었습니다. 결국 다시 고법으로 돌아온 이 사건. 파기 환송심을 맡은 서울고법 재판부는 다음과 같은 판결을 내리게 됩니다.

"살인의 직접 범인(반과 곽)들은 K가 직접 살인을 부탁했고, 범행 탄로 시 우발 살인이라고 말하면 K가 변호사비와 생계비를 주기로 했다고 말하지만 이들의 진술도 일부 차이가 있고, (또) 이전에는 김중배가 시켰다고 했다가 이제는 K가 직접 부탁했다고 번복한 경위도 석연치 않아 믿을 수 없다. […] 이러한 살인범의 주장보다는 김중배가 단독 범행이라고 하는 말이 더 신뢰할 수 있다."

그러면서 재판부는 "이천희를 살해하면 가장 의심받을 사람이 K인데 이를 이용하여 김중배가 이천희를 살해한 후 K에게서 금전적 이익을 얻으려 했다는 주장이 오히려 설득력이 있다"며 판결합니다. 다시 말해, 청부살인을 실행한 반과 곽의 주장은 일관성이 없어 믿기 어려우며, 이천희를 단독으로 살해 지시했다는 김중배의 주장이 더 믿을 수 있으니 K는 무죄라는 것입니다. 그리고 이러한 고법 파기 환심송 판결은 이후 다시 열린 다섯 번째 대법원 판결을 통해 K의 무죄가 최종 확정됩니다.

결국 이 사건은 K의 최종 무죄로 끝났습니다. 그리고 지구가 멸망하는 그날까지 K가 무죄를 받았다는 것은 변하지 않을 것입니다. 그런데 저는 대한민국 대법원 앞에 세워져 있는 '정의의 여신'에게 묻고 싶은 것이 있습니다. 그것은 다름 아닌 '법은 정의로운가'입니다. 그리고 또 묻습니다. '법은 정말 정의로운가요?' 그리고 마지막으로 한 번 더 묻습니다. 대한민국에서 과연 '법은 정의로운가'라고 말입니다.

저는 압니다. 이천희 씨가 왜 죽어갔는지. 누가 죽였는지. 대한민국 법은 몰라도, 저는 이천희 씨의 억울함을 잊지 않고 기억하겠습니다. 고故 이천희 님의 명복을 빕니다.

내 딸 죽인 살인범, 그를 다시 기소하라

직장 상사에게 죽임당한 딸을 위한 한 어머니의 싸움

한 여자가 죽었습니다. 이름은 황인희. 2005년 5월 30일 사망할 당시 그녀의 나이는 만 23살이었습니다. 그리고 평범했던 그녀의 어머니는 그날 이후 지금까지도 억울한 딸의 죽음을 말하며 싸우고 있습니다. 어머니의 이름은 유미자. 인터넷에서 많은 이들에게 '물망초 5'라는 아이디로 알려진 유명한 분입니다. 제가 유미자 씨를 처음 만난 때는 지난 2013년 여름으로 접어들던 어느 날입니다. 국회 사무실로 유미자 씨가 찾아왔습니다. '페이스북 친구'로만 알고 지내던 그분을 만나 듣게 된 사연은 참으로 비통했습니다.

2005년 5월 30일과 31일 사이, 그 악몽 같은 사건이 벌어지기 전까지 유미자 씨는 남부러울 것 없는 행복한 엄마였습니다. 딸 셋을 둔 평범한 엄마였던 유미자 씨, 아이들은 말썽 없이 컸고 우애도 깊었다고 합니다.

그래서 앞으로 남은 것은 행복한 날들밖에 없는 줄 알았다고 합니다.

특히 큰딸 인희 씨는 어머니 유미자 씨에게 큰 자랑거리였습니다. 어려서부터 유난히 착하고 또 예뻤던 인희 씨는 누구나 선망하던 모 공기업에 취직되었습니다. 대학 졸업을 한 학기 남기고도 조기 채용되었으니 얼마나 기뻤을까요? 그때가 2003년 8월 1일이었습니다. 이처럼 좋은 기업에 맏딸이 취업했으니 그 어머니로서는 이제 부러울 일이 없었다고 합니다. 하지만 직장에서 만나게 된 한 남자로 인해 비극의 그림자가 다가듭니다.

인희 씨가 처음 직장에서 근무 배치받은 부서는 사장 비서실이었습니다. 출중한 미모와 성실한 태도를 인정받아 핵심 부서에 배치된 것입니다. 그런데 같은 회사 내 직장 상사 한 명이 그런 인희 씨를 주목하고 있었습니다. 직장 내 인사과장이던 이 아무개 씨였습니다. 이 씨는 새로 입사한 인희 씨에게 업무를 핑계로 접근했다고 합니다. 인희 씨는 직장 내 핵심 보직 인사이자 상사인 그의 지시사항을 거부할 수 없었습니다. 처음 이 씨는 매우 친절했다고 합니다. 그러나 얼마 지나지 않아 이 씨의 호의가 이상하게 느껴지기 시작합니다.

2005년 당시 만 39살이던 이 씨는 자신보다 16살이나 어린 인희 씨의 사생활까지 간섭하며 추근댑니다. 이 정도로도 화가 나지만 더 기가 막힌 일은 인사과장 이 씨가 사실은 유부남이었다는 점입니다. 그것도 한 번 이혼하고 재혼한 남자였습니다. 첫 부인과의 사이에서 12살 난 딸을 두고 있었고 재혼한 부인 사이에서도 딸을 둔 사람이었습니다. 그런데 더 놀라운 사실은, 인희 씨가 배치된 자리가 바로 이 씨와 재혼한 부인이 근무하고 있었던 그 자리였다는 점입니다. 즉, 이 씨는 직장에서의 직급을 이용하여 연이어 여자 후배들에게 접근하기를 반복하고 있었습니다.

주변 사람들에 따르면, 이 씨는 "이혼할 테니 나와 결혼해달라"며 인희 씨를 괴롭히기 시작했다고 합니다. 인희 씨는 당연히 거절했습니다. 그러자 이후 이 씨의 행동은 매우 놀라웠습니다. 인희 씨가 만나는 사람까지 일일이 간섭하며 집착하기 시작한 것입니다. 이러한 이 씨를 인희 씨가 의도적으로 피하자 그는 늦은 시간 인희 씨의 집 앞에서 기다리기도 했습니다. 그야말로 전형적인 스토커 행위였습니다. 이로 인해 인희 씨가 얼마나 괴로워했는지는 인희 씨의 절친한 친구였던 유 모 씨의 진술서에서도 확인됩니다. 유 씨는 "인희가 이 씨 때문에 회사까지 그만두고 싶다는 말을 했다"며 "워낙 속이 깊은 친구라 힘들어도 내색을 잘 하지 않는데, 그렇게까지 말했을 때 알아채지 못한 것이 미안하고 후회된다"고 했습니다. 인희 씨는 자신의 싸이월드 미니홈피에 괴로운 심정을 이렇게 남겼습니다. "사는 게 너무 괴로움. 제발 나를 가만 내버려두라고. 누가 날 좀 구해줘."

그러던 중 2005년 5월 30일, 월요일이었던 그날, 인희 씨는 밀린 업무를 하기 위해 밤 10시까지 회사에서 야근을 했습니다. 그리고 같은 부서 직원과 퇴근하면서 그의 차를 얻어 타고 경기도 성남 인근 전철역까지 동승했습니다. 그런데 목적지에 내리자 그곳에 한 남자가 기다리고 있었습니다. 바로 인사과장 이 씨였습니다. 이 당시 인희 씨를 전철역까지 데려다준 동료의 증언에 의하면, 이때 인희 씨가 매우 당황해했다고 합니다. 그러한 인희 씨를 이 씨는 납치하듯 강제로 팔을 잡아끌며 자신의 차로 끌고 갔습니다. 이러한 이 씨의 행동에 인희 씨가 저항하자 동료 직원이 나서서 이 씨를 만류했다고 합니다. "밤도 늦었는데 내일 이야기하시라"고 말렸습니다. 하지만 직장 내에서 높은 직위에 있던 이 씨가 끼어든 직원에게 "참견하지 말라"며 일갈했고 그 말에 동료 직원은 맥없이 물러났다고 합니다. 그리고 이내 인희 씨를 강제로 태운 이 씨의 차량이 출발했습니다. 이것이 인희 씨의 생전 마지막 모습이 될 줄 누가 알았을까요.

한편 그날 밤, 인희 씨의 어머니 유미자 씨는 밤새 잠을 이루지 못한 채 큰딸의 휴대폰으로 전화를 걸었다고 합니다. 야근한다며, 그래서 조금 늦게 집으로 출발한다던 딸이 연락조차 없이 귀가하지 않으니 당연한 일이었습니다. 하지만 결국 그날 밤 딸은 귀가하지 못했습니다. 뜬눈으로 안절부절하던 사이 밤이 지나고 또 새벽이 됐지만 여전히 딸에게서는 소식이 없었습니다.

그리고 다음 날인 5월 31일 아침 8시 35분경, 유미자 씨는 한 통의 전화를 받게 됩니다. 인희 씨의 직장 내 팀장이었다고 합니다. 당시 팀장은 유미자 씨에게 두서없이 다급하게 "인희에게 물어볼 것이 있는데 지금 집에 있냐?"며 물었다고 합니다. 아침 9시까지 출근하는 회사에서 8시 35분경 전화하여 사람을 바꿔달라고 하다니, 정말 이상한 일이 아닌가요?

유미자 씨는 이 전화에 대해 매우 큰 의구심을 가지고 있습니다. 전날 밤 이 씨가 인희 씨를 납치한 것을 팀장이 알고 있는 상태에서, 인희 씨의 집에서 이러한 내막을 얼마나 알고 있는지 떠보려고 전화한 것이 아닌가, 의심이 든다는 것입니다. 전날 인사과장이 강제로 인희 씨를 끌고 가는 것을 본 동료 직원이 팀장에게 이를 보고했고, 이후 팀장이 어찌된 것인지 알아보고자 집으로 전화한 것이 아닌가 싶은 것입니다.

이에 유미자 씨가 전날 밤 인희 씨가 귀가하지 않았다며 오히려 그 행방을 물었으나 이때 팀장은 전날 밤에 있었던 사실을 알려주지 않았다고 합니다. 만약 이때라도 인사과장이 인희 씨를 납치해갔음을 전해주었더라면 경찰에 신고라도 했을 텐데, 유미자 씨 입장에서는 너무도 억울한 일이 아닐 수 없습니다. 그렇게 영문도 알지 못한 채 인희 씨의 행방을 찾던 유미자 씨에게 끔찍한 비보가 전해진 것은 실종 48시간이 지나가던 6

월 1일 밤 10시 30분경이었습니다. 한 통의 전화가 집으로 걸려왔습니다. 발신지는 강원도 원주경찰서. 그리고 듣게 된 딸의 비통한 사고 소식.

경찰 발표에 의하면, 사건은 2005년 5월 31일 새벽 12시 30분경 발생했다고 합니다. 경기도 성남에서 인희 씨를 강제 납치한 이 씨가 경기도 양평으로 차로 이동한 후 그곳 야산에서 인희 씨를 살해한 것입니다.

인희 씨의 어머니가 저에게 보여준 큰딸의 마지막 모습은 너무도 처참했습니다. 경기도 양평의 한 야산에서 이 씨는 인희 씨를 추행한 것으로 보입니다. 입고 있던 상의 가디건과 하의 속옷은 벗겨져 있었고 치마 역시 반쯤 벗겨져 있는 상태였습니다. 결국 극렬하게 저항하는 인희 씨가 뜻대로 되지 않자 이성을 잃은 이 씨가 인희 씨를 무참히 살해한 것이 아닐까 추측됩니다. 경찰이 촬영한 사진 속에서 인희 씨의 긴 머리는 흘러내린 피로 흠뻑 젖어 있었습니다. 범행이 벌어진 이 씨의 차량 안에는 사방에 피가 튀어 있었고 인희 씨의 몸 역시 상처투성이었습니다. 차마 세세히 설명할 수 없을 정도로 끔찍했던 그 사건 현장. 그렇게 예쁜, 그렇게 착한, 유미자 씨의 희망 인희 씨가 믿기 힘든 죽음을 맞이한 것입니다.

한편 이 씨는 인희 씨를 살해하고 그 시신을 양평 야산에 유기한 후 도주했다고 합니다. 그렇게 살인범 이 씨가 도주하고 있던 이틀간 유미자 씨는 딸의 행방을 찾고 있었던 것입니다. 왜 이런 믿을 수 없는 비극이 벌어진 것일까요? 하지만 비극은 여기가 끝이 아니었습니다. 딸을 잃은 것도 원통한데 또 상상할 수 없는 일이 벌어지고 있었던 것입니다. 그 비극, 지금부터 이야기가 다시 시작됩니다.

도주하던 이 씨가 자수하면서 마침내 사건의 전모가 밝혀집니다. 그런데 그가 자수한 곳이 참으로 묘했습니다. 그는 인희 씨를 처음 납치한 경기도 성남도 아니고, 또 살해 후 사체를 유기한 경기도 양평도 아닌 곳에 가서 자수를 합니다. 강원도 원주였습니다. 그리고 이 씨의 자수를 접수한 원주경찰서가 이 사건을 맡았는데 이는 대단히 드문 사례였습니다. 통상 사건이 발생한 해당 지역으로 사건을 이첩하기 때문입니다. 그런데 이 사건은 이 씨가 자수한 원주에서 그냥 사건을 담당하게 됩니다. 피해자인 유미자 씨는 지금도 이 점에 대해 매우 석연치 않게 여기고 있습니다. 왜 이 씨는 사건 현장과 먼 강원도 원주까지 찾아가서 자수를 한 것일까요?

그뿐만이 아니었습니다. 경찰이 유미자 씨에게 딸의 비보를 알려준 6월 1일 밤 10시 30분 전에 원주경찰서에는 4명의 남자가 이 씨를 찾아왔다고 합니다. 나중에 알고 보니 그들은 이 씨와 인희 씨가 재직하던 회사의 임직원이었습니다. 어떻게 유족보다 회사 사람들이 먼저 경찰서를 찾아오게 된 것일까요?

알고 보니 이 씨가 자수한 시각은 그날 저녁 6시 30분경, 경찰은 그로부터 30분 후인 7시경, 유족보다 이 씨의 회사에 이 사실을 먼저 알렸다고 합니다. 그래서 유가족이 경찰서로 도착하기 2시간 전인 저녁 8시 30분경 회사 고위 임원들이 먼저 경찰서를 방문해 이 씨와 면담했다는 것입니다. 과연 그때 이들은 무슨 대화를 나눈 것일까요? 추측만 존재할 뿐 내막은 여전히 확인되지 않고 있습니다. 다만 정말 이상한 것은, 이후 경찰의 수사 방향이었습니다. 전혀 예상치 못한 그 일은 유족인 유미자 씨에게 또 다른 한恨이 되었습니다.

먼저, 이 사건의 핵심은 직장 상사가 자신의 직위로 이제 막 입사한 여직원을 유린한 사건입니다. 그리고 이 과정에서 자신의 뜻대로 되지 않자 피해 여직원을 납치해 성추행한 후 무참히 살해하고 그 시신을 유기한 사건입니다. 그런데 경찰 수사의 방향이 엉뚱했습니다. 수사 경찰이 이 사건을 '내연 관계에 의한 치정 사건'으로 몰아간 것입니다. 즉, 두 딸을 둔 재혼 유부남(이 씨)과 미혼 여성(황인희 씨)이 내연 관계로 불륜을 이어가던 중 다툼이 일어 살인까지 일어난 사건으로 수사 방향을 잡은 것입니다. 딸을 잃은 것도 원통한데 그 딸의 명예마저도 이런 식으로 죽일 줄이야 정말 누가 생각할 수 있을까요.

딸을 잃은 슬픔에 침몰해 있던 유미자 씨가 더 이상 울고만 있을 수 없는 이유였습니다. 이때부터 유미자 씨는 자신이 직접 나서서 진실을 찾기 위해 움직이기 시작합니다. 어처구니없는 것은 '내연 관계 치정 살인사건'은 가해자인 이 씨의 경찰 진술에서도 등장하지 않는다는 점입니다. 이 씨는 인희 씨와의 관계를 묻는 경찰 질문에 '직장 동료 사이'라고 여러 차례 진술했습니다. 그런데도 담당 경찰은 이를 뜬금없이 '내연 관계'라고 둔갑시켰다고 합니다. 그 증거가 2005년 6월 2일, 그러니까 가해자 이 씨가 자수한 다음 날 경찰이 작성한 '피해자에 대한 관계 수사 보고'입니다. 담당 경찰은 이 문서에서 가해자인 이 씨가 '직장 동료 사이'라고 진술했음에도 '피의자는 동료 사이였다고 주장하나, 내연의 관계임을 추궁하여 밝힐 예정임'이라고 보고하고 있습니다. 도대체 무슨 수사가 이런 경우가 다 있을까요? '내연 관계'임을 왜 '추궁하여 밝힐 예정'이라고 하는 것인지 저는 도대체 이해할 수가 없습니다.

결국 가해자인 이 씨와 피해자인 딸 인희 씨가 경찰의 주장처럼 내연 관계가 아님을 밝혀낸 이는 어머니 유미자 씨였습니다. 담당 경찰의 '내연 관계 추궁' 운운하는 보고 문서를 근거로 검찰청에 진정하여 항의하자 이 문제에 대해 검찰이 수사 방향에 대해 사과한 것입니다. 그런데 이때 담당 경찰의 변명이 정말 기가 막힙니다. 경찰의 수사 방향에 대해 그 어머니가 항의하며 진정서를 내자 검찰이 담당 경찰을 조사하여 그 답변을 보내왔는데, 그 내용을 보면 "'내연의 관계'라는 표현은 자신(담당 경찰)이 무식하였기 때문에 잘못 표현한 것"이라 적혀 있습니다. 정말 어처구니없는 변명 아닙니까?

하지만 이 진실이 바로잡힌 때는 이미 1심 재판이 끝난 후였다고 합니다. 이때 살인범 이 씨는 1심에서 징역 15년을 선고받았다고 합니다. 살인 후 사체 유기 사건임에도 불구하고 상대적으로 낮은 형량이 내려진 것입니다. 유미자 씨는 그 이유가 바로 '내연 관계' 운운하는 경찰의 수사 결과 때문이라고 믿고 있습니다. 하지만 1심 판결보다 더욱 기가 막힌 것은 2심 판결이었습니다. 가해자인 이 씨가 2심에서는 전관예우 출신의 변호사를 선임하여 1심보다 더 낮은 형을 선고받은 것입니다. 1심보다 3년이나 깎인 12년 형, 그리고 이 12년은 이후 대법원에서 확정됩니다. 아무 죄도 없는 딸을, 보물처럼 고이고이 키워 막 세상에서 꽃피어가던 맏딸을 비통하게 잃은 어머니로서는 너무도 억울하고 분통한 결말이 아닐 수 없었습니다.

딸을 잃고 보낸 지난 세월은 인희 씨의 어머니 유미자 씨에게 너무도 고통스러운 나날이 아닐 수 없었습니다. 딸을 잃은 것도 원통한데 그 진실마저 제대로 다 밝혀주지 못한 억울함이 너무도 사무쳐왔습니다. 특히 인희 씨가 이 씨에게 살해되는 과정에서 벌어진 강간 미수 범죄에 대해서는 수사조차 하지 않은 수사기관에 대해 유미자 씨는 억울함을 호소하고 있습니다.

특히 이 씨가 인사과장으로 근무하던 공기업의 사건 후 처리는 유 씨에게 또 하나의 큰 상처가 되었습니다. 회사는 인사과장인 이 씨가 인희 씨를 살해한 혐의로 자수한 당일, 그를 해고 조치합니다. 이 씨가 자수한 시각이 6월 1일 저녁 6시 30분, 그리고 30분 후인 저녁 7시 경찰에게 연락을 받고 회사 임직원이 경찰서를 방문한 시각은 저녁 8시 30분경, 이미 하루 일과가 끝난 늦은 시각이었습니다. 그런데 회사는 바로 당일인 6월 1일 인사과장 이 씨에게 해고 인사 명령을 내린 것입니다. 그야말로 전광석화처럼 빠른 조치였습니다.

그런데 이보다 더 놀랍고 이상한 일이 일어난 것은 그로부터 3일 후인 6월 3일의 일입니다. 이날 회사는 이 씨에게 내렸던 해고 명령을 전격 취소합니다. 그러면서 징계상 해고가 아닌 스스로 사표를 제출할 때 처리하는 '면직 처분' 결정으로 변경하고 이 씨의 사표를 수리한 것입니다. 왜 회사는 살인범 이 씨에게 이런 특혜를 줬을까요? 회사가 작성한 인사 명령에 의하면 사유는 이렇습니다. "이 씨가 재직 중 회사에 공을 많이 세워 그 업적을 감안하여 징계인 해고를 취소"한다는 것입니다. 참으로 어이없는 일 아닌가요? 이해할 수 없는 일들이 반복됩니다. 도저히 상식적으로 수용할 수 없는 일입니다.

이 억울함을 가진 어머니께 여쭸습니다. 어떻게 하면 그 한이 풀릴 수 있겠냐고. 그러자 유미자 씨가 꺼낸 말이 세 가지였습니다. 첫 번째가 가해자 이 씨에 대한 추가 기소였습니다. '내연 관계 사이에서 벌어진 성추행이니 강간이 아니'라며 수사조차 하지 않은 당시 판단이 잘못되었다는 것입니다. 그러니 이제라도 가해자 이 씨에게 '성폭력 특별법'을 적용하여 기소해달라는 것입니다.

두 번째는 인희 씨가 재직하였던 회사가, 이 사건에 대해 윤리적·도덕적 책임을 다해야 한다는 것입니다. 직장 내 성희롱으로 시작하여 살인사건으로 비화된 이 사건에 대해 "우리 회사와는 아무 상관도 없다"는 태도가 유미자 씨는 분통하다 합니다. 더구나 인희 씨가 이 씨에게 납치된 사실을 알고도 이 사실을 가족에게 알리지도 않은 점, 그리고 이후 인희 씨의 소재를 알고자 애가 타 있는데 이런 사실을 알고 있으면서도 침묵했던 회사 직원과 소속 팀장의 행위, 그리고 사건 발생 후 경찰서를 방문한 임직원과 이 씨의 퇴직 처리 과정 등을 생각할수록 더욱 그렇다는 것입니다.

세 번째, 근로복지공단의 책임입니다. 인희 씨는 사건 당시 밤 10시까지 야근을 하다가 퇴근하는 길이었습니다. 그 퇴근길에 직장 상사로부터 살해됐는데도 근로복지공단은 인희 씨의 죽음을 산업재해로 인정하지 않았습니다. 유미자 씨로서는 이 점을 납득할 수 없다고 합니다.

딸을 잃고 살아간 세월, 지난 그 세월이 얼마나 고통스러웠는지 유미자 씨의 머리에는 손바닥 반만 한 탈모 증세가 생겼다고 합니다. 극심한 스트레스와 분노로 인한 탈모 증세라고 병원에서는 진단했습니다. 도대체 유미자 씨는 언제까지 이 고통 속에 방치되어야 할까요?

매년 찾아오는 인희 씨의 기일, 어머니 유미자 씨는 매년 딸이 다닌 회사 앞에서 딸의 추모제를 지내고 있습니다. 그러면서 누구도 책임지지 않는 억울함을 호소하며 눈물로 재를 지내고 있습니다. 곱고 착했던 유미자 씨의 딸 고故 황인희 님. 고작 23살의 짧은 삶을 살다 억울하게 생을 마친 그의 넋 앞에 깊은 애도를 표합니다. 부디 예쁜 꽃으로 다시 피어나 못다 한 행복을 다하시기를 기원합니다. 그리고 어머니 유미자 님, 힘내세요. 함께하겠습니다. 〈고상만의 수사반장〉, 오늘 이야기였습니다.

사고인가 살인인가, 진실은 어디에

캄보디아 이주민 여성들이 맞이한 비참한 죽음

　지난 2013년 우리나라에서 살인사건으로 사망한 피해자는 354명에 달했습니다. 그러한 피해자 중 여성이 184명, 남성은 170명이었습니다. 그렇다면 교통사고에 의한 사망자 숫자는 어떨까요? 대단했습니다. 지난 2014년 한 해 동안 사망한 사람은 모두 5,092명이었습니다.

　그런데 여기, 한 여인의 죽음을 두고 치열한 논박이 벌어지고 있습니다. 그 여인이 죽게 된 것이 계획된 살인에 의해서인지, 아니면 단순 교통사고에 의한 사망인지를 놓고 격렬한 논쟁이 벌어진 것입니다. 오늘 〈고상만의 수사반장〉에서는 캄보디아에서 시집 온 25살 어린 새댁의 죽음에 대해 이야기하려 합니다. 과연 그녀가 사망한 진짜 원인은 무엇일까요? 이야기는 지난 2008년으로 거슬러 올라갑니다.

　지난 2008년, 당시 19살이었던 캄보디아 출신 여성 소리아(가명)는 자신보다 무려 스무 살이 더 많은 한국인 남성 이 모 씨와 결혼합니다. 이 씨는 초혼에 실패한 후 전 부인과의 사이에서 초등학생 딸아이를 두고 있는 남자였습니다. 이 씨는 평소 알고 지내던 한 지인의 소개 덕분에 캄보디아 출신의 소리아와 결혼할 수 있었습니다.

충청도 지방 소도시에서 생활용품을 파는 가게를 운영하던 이 씨는 초등학생 딸아이가 커가면서 엄마의 자리가 필요함을 느꼈다고 합니다. 그런 상황에서 소리아를 알게 됐는데, 소리아가 비록 나이는 어리지만 싹싹하고 착한 성품이라 좋아하게 되었고, 2008년 결혼하고 함께 살기 시작했습니다. 생활 형편은 그리 넉넉하지 않았다고 합니다. 지방 소도시에서 값싼 생활용품을 파는 일이니 수입이 아주 많기는 어려웠을 겁니다. 하지만 주변 이웃의 증언에 의하면, 이들 부부의 금슬은 나쁘지 않았다고 합니다. 캄보디아 출신의 부인 소리아가 워낙 착하고 상냥한 사람인지라 가족에게도 잘하고 또 이웃에게도 참 잘했다는 것입니다. 한국말은 서툴렀지만 그중 가장 잘한 말이 "안녕하세요"였다며 이웃들은 소리아를 증언했습니다.

특히 남편 이 씨의 전처 소생인 초등학생 딸아이에게 소리아가 참 잘했다고 합니다. 그렇게 가족과 이웃에게 늘 밝고 친절했던 소리아에게 결혼하고 이듬해인 2009년, 딸도 태어납니다. 그렇게 소소하지만 행복했고 또 앞으로도 계속 행복할 것 같았던 이들 부부 사이에서 끔찍한 비극이 벌어진 때는 2014년 8월이었습니다. 이 씨 부부 사이에서 딸이 한 명 태어나고 다시 두 번째 임신 소식을 알게 된 때였다고 합니다. 소리아의 배 안에서 두 번째 생명이 7개월간 자라던 때였습니다.

2014년 8월 23일 새벽, 이 씨와 소리아는 경부고속도로 하행선 천안삼거리 휴게소를 지나가고 있었습니다. 이 씨와 소리아를 태운 스타렉스 승합차에는 생활용품이 실려 있었습니다. 평소 한 달에 한 번꼴로 가게 물건을 서울에서 구입해 오는데, 그럴 때면 남편 이 씨와 소리아가 동행했다고 합니다. 밤늦게 영업을 마친 후 늘 새벽 시간에 물건을 떼러 가는 남편이 혹여 혼자 가다가 졸음운전을 하면 어쩌나 싶어 걱정된 소리아가 자청하여 따라나서게 된 것인데 그것이 어느덧 일상이 되었다고 합니다. 그런데 그날, 소리아는 그 스타렉스 차량에 타지 말았어야 했습니다. 돌이킬 수 없는 참혹한 비극이 일어난 날이니까요. 과연 그날 소리아에게는 무슨 일이 벌어진 것일까요. 그 새벽 경부고속도로에서 벌어진 사건, 이제 본격적으로 시작합니다.

새벽 3시 40분경, 깊은 새벽녘인지라 차량 통행도 드물었던 시각이었습니다. 소리아의 남편 이 씨가 몰던 스타렉스가 갑자기 크게 흔들렸습니다. 그리고 잠시 후 이 씨의 스타렉스가 고속도로 갓길 비상 주차대에 주차된 8톤 화물차를 거침없이 들이받는 모습이 고속도로 CCTV 화면에 찍힙니다. 상대적으로 얇은 강판의 스타렉스는 그야말로 큰 충격을 받았고 이내 형편없이 구겨지며 형체를 알아보기 힘들 정도로 부서지게 됩니다. 그만큼 충격이 컸던 것입니다. 특히 차량 조수석 쪽의 피해가 더 컸는데 8톤 트럭을 추돌한 부위가 바로 조수석 쪽이었기 때문입니다.

그리고 그 조수석에 앉아 있었던 사람은 바로 임신 7개월의 부인, 소리아였습니다. 사고를 접한 고속도로 순찰대와 119가 출동했을 때 남편 이 씨는 자신의 아내가 보조석에 있다며 구조해달라고 소리쳤다 합니다. 아내가 차에 있다며, 나보다 먼저 아내를 구조해달라는 남편 이 씨의 간절한 외침. 그러나 안타깝게도 출동한 119구조대가 확인했을 때 이미 소리아는 숨을 거둔 상태였다고 합니다. 현장에서 그만 사망한 것입니다.

소리아가 교통사고로 사망한 것은 8톤 트럭과의 추돌 때문이지만 더 큰 이유는 안전벨트를 착용하지 않았기 때문입니다. 만약 안전벨트만 착용했더라면 결과는 달라질 수 있었을지 모릅니다. 남편 이 씨가 산증인입니다. 비록 조수석 쪽으로 더 큰 충돌이 일어난 교통사고였으나 놀랍게도 남편 이 씨는 사고에 비해 매우 경미한 부상을 입었습니다. 이유는 남편 이 씨가 안전벨트를 매고 있었기 때문입니다. 경찰이 추후 CCTV를 확인한 결과, 남편 이 씨는 평소에 안전벨트를 착용하지 않는 편이었는데 묘하게도 이날만은 안전벨트를 착용했다 합니다.

사고 후 남편 이 씨는 오열했습니다. 아내 소리아의 죽음을 알게 된 후 그는 누구보다 슬퍼했다고 합니다. 운전 중 그만 조는 바람에 사고가 났고 이로 인해 아내 소리아와 7개월 된 배 속의 아이까지 잃게 되었다며 크게 슬퍼했다고 합니다. 경찰은 이 씨의 그런 모습을 보며 안타까운 마음을 갖지 않을 수 없었습니다. 본의 아니게 벌어진 불행한 사고였을 뿐, 범죄가 아닌 비극 앞에서 경찰 역시 이 씨에게 위로를 전했다고 합니다.

이후 남편 이 씨는 자신의 치료가 다 끝나지도 않은 상태에서 부인 소리아와 태어나보지도 못한 채 세상을 떠나야 했던 태아의 장례식을 정성껏 치러줬다고 합니다. 그런 뒤에야 비로소 자신의 부상 치료를 위해 다시 병원에 입원했다는 남편 이 씨. 비록 크나큰 실수로 처자식을 사지로 내몰았지만 이러한 이 씨의 모습을 쉽게 비난할 수는 없는 일이었습니다. 안타까운 이 사건은 그렇게 또 사람들의 기억 속에서 사라지는 듯싶었습니다.

반전은 사고 발생 후 약 3달 여가 지나가던 2014년 11월 25일에 벌어집니다. 이날 천안 동남경찰서는 매우 충격적이고 끔찍한 수사결과를 발표합니다. 바로 경부고속도로 하행선 천안삼거리 휴게소 앞에서 발생했던 그 사건, 캄보디아 새댁 소리아의 죽음 속에 숨겨진 비밀이었습니다.

사실 경찰은 처음부터 남편 이 씨에 대한 풀리지 않는 의구심 하나를 가지고 있었습니다. 부인이 앉아 있던 조수석 쪽으로 큰 사고가 발생했는데 왜 자신만 벨트를 매고 아내에게는 매주지 않았을까? 이건 정말 우연한 일일까? 경찰은 이 사건을 마무리하기 전 혹시나 하는 생각으로 사망한 소리아의 보험 가입 이력을 조회해봅니다. 그리고 놀라운 사실을 발견합니다. 숨진 소리아 앞으로 들어 있던 보험이 무려 26개, 그래서 만약 교통사고로 소리아가 사망할 경우 남편 이 씨가 받게 될 보험금이 무려 95억 원에 달하는 것을 확인하게 됩니다.

경찰로서는 당연히 의심하지 않을 수 없는 일이었습니다. 한두 개도 아닌 무려 26개의 보험을 들었다니요. 일반 상식으로 볼 때도 참 이상한 일이 아닐 수 없습니다. 처음에는 남편 이 씨의 슬퍼하는 모습에 위로를 전하며 함께 애도하던 경찰, 그러나 새롭게 드러난 사실 앞에서 판단을 바꾸게 됩니다. 원점에서부터 다시 수사에 들어간 것입니다. 그러면서 경찰은 또 한 가지 놀라운 단서를 확보하게 됩니다. 일반적인 교통사고로 볼 수 없는 새로운 정황입니다. 첫째는 숨진 소리아의 혈액에서 수면 유도제 성분이 검출된 것입니다. 사고 당시 임신 7개월이었던 임산부가, 그것도 첫 아이를 출산한 경험을 가진 임산부가 임신 중에 복용해서는 안 될 수면 유도제 성분의 약을 먹었다는 것은 쉽게 납득하기 어려운 일이었습니다.

두 번째는 보험 가입 부분입니다. 소리아가 든 생명보험은 무려 26개. 남편 이 씨는 소리아와 결혼한 직후인 2008년부터 2014년 4월까지 무려 7년간 꾸준히 자신과 가족 명의로 보험에 가입하고 있었습니다. 경찰 발표에 의하면, 이처럼 일가족이 든 보험료로 이 씨가 매달 내던 보험료만 월 910만 원에 달했다고 합니다. 이 가운데 부인 소리아 명의로 내는 보험료만 매달 360만 원. 그중 소리아 사망 시 가장 많이 지급되는 생명보험금 중 하나는 무려 지급액이 30억 원에 달하고 있었습니다. 그런데 더 수상한 것은, 이처럼 매달 엄청난 보험료를 내는 방법이었습니다. 사건을 담당한 천안 동남경찰서 측 발표에 따르면 '형편이 넉넉하지 않았던 이 씨가 매달 고액의 보험료를 납부할 수 있었던 방법은 보험 약관 대출'이 었습니다. 즉 '매달 910만 원의 보험료를 내기 위해 이 씨는 약 3억 원을 보험 약관 대출받았는데 통장 잔고를 확인해보니 그 대출 받은 3억 원을 전부 보험료 납입에 사용해 남은 돈이 없는 상황'이라는 것입니다.

하지만 이 씨는 이러한 경찰의 주장을 적극 반박했습니다. 자신이 이처럼 많은 보험에 가입하게 된 것은 평소 자신의 가게 단골손님으로 보험 설계사들이 오기 때문이라고 했습니다. 그래서 그 단골들의 보험 가입 부탁을 거절하지 못해 하나씩 들다 보니 어느새 그렇게 많아졌다 주장했습니다. 실제로 소리아의 보험도 많았지만 남편 이 씨와 두 자녀가 든 보험이 더 많지 않냐는 반박이었습니다. 이는 사실이었습니다.

그렇다면 과연 이날의 사고는 남편 이 씨가 주장하는 것처럼 단순한 '졸음운전 사고'일까요? 하지만 경찰로부터 이 사건을 의뢰받은 국립과학수사연구소(약칭 국과수)와 도로교통공단 등의 합동 조사 결과는 이 씨의 주장과 달랐습니다. 졸음운전에 의한 사고였다는 이 씨의 주장은 사실이 아니라는 분석이 나왔습니다. 통상의 졸음 운전자들이 보이는 주행과 이 씨의 사고 당일 운전 행태가 일치하지 않다는 과학적 결론이 도출됩니다. CCTV 확인 결과, 사고가 발생하기 400미터 전까지 이 씨는 정상적인 운전을 했다는 것입니다. 특히 사고 전 800미터 앞에 커브 길이 있었는데 이 씨가 무사히, 또 안전하게 잘 통과했다는 것입니다. 커브 길을 주행할 때는 여러 번 핸들을 조작하기 때문에 졸음 운전자의 경우 통과가 쉽지 않은데 이 씨의 운전 행태는 그런 졸음 운전자와 같지 않았다는 것입니다. 더욱 이상한 일은 그렇게 사고 직전 800미터를 통과한 이 씨가 다시 사고 지점으로부터 약 400미터를 앞두고 보인 차량 조작이었습니다. 스타렉스를 운전하던 이 씨가 이때 갑자기 차량의 전조등 중 상향등을 켜더니 이내 속도를 올리기 시작했다는 것입니다. 그냥 속도만 올렸다면 졸음 상태에서 액셀러레이터에 발을 올린 것으로 볼 수 있겠으나 상향등은 그런 것이 아니었습니다. 따로 조작이 필요한 일이었습니다.

그렇다면 이 씨는 왜 이 순간 상향등을 켜고 급작스럽게 주행 속도를 올린 것일까? 경찰은 이 씨가 상향등을 밝혀 갓길에 세워둔 8톤 트럭을 발견했고 이후 사고의 충격을 높이기 위해 속도를 올린 것으로 판단했습니다. 그렇게 해서 주차 중인 트럭에 수면 유도제를 복용하여 이미 조수석에서 잠들어 있던 소리아 쪽 부위를 고의로 충돌했다고 의심했습니다. 하지만 이 씨는 이러한 경찰의 수사결과에 '말도 안 되는 상상'이라며 억울함을 주장했습니다. 사실이 아니라며, 자신이 얼마나 부인 소리아를 사랑했는지 모르는 소리라고 했습니다. 더구나 소리아가 자신의 아이까지 잉태하고 있는 상태에서 어떻게 그런 범행을 할 수 있겠냐며 끝까지 부인했습니다.

그런데 바로 그때였습니다. 매우 놀랍고 충격적인 또 하나의 사실을 경찰이 찾아냅니다. 수사 중 압수한 남편 이 씨의 휴대폰을 분석하던 과정에서였습니다. 이미 말씀드린 것처럼 이 씨는 경찰 조사 내내 자신의 엄청난 실수로 인해 벌어진 비극 앞에서 괴로워하고 또 울었다고 했습니다. 그런데 이렇게 슬퍼하던 모습 뒤에 또 다른 이 씨가 숨어 있었음이 발견됩니다. 이 씨는 아내 소리아와 태어나지 못한 배 속의 아기의 장례식을 마친 후에야 자신의 부상 치료를 위해 다시 병원에 입원했습니다. 그런데 이때 병원으로 돌아간 이 씨가 아무도 모르게 병실에서 했던 행동이 있었습니다. 경찰은 이 씨의 휴대전화를 압수해 삭제한 사진까지 전부 복원했습니다. 그런데 그렇게 삭제된 사진을 복원하여 확인하는 과정에서 너무도 뜻밖의 사진 한 장을 찾게 됩니다. 그것은 놀랍게도 환자복을 입은 이 씨가 병실에서 만세를 부르고 있는 모습이었습니다. 자신의 실수로 아내와 배 속 아이가 죽었다며 괴로워하던, 그래서 그들의 장례를 마치고 병원으로 돌아온 날 만세를 부르는 모습을 거울을 스스로 통해 촬영한 이 씨. 그야말로 상상도 할 수 없었던 반전이 아닐 수 없습니다.

사망한 아내 소리아의 몸에서 검출된 수면 유도제, 그리고 남편 이 씨와 달리 혼자만 안전벨트를 착용하지 않은 상태에서 차량 조수석 쪽으로 초점이 맞춰진 충돌사고, 보험 26개와 넉넉지 않은 형편에 매달 910만 원씩 보험료를 납입한 행위, 더구나 이를 내기 위해 3억 원의 보험 약관 대출을 받아 통장 잔고가 바닥나고 있는 상황이었습니다. 여기에 국과수와 교통공단의 분석 결과 이 씨의 주장과 달리 졸음운전으로 볼 수 없다는 결론, 이후 휴대폰에서 삭제된 장례식 당일 '만세 세리모니' 사진. 누가 봐도 이러한 모든 조합은 수상하기 짝이 없는 일이었습니다. 결국 천안 동남경찰서는 남편 이 씨에 대해 구속영장을 청구합니다. 거액의 사망 보험금을 노리고 아내를 고의 사고로 살해한 이 사건. 끈질긴 경찰의 노력으로 진실이 드러나는 것으로 보였습니다.

그러나 아니었습니다. 사건 발생 후 약 10개월이 지나가던 2015년 6월 10일 대전지방법원 천안지원에서 이 사건 1심 판결이 있었습니다. 소리아를 교통사고로 위장하여 살해한 혐의로 구속 기소되었던 이 씨에 대해 무죄가 선고된 것입니다. 이 씨가 막대한 보험금을 노리고 고의적으로 사고를 일으킨 범죄라며 검찰은 사형을 구형했던 사건이었습니다. 그렇다면 1심 재판부는 왜 이 씨에게 무죄를 선고한 것일까요? 재판부의 판결은 한편 묘했습니다. 이 씨에 대한 의혹이 완전히 깨끗한 것은 아니라고 판단한 것입니다. 이 씨가 인위적인 방법으로 사고를 냈을 가능성을 부인하기 어렵지만, 그러한 여러 불리한 간접 증거들만으로는 부인을 고의적으로 살해했다는 점을 합리적으로 증명했다고 볼 수 없어 무죄를 선고한 것입니다.

그야말로 반전에 반전이 계속되는 이 사건. 2017년 1월 현재, 이 사건은 1심 무죄 선고에 반발한 검찰의 항소로 2심이 진행 중에 있습니다. 소리아의 죽음에 얽힌 또 다른 비밀이 밝혀질지, 아니면 정말 단순 교통사고임에도 불구하고 이 씨가 억울한 누명을 쓰고 있는지, 과연 진실은 무엇인지 뜨거운 논쟁 속에 현재 진행되고 있습니다.

한편 이러한 류의 사건이 또 있었습니다. 이 사건 역시 소리아처럼 캄보디아에서 시집와 결혼 생활한 지 불과 1년밖에 안 되었던 새댁의 죽음이었습니다. 사건이 발생한 때는 2010년 3월 18일 밤 9시 30분경, 강원도 춘천 모 아파트 3층에서 불이 났고 화재는 출동한 소방관에 의해 17분 만에 진압되었습니다.

그러고 나서 소방관들은 이 집에 진입하여 20대 여성이 숨진 사실을 확인하게 됩니다. 피해자의 이름은 체 첸다. 당시 25살의 캄보디아 여성으로 불이 난 이 집 거주자의 부인이었습니다. 이후 경찰은 국과수 화재감식 결과를 토대로, 첸다가 사망한 원인을 단순 화재로 인한 질식사로 결론 내립니다. 자신보다 스무 살이 더 많은 한국인 남편과 결혼한 첸다가 화재 당일, 날씨가 춥자 전기 히터를 켜놓고 잠이 들었는데 과열된 히터로 화재가 발생, 그만 질식사한 것으로 종결됩니다.

하지만 단순 화재 사고로 끝날 것 같았던 이 사건이, 사실은 첸다의 사망 보험금을 노린 남편의 범행임이 드러난 것은 사건 발생 후 1년이 지나가던 2011년 3월의 일이었습니다. 강원지방경찰청 광역수사대가 사망한 첸다의 보험 가입 내역을 확인하던 중 미심쩍은 사실을 발견한 것입니다. 첸다가 만약 사고로 사망할 경우 받는 보험료는 무려 12억 원. 더 의심스러운 것은 첸다의 남편 강 씨가 기초수급 대상자로서 경제적 여건이 극히 어렵다는 점이었습니다. 첸다와 남편 강 씨가 함께 살기 시작한 때는 2009년 4월이었습니다. 그리고 강 씨는 함께 살기 시작한 2009년 말부터 첸다 앞으로 모두 6개의 생명보험을 가입합니다. 그렇게 해서 첸다가 만약 사고로 사망할 경우 받을 수 있는 보험금이 12억 원에 달한 것입니다. 그러나 첸다의 보험을 유지하기 내야 하는 보험료가 상식 밖이었습니다. 기초수급 대상자였던 남편의 한 달 수입은 약 50여 만 원. 그런데 첸다의 보험을 유지하려면 최소 한 달에 40만 원에서 최대 80만 원을 내야 하는 상황이었습니다. 보험을 노린 사고의 전형적 예입니다.

그래서 확인해본 결과, 사고 경위 역시 이상했습니다. 먼저 발화의 원인이 되었던 전기 히터. 확인 결과 전기 히터는 넘어지거나 과열되면 자동으로 꺼지는 안전 시스템이 작동하고 있었습니다. 그런데 왜 화재가 발생한 것일까. 그런 의문이 증폭되는 상황에서 첸다의 사망이, 사실은 사고가 아니라 사건이었다는 결정적인 증거가 확보됩니다. 바로 숨진 첸다의 몸에서 수면제가 검출된 것입니다. 거액의 보험 가입, 자신의 경제적 형편을 넘어서는 보험 유지, 그리고 사망한 이의 몸에서 검출된 수면제 성분, 게다가 캄보디아 출신이라는 점과 사고 당시 25살 동갑이었다는 점, 또 결혼한 한국인 남편이 자신들보다 모두 스무 살이 더 많았다는 점 등등, 2010년 발생한 첸다 사건과 2014년 발생한 소리아의 사망사건 간에는 유사한 점이 많지 않은가요?

결국 검찰에 의해 살인 혐의로 기소된 첸다의 남편 강 씨는 1심과 2심 재판을 거쳐 징역 20년을 선고받습니다. 그리고 이러한 유죄 판결에 불복하여 남편 강 씨가 대법원으로 상고했지만 결과는 달라지지 않았습니다. 징역 20년 형이 확정된 것입니다. 결국, 남편 강 씨가 아내 첸다에게 수면 유도제를 먹인 뒤 혼수상태에 빠지자 집에 불을 질러 사망케 한 후 12억 원의 보험금을 노린 사건으로 판단한 것입니다. 하지만 재판 내내 남편 강 씨의 태도는 뻔뻔스러웠다고 합니다. 단 한 번도 반성의 빛을 보이지 않았다고 합니다. 이러한 남편 강 씨의 태도에 징역 20년을 선고한 1심 재판장은 다음과 같은 판결 이유를 통해 강하게 비판했다고 합니다.

"그럼에도 피고인은 범행을 부인하며 반성하는 모습을 전혀 보이지 않고 있고, 피해자와 유족들에게 용서를 구하기는커녕 오히려 최후 진술 시 '보험을 어떤 사람들이 들어야 의심을 받지 않는지 궁금하다'거나 '사망한 피해자가 원망스럽다'고 진술하는 등 개전의 정이 현저히 부족하다. 따라서 피고인의 죄질 및 정상이 매우 무거워서 중형 선고가 불가피하다. 이에 본 법정은 피고에게 징역 20년을 선고한다."

이로써 첸다의 억울한 죽음은 그 진실을 드러냈고 남편 강 씨의 극악한 범죄는 12억 원의 보험금 수령이 아닌 20년의 징역으로 정의를 찾을 수 있었습니다. 그렇다면 과연 천안삼거리에서 일어난 또 다른 사건, 소리아 사망에 얽힌 진실은 무엇일까요? 여전히 밝혀지지 못한 진실이 정의를 찾고 있습니다. 누가 진실을 말하고 있는지 〈고상만의 수사반장〉은 계속 지켜볼 것입니다.

마지막으로, 캄보디아에서 만리타향으로 시집왔던 25살의 착한 영혼 소리아, 한국명 이유진 님의 명복을 빕니다.

"나에게는 국가가 없었습니다"

존속살인 무기수 김신혜 사건의 전말

오늘은 좀 특별한 이야기를 하려고 합니다. 〈고상만의 수사반장〉에서 지난 2014년 6월 24일부터 7월 22일까지 모두 5번에 걸쳐 방송한 '어느 존속살인 여 무기수의 진실 혹은 거짓' 편을 기억하고 계실 겁니다. 그동안 틈틈이 진행 상황을 안내하기도 했는데, 이미 많은 분들이 아시는 것처럼 그사이 많은 변화가 있었습니다.

오늘은 15년째 무기수로 감옥을 살고 있는 김신혜 씨 사건에 대해, 그동안의 사건 개요 및 의혹, 그리고 도대체 지난 15년 전 수사에서 경찰과 검찰이 무슨 잘못을 했는지를 다시 한 번 되짚어보려고 합니다. 특히 지난 2015년 5월 13일 전남 해남지방법원에서 있었던 이 사건 재심 개시 여부 공판 과정에서 재심 청구인으로 출석한 김신혜 씨가 남긴 울부짖음을 그대로 전해드리겠습니다.

먼저 제가 처음 이 사건을 알게 된 경위는 이렇습니다. 지난 2000년 12월 29일의 일이었습니다. 시민단체인 반부패국민연대 민원국장으로 일하고 있을 당시, 홈페이지에 올라온 게시글 중에서 아주 특이한 제목의 글을 보게 되었습니다. 「우리 누나가 억울하게 갇혀 있어요」라는 제목이었습니다. 호기심에 클릭하여 살펴보니 내용은 이러했습니다.

"누나가 아버지를 살해한 혐의로 현재 구속되어 있는데, 누나는 아버지를 죽이지 않았다며 억울함을 주장하고 있습니다. 경찰은 아버지가 누나와 여동생을 성추행하여 누나가 아버지를 살해한 것이라는데, 여동생은 아버지와 같이 살지도 않았습니다. 그런데 아버지가 성추행을 했다고 하면서 누나가 아버지를 수면제로 죽인 것이라 합니다. 누나는 현재 무기징역을 받고 교도소에 수감 중인데 저희로서는 도울 길이 없어 애만 태우고 있습니다. 제발 저희를 좀 도와주시기 바랍니다."

접수된 내용만으로는 파악하기 힘든 사연이었습니다. 그래서 처음엔 그냥 무시할까 싶었습니다. 그런데 마음에 걸린 구절이 하나 있었습니다. 바로 '무기징역'을 받았다는 대목이었습니다. 사실 시민단체에는 많은 민원이 들어옵니다. 그중에는 사실과 다른 허위도 많고 또 그냥 한번 해보는 민원도 상당합니다. 하지만 정말 게시글 내용처럼 억울하게 무기징역을 받았다면, 이것은 정말 큰일이 아닌가요? 그래서 저는 보내온 메일에 "전화로 연락해달라"는 답신을 보냈습니다. 그리고 시간이 지났습니다. 기다렸으나 연락이 오지 않았습니다. 그래서 연락이 오지 않나 보다, 하며 며칠이 지나가던 어느 날 오후, 사무실로 저를 찾는 전화가 걸려왔습니다. 2000년 3월 발생한 '완도 존속살인 무기수 김신혜 사건'을 제가 시작하게 된 사연이었습니다. 민원을 보낸 사람은 당시 19살이었던 김신혜의 남동생이었습니다. 지금은 30대 중반이 된 남동생은 그 당시 참 심성이 여린 친구였습니다. 한편 남동생과 연락이 닿은 후부터 저는 이 사건에 대한 여러 의심 정황을 파악하기 시작합니다. 사망사건이 발생한 전남 완도를 수차례 방문했고 사건 수사 기록과 1, 2심 판결문도 입수하여 검토했습니다. 그렇게 알게 된 완도 존속살인 사건의 진실은 참으로 황당하기 이를 데 없었습니다.

먼저 경찰이 밝힌 사건 당시 상황입니다. 2000년 3월 7일, 채 어둠이 가시지 않은 새벽 5시 50분경, 전남 완도의 한적한 시골 마을 버스 정류장 앞에서 당시 50대 초반의 남자가 숨진 채 발견됩니다. 사망자는 한쪽 다리를 제대로 쓰지 못하는 3급 장애인으로 사고 현장에서 차량으로 20분가량 떨어진 곳에 살고 있던 김진만(가명) 씨였습니다. 아침 일찍 버스를 타기 위해 정류장으로 나오던 마을 주민의 신고로 경찰은 사고 현장에 도착합니다. 경찰은 처음 이 사건을 단순 교통사고로 판단합니다. 사망자가 도로 위에서 발견되었고 또 그 주변에 차량의 크고 작은 라이트 조각도 흩어져 있었기 때문입니다.

그런데 단순한 교통사고 뺑소니로 판단했던 이 사건이 갑자기 끔찍한 존속살인 사건으로 변한 것은, 사고 후 만 하루가 지나가던 3월 9일 새벽 0시 10분경의 일이었습니다. 경찰이 사망자의 큰딸 김신혜(당시 23살)를 존속살인과 사체유기 혐의로 전격 체포한 것입니다. 이후 김신혜는 1심과 2심 재판을 거치면서 검찰에게서 사형을 구형받습니다. 존속살인 혐의가 인정된다는 것입니다. 그나마 다행이라 말해야 할까요? 재판부는 김신혜가 아버지를 살해한 것은 사실이지만 범행 과정에서 참작할 사유가 있다며 사형이 아닌 무기징역을 선고합니다. 죽은 아버지가 큰딸 김신혜를 어려서부터 성추행했고 이어 둘째 딸마저 성추행하자 이에 격분하여 범행에 이르게 된 것이라고 판단한 것입니다.

그런데 참 이상한 일이지요. 이처럼 재판부가 정상 참작하여 사형이 아닌 무기징역을 선고했음에도 김신혜는 이를 인정하지 않습니다. 아버지의 명예회복을 주장하며, 재판부의 정상 참작을 오히려 거부하고 나선 것입니다. 1, 2심 재판부가 받아들인 감형 요인, 즉 아버지의 성추행 사실을 부인하며 "우리 아버지는 그런 사람이 아니"라고 항의합니다.

저는 이러한 모든 기록을 검토한 후 김신혜를 만나러 청주여자교도소로 찾아갔습니다. 처음 본 김신혜는 참 작고 가녀렸습니다. 특히나 체중이 35킬로그램밖에 되지 않는, 작아도 참 작은 여성이었습니다. 이러한 김신혜의 작은 체구는, 그래서 당시 검사나 재판부에서도 논란이 되었습니다. 과연 이처럼 작은 체구의 여성이 단독으로 성인 남자를 죽이고 또 유기까지 할 수 있을까 하는 상식적 의문이 있었습니다. 하지만 김신혜는 결국 존속살인범으로 결론 내려졌습니다.

이렇게 무리한 추론이 가능할 수 있었던 결정적 원인은 바로 김신혜의 고모부 김정한(가명)이 제공했습니다. 사건이 발생한 2000년 3월 8일 밤 11시 40분경, 조카인 김신혜로부터 "아버지를 수면제로 살해했다"는 자백을 자신이 직접 들었다며 경찰에 신고했기 때문입니다. 김정한은 김신혜로부터 자백을 듣고 놀라 이후 김신혜의 큰아버지이자 자신의 손위 처남에게 이 사실을 알렸다고 합니다. 그러자 큰아버지는 "그럼 빨리 경찰에 신고하여 자수시키자"고 했고, 이에 김정한은 자신과 중학 동창이면서 경찰서 청문감사관인 허 모 경위에게 김신혜가 이 사건 범인이라며 신고합니다.

그런데 이때 김신혜의 큰아버지가 한 가지 사항을 미심쩍게 여기게 됩니다. 불과 35킬로그램밖에 안 되는 김신혜가 '어떻게 혼자 아버지를 죽이고 사체까지 유기했을까' 하는 것입니다. 그래서 매제인 김정한을 다시 불러 이 의구심을 꺼냈습니다. '내가 사망한 동생을 부검실로 옮겼는데 그때 여러 명이 함께 들고도 너무 무거워 쩔쩔맸다. 그런데 어떻게 김신혜가 혼자 사체를 처리했겠냐'는 합리적 의심이었습니다. 그런데 그때, 의혹을 제기하는 김신혜의 큰아버지에게 김정한이 새로운 주장을 합니다. "사실은요. 신혜가 저에게 말하기를, 한 달 전에도 서울에서 남자 2명을 데려와 아버지를 살해하려다 실패하고 돌아갔다고 합디다."

큰아버지는 이 충격적인 말을 듣고서야 조카의 존속살인 혐의를 확신하게 되었다고 합니다. 그래서 김정한의 말을 들은 직후 큰아버지는 경찰을 찾아가 이 말을 전하며 한 달 전 완도로 들어오는 유일한 도로인 검문소 CCTV를 조사해달라고 요구하기도 했습니다. 그런데 이상한 일입니다. 이후 김정한은 큰아버지에게 그런 말을 한 적이 없다고 잡아뗍니다. 큰아버지에게 김신혜가 범인임을 결정적으로 믿게 한 이 발언을, 왜 그는 뒤늦게 전면 부인한 것일까요? 도대체 누가 거짓말을 하는 것일까요?

그런데, 이는 지엽적인 의문에 불과합니다. 모든 의문은 이 사건 원점에서부터 다시 시작됩니다. 자신이 아버지를 수면제로 살해했다는 자백을 김신혜에게 들었다고 고모부 김정한은 주장했습니다. 하지만 이러한 김정한의 주장과 달리 김신혜는 "고모부 김정한에게 그런 자백을 한 사실 자체가 없다"며 사건 이후 지금까지 일관되게 주장하고 있습니다. 오히려 고모부가 자신을 불러 "아버지를 죽인 사람은 따로 있다"며 말했다고 주장합니다. 고모부 김정한이 김신혜에게 말한 범인은 바로 김신혜의 남동생, 그러니까 처음 저에게 누나의 억울함을 전한 그 사람이었습니다.

결론적으로 말하면, 자백했다는 김신혜와 그 자백을 들었다는 고모부 김정한은 이러한 진실 공방을 하고 있습니다. 김신혜가 자백했다는 김정한과 "남동생이 아버지를 죽인 범인이다, 네가 대신 책임져야 너희 집이 다 살 수 있다"는 말을 듣고 이러지도 저러지도 못하다 끝내 범인으로 몰렸다고 주장하는 김신혜.

그런데 저는 적어도 하나는 확신할 수 있습니다. 그것은 경찰과 검찰, 그리고 재판부가 사실로 인정한 아버지 살해 과정이 명백한 조작이라는 점입니다. 놀랍게도 이 사건은 일체의 물적 증거가 없었습니다. 법원은 "수면제로 아버지를 살해했다"는 말을 통해 최종적으로 유죄를 선고했으나 이를 뒷받침하는 증거는 단 하나도 확보하지 못했습니다. 아버지를 살해하기 위해 수면제를 갈았다는 밥뚜껑에는, 국과수 분석 결과 아무것도 검출되지 않았습니다. 또 이렇게 간 수면제를 양주에 섞어 아버지가 마시게 했다는데 정작 경찰은 그 양주병과 잔 역시 확보하지 못했습니다. 이처럼 물적 증거도 없는 가운데 그저 김신혜의 오락가락한 자백 하나만 가지고 범행을 인정한 것입니다. 이에 대해 김신혜는 이렇게 말합니다.

"만약 내가 부잣집 딸이었다면, 아니 내 아버지가 죽지 않고 내 곁에만 있었다 해도 그들이 나를 이렇게 했을까요? 아버지는 나에게 소중한 분이었습니다. 그런 분을 내가 왜 죽이나요? 나를 때리고, 또 머리를 움켜쥔 채 끌고 다니며 온갖 욕설을 하면서 허위 자백을 강요한 경찰과 검찰에서의 치욕을 저는 잊을 수 없습니다. 저는 아버지를 죽이지 않았습니다."

저 역시 마찬가지입니다. 저는 김신혜의 무죄를 확신했습니다. 김신혜 본인이 무죄를 주장해서 믿은 것이 아닙니다. 경찰과 검찰 그리고 재판부가 내세운 이 사건 범행 과정이 불가능하다고 판단했기 때문입니다. 그런데 제가 이런 확신을 가진 때는 이미 법적 절차가 끝난 후였습니다. 김신혜의 남동생이 처음 저에게 사실을 알려왔을 때가 항소심 선고 다음 날이었기 때문입니다. 그리고 약 두 달여 사실 여부를 확인하는 기간 동안, 대법원이 김신혜의 유죄를 확정했습니다. 사건 발생부터 대법원 최종심까지 근 1년 만에 일사천리로 끝난 사건. 결국 제가 할 수 있는 일은 이 사건을 보다 많은 이들이 알 수 있도록 언론에 보도하는 일뿐이었습니다.

그래서 2001년 6월, 당시 SBS 시사 프로인 〈뉴스 추적〉의 정명원 기자를 통해 이 사건이 세상에 알려지게 됩니다. 방송의 여파는 대단했습니다. 시청자들은 김신혜의 억울한 호소에 공감하며 사건을 담당했던 완도 경찰서에 맹폭을 가하기 시작합니다. 이로 인해 경찰서 인터넷 홈페이지가 다운되기도 했습니다. 반인권적인 강압 수사를 비난하는 글이 쇄도하기 시작한 것입니다.

그러자 당황한 경찰이 매우 강경한 입장을 발표하게 됩니다. 자신들의 수사 결과는 정당하다며 '사실이 아닌 내용으로 명예를 훼손한' 반부패국민연대와 SBS를 상대로 민형사상 소송을 준비 중이라는 입장을 발표했습니다. 저는 이러한 경찰 측의 입장 발표에 대해 환영하는 글을 다시 경찰서 인터넷 홈페이지에 남겼습니다. 이를 환영한 이유가 있었습니다. 이미 이 사건은 더 이상 재판을 통해 진실을 가릴 수 없는 상황이었습니다. 그런데 이 사건을 수사한 측에서 우리를 상대로 소송을 제기한다면 다시 한 번 진실을 다퉈볼 여지가 생긴다고 본 것입니다. 하지만 왜 그랬을까요? 경찰 측은 엄포 후 지금까지 아무런 대응도 하지 않았습니다. 그래서 저도 실망했습니다. 왜 경찰은 소송하지 않았을까요? 경찰도 이 사건의 진실을 이미 알고 있기 때문입니다.

그리고 세월이 흘렀습니다. 5년이 넘고 10년이 넘고 급기야 15년이 지났습니다. 이사이 저는 갇혀 있는 김신혜와 수백여 통의 편지를 주고받았습니다. 그 편지들을 통해 저는 말했습니다. 죽지도 말고, 좌절도 하지 말라고 당부했습니다. 지금은 어둡지만 '반드시 정의가 찾아와 진실을 말해줄 것'이라고 되풀이 말했습니다.

　　김신혜 역시 강했습니다. 누구보다 강했습니다. 그는 수형생활 동안 단 하루도 교도소에서 강제 노역을 하지 않았습니다. 노역은 죄를 지은 사람이 하는 것이니 자신은 할 이유가 없다며 거부한 것입니다. 노역을 하지 않으면 가석방의 기회도, 귀휴의 가능성, 감형의 가능성도 오지 않습니다. 불이익이 너무도 큰 저항입니다. 하지만 김신혜는 기꺼이 불이익을 감내하며 진정으로 자신의 무죄를 주장해온 것입니다.

　　한편 저는 계속해서 김신혜의 억울함을 세상에 알리려 노력했습니다. 그래서 쓰게 된 책이 2003년 출간된 『니가 뭔데…—젊은 인권운동가가 들려주는 인권 현장이야기』였습니다. 이 책에서 저는 '어느 존속살인 무기수의 진실 혹은 거짓'이라는 제목으로 김신혜의 억울함을 기록했습니다. 그러자 이 책을 본 월간 『여성 동아』에서 저에게 인터뷰 요청이 왔습니다. 그리고 또 이 인터뷰를 본 월간 『신동아』측에서 연락이 와 김신혜의 사연을 100매 원고로 기고해줄 수 있냐 했습니다. 그래서 기고하게 된 『신동아』 기사 원고, 이 기사가 이후 큰 힘이 되었습니다. 두고두고 이 기사가 이슈가 되면서 각종 방송사 시사 프로에서 연락이 온 것입니다. 방송에서 다뤄보고 싶다는 제안이었습니다. 그렇게 해서 방송이 나가면 반응은 늘 대단했습니다. 여기저기서 더 많은 방영 제안이 추가로 들어오곤 한 것입니다.

　　그런데 2014년 여름 어느 날, SBS 〈그것이 알고 싶다〉 측에서 온 방송

제안을 저는 거부했습니다. 이유가 있었습니다. 그동안 숱하게 많은 방송이 이어졌으나 억울함을 호소하는 김신혜에게 도움이 되는 일이 없었다고 생각되었기 때문입니다. 그래서 재미로만 연결되는 방송은 더 이상 하고 싶지 않다며 완곡하게 거절했습니다. 그러자 담당 피디가 뜻밖의 제안을 내놓았습니다. 이번 방송 후 김신혜가 재심을 받을 수 있게끔 법적 지원을 책임지겠다는 약속이었습니다. 그러한 제안이 저는 반가웠습니다. 그렇게 해서 2014년 여름, 김신혜 사건은 다시 〈그것이 알고 싶다〉를 통해 세상에 알려지게 됩니다. 그리고 이때 만나게 된 사람, 바로 최근 '파산변호사'로 널리 알려진 재심사건 전문가 박준영 변호사였습니다. 그리고 박준영 변호사의 놀라운 열정과 노력 덕분에 거짓말 같은 일이 벌어지기 시작했습니다. 상상에서도 가능하지 못했던 그 일, 바로 김신혜가 다시 한 번 이 사건의 진실을 다투고자 재심 개시 법정에 서게 된 것입니다.

2015년 5월 13일 오전 11시, 광주지방법원 해남지원에서 재심이 열린 이날, 수십 명의 취재진이 재판을 취재하고자 몰려와 치열한 경쟁을 하고 있었습니다. 기자들은 낯선 차가 들어설 때마다 우르르 몰려다니며 그 차에 김신혜가 타고 있는지 확인하곤 했습니다. 그런 모습을 보며 저는 참 우울했습니다. 15년 전에도 김신혜는 자신이 억울하다고 했습니다. 하지만 그때는 모두가 외면하더니 지금은 모든 언론이 호들갑을 떨며 달려듭니다. 이제라도 바뀌었으니 다행이라고 할까요? 쓸쓸했던 이유입니다.

한편 법정에서의 김신혜는 그 어떤 비극적인 드라마의 인물보다 슬펐습니다. 김신혜는 손수건을 움켜쥐고 재판 내내 눈물을 훔쳤습니다. 특히 "지난 15년 수감 동안 심경이 어떠했냐?"는 변호인의 물음에 김신혜의 입에서 나온 답은 영원히 잊을 수가 없을 것 같습니다. "차라리 죽고 싶은 마음뿐이었다"고. 이어 "그런데도 죽지 못한 이유는 아버지 때문이었다"

는 김신혜. 이에 변호인이 다시 물었습니다. "왜 아버지 때문에 죽지 못했습니까?" 그러자 김신혜는 절규했습니다.

"내가 구속된 이유가 아버지를 살해한 것이고 그 살해 이유가 나와 내 여동생을 아버지가 성추행하여 죽인 것으로 검찰과 법원이 인정했습니다. 그런데 내가 만약 자살해버린다면 아버지는 영원히 딸들을 성추행한 파렴치한으로 남을 것이라는 생각이 들더군요. 왜 아무 잘못도 없는 우리 아버지가 그런 파렴치한이 되어야 합니까? 그래서 내 아버지의 명예를 회복시키기 위해, 무죄를 받아야겠다고 결심하며, 죽고 싶었으나 죽을 수 없는 지난 15년의 생을 살아야 했습니다."

김신혜는 이런 말을 남기며 오열했습니다. 그 말에 방청석 여기저기에서도 깊은 한숨과 눈물이 터져 나왔습니다. 저 역시 한 장의 손수건이 다 젖도록 함께 울었습니다. 이 기막힌 사연, 누가 그 심정을 다 알까요? 그러면서 이어진 김신혜의 고발. 그는 자신이 과거 수사 과정에서 당한 인권 유린에 대해 생생하게 고발하기 시작했습니다.

"나에게는 15년 전에도 국가가 없었고, 지금도 마찬가지로 국가가 없습니다."

어느 날 갑자기 영문도 모른 채 경찰서에 끌려간 후, 자신의 이름은 없어졌다고 김신혜는 말했습니다. 경찰서에서는 낯선 남자들이 자신을 둘러싼 후 자신의 팔과 머리를 함부로 잡으며 '이년, 저년' 차마 입에 담을 수 없는 욕설로 자신을 불렀다고 합니다. 하지만 그들이 원하는 대로 아버지 살해 사실을 진술하지 않자 경찰들이 자신의 긴 머리채를 움켜쥔 채 사무실 여기저기로 끌고 다녔다고 합니다. 그러면서 "그냥 인정해라. 인정하면 그때부터 편해진다"며 허위 자백을 강요했다는 것입니다. 그래서 아이러니하게도 경찰서에서 가장 편한 곳이 유치장이었다고 합니다. 유치장 안에서는 더 이상 맞지 않아도 되니 말입니다. 그래서 나중에는 경찰이 나오라고 불러도 맞지 않고자 유치장에서 나가지 않고 버티기까지 했다고 합니다. 결국 그러다가 강제로 끌려나가 더 많이 얻어맞아야 했다는 김신혜.

이러한 수사로 만들어낸 증거는 또 어땠을까요? 김신혜는 경찰에서 한 진술 조서 역시 자신의 뜻이 아니라고 했습니다. 경찰이 일방적으로 만든 조작이라고 주장했습니다. 대표적인 경우가 처음 구속될 당시 작성하는 긴급체포서였습니다. 김신혜의 긴급체포서에는 손가락 무인만 찍혀 있을 뿐 자필 서명이 없었습니다. 변호인이 그 이유를 물었습니다. 경위는 이랬습니다.

경찰이 김신혜에게 아무런 설명도 없이 '긴급체포'라고 쓰인 종이를 한 장 가져왔다고 합니다. 그러면서 거기에 서명하고 무인을 찍으라며 강요했다는 것입니다. 그래서 "이게 뭐냐"고 묻는 순간 경찰이 때리기 시작했다고 김신혜는 증언했습니다. 머리털로 덮여 겉으로 상처가 보이지 않는 머리 부분을 경찰이 마치 샌드백 치듯 마구 때렸다며 그녀는 서러운 눈물을 흘렸습니다. 그러면서 당시 경찰은 "질문은 경찰인 나만 하는 것이다. 넌 질문할 권리가 없다"고 윽박질렀다고 합니다. 김신혜는 그런 상황에서도 끝내 무인 찍기를 거부했다고 합니다. 처음 조사를 받는 김신혜로서는 그 종이가 무엇인지 모르겠으나 경찰이 저렇게까지 자신에게 자필 서명과 무인을 강요하는 것으로 보아 분명 안 좋은 일일 것이라는 짐작이 들었습니다. 그래서 때리는 대로 맞으면서도 손만은 품 안에 모은 채 움츠리고 있었다고 합니다. 그러자 어처구니없는 일이 벌어졌습니다. 김신혜가 서명 날인을 거부하며 저항하자 이를 보고 있던 한 경찰이 말합니다. "그냥 강제로 손 잡아서 찍어버려." 결국 경찰은 작고 왜소한 체구의 김신혜를 힘으로 제압한 후 강제로 손을 잡아챘다고 합니다. 그런 후 김신혜의 엄지손가락을 강제로 편 후 인주를 묻혀 긴급체포서류에 지장을 찍었다는 것. 바로 그날, 김신혜의 긴급체포서류가 만들어진 경위였습니다.

그런데 이처럼 형식적인 절차로 만들어진 거짓 서류가 15년 후 이 사건이 얼마나 엉터리인지를 증명하는 '역증거물'이 되었습니다. 긴급체포서류에 지장만 있고 자필 서명이 없기 때문입니다. 힘으로 무인을 찍는 것은 가능했으나 서명을 거부하는 김신혜의 이름은 경찰이 남길 수 없었습니다. 결국 지장만 있고 이름이 없는 이상한 문서가 된 것입니다. 김신혜가 주장하는 그날의 강압수사 증거자료로 이 서류가 재판에 제출된 이유입니다.

현장검증 역시 마찬가지였습니다. 김신혜 본인은 아버지를 죽이지 않았다고 하는데 경찰은 현장검증을 한다며 억지로 김신혜를 현장으로 끌고 갑니다. 그런 후 키 155센티미터에 몸무게 35킬로그램에 불과한 김신혜를 건장한 체격의 강력계 경찰 2명이 양쪽에서 팔짱 낀 후 들어 올려 이동시켰다고 합니다. 범행을 부인하며 저항하니 강제로 행한 현장검증이었습니다. 그중 가장 압권은 승용차에서 재연한 범행 장면이었습니다. 아버지를 살해한 후 김신혜가 사체를 유기하고자 승용차를 이용하여 사체 발견 지점으로 이동했다는 것인데, 이 장면에서 김신혜는 자신이 할 수 있는 최대한의 저항을 했다고 합니다. 그 차에 타고 있으면 정말 아버지를 자신이 죽인 것으로 굳어질 테니 필사적으로 차량을 벗어나고자 기를 썼다고 합니다. 그때 한 경찰이 이런 말을 했다고 합니다. 운전석 밖으로 탈출하려는 김신혜를 제압할 수 있는 아이디어가 있다는 말이었습니다. 그것은, 김신혜의 한쪽 팔목에 수갑을 채운 후 나머지 한쪽을 승용차 핸들에 채워버리자는 것이었습니다. 그러자 현장검증을 하던 경찰관들은 '기가 막힌 아이디어'라며 좋아했다고 합니다. 그래서 잠시 후 경찰들은 김신혜의 한쪽 손목에 수갑을 채운 후 다른 한쪽의 수갑을 차량 핸들에 채웠습니다.

김신혜는 법정에서 이 상황을 증언하며 "어떻게 이럴 수가 있나?"며 비명을 질렀습니다. 이게 경찰이 할 수 있는 일이냐며 울었습니다. 그러면서 현장검증 당일에 있었던 경찰에 대해 또 증언했습니다. 자신에게 수갑을 채운 경찰에게 "도대체 왜 이러시냐, 정말 저는 아버지를 죽인 사실이 없다, 제발 살려달라"고 매달렸다 합니다. 그러나 그들은 그런 자신을 차 밖에서 내려다보며 비웃었다고 합니다. 김신혜는 이 일을 죽을 때까지 잊지 못할 것이라고 말했습니다.

김신혜는 자신이 이런 일을 겪을 만한 이유는 하나밖에 없다고 했습니다. 아버지가 장애인이고 자신이 그 장애인의 딸로 태어났기 때문이라는 것입니다. 어려서부터 사람들은 장애인이었던 자기 아버지를 무시했고 그래서 딸인 자기 앞에서 사람들은 아버지를 병신 새끼라며 욕했다고 합니다. 그런 모습을 보며 자랐다고 했습니다. 그래서 자신 역시 '병신 새끼의 딸'이라며 무시받았다며, 만약 내 아버지가 장애인이 아니었다면 자기역시 이런 일을 당하지 않았을 것이라고 말했습니다. 김신혜는 그런 아버지를 위해 꼭 성공하고 싶었다고 합니다. 그래서 사람들이 자기 아버지를 무시하지 못하게 하고 싶었다고, 하지만 그 꿈은 어처구니없게도 무너졌습니다. 대신 그렇게 불쌍하게 여겼던 아버지를 그 딸이 살해한 혐의로 지금 감옥에 갇혀 있는 것입니다.

사람들은 저에게 묻습니다. "그토록 긴 세월 동안 어떻게 이 사건을 놓지 않고 계속할 수 있었냐"고. 저는 이렇게 답합니다. "이 사건은 오히려 제가 노력하고 있는 사건 중에서 가장 최근 사건 중 하나"라고 말입니다. 예를 들어, 제가 관심을 가진 사건 중에는 1975년 8월 17일에 벌어진 재야인사 장준하 선생 의문사 사건, 그리고 1998년 판문점에서 발생한 김훈 중위 의문사 사건 등등이 있습니다. 중요한 것은 잊지 않는 것입니다.

그리고 또 하나가 있습니다. 지금은 돌아가신 김신혜의 할머니와 한 약속입니다. 처음 이 사건을 제보받은 후 전남 완도를 몇 차례 방문했을 때였습니다. 그때 김신혜의 할아버지 집을 방문하여 사건 전후를 인터뷰한 후 돌아오는 길이었습니다. 갑자기 할머니가 제 바지를 붙잡고 앉히는 것 아닌가요? 그래서 다시 방바닥에 주저앉으니 할머니는 이내 낡은 옷장의 맨 아래 서랍을 빼낸 후 그 바닥에서 돈이 든 편지봉투를 꺼내시는 것이었습니다. 아마도 두 노인 분이 가진 돈의 전부로 보였습니다. 그러면서 할머니는 "얼마 안 되는 돈이지만 이걸로 우리 불쌍한 손녀딸을 도와달라"며 저에게 내밀었습니다. 그 순간, 제 눈에서 왈칵 눈물이 쏟아졌습니다. 그래서 저는 돈 봉투를 내미는 그 할머니의 손을 꼭 잡고 말씀드렸습니다. "할머니, 제가 약속드리겠습니다. 신혜 씨가 억울함을 벗고 나오도록 제가 돕겠습니다. 그러니 돈은 그냥 넣어두세요. 그렇게 하지 않으시면 제가 오히려 이 일을 할 수가 없습니다."

저는 할머니와의 그 약속을 꼭 지키고 싶었습니다. 그것이 이 사건에 대한 제 마음이었습니다. 그리고 그러한 꿈을 현실로 만든 첫 번째 공신은 재심사건 전문 변호사, 박준영이라는 변호사 덕분이었습니다. 그리고 2015년 11월 18일, 대한민국 사법 역사상 최초의 결정이 내려졌습니다. 갇혀 있는 재소자 중에서는 최초로 재심 개시 결정이 내려진 것입니다.

지금까지 형을 다 살고 나온 사람 중에서 재심 개시 결정이 나온 적은 있지만 김신혜처럼 형을 살고 있는 사람 중에서 재심 개시 결정이 나온 것은 처음이었기 때문에, 이는 대단한 일이 아닐 수 없습니다. 하지만 여전히 갈 길은 멀고 또 멀리 있습니다. 1심에서 재심 결정이 내려졌지만 검찰이 바로 항소하여 현재는 재심 개시 여부를 위한 항소심이 진행 중에 있습니다.

과연 앞으로 이 사건은 어찌 될까요? 결과는 누구도 알 수 없습니다. 그러나 분명한 한 가지 사실은 있습니다. 그것은 이 사건 재심 결정과 상관없이 김신혜는 이미 무죄라는 것입니다. 법률에 의한 절차는 알 수 없으나 사회적 의미에서 저는 김신혜의 무죄를 주장합니다. 그래서 저는 말합니다. 저 교도소 문을 열고 김신혜가 세상 밖으로 나오는 날까지 이 방송을 듣는 모든 분들은 꼭 기억해주십시오. 그리하여 김신혜가 다시 평범한 일상을 살아갈 수 있도록 진심으로 기도해주십시오. 마침내 '진실의 종'이 울리기를 엎드려 기도하며, 오늘 〈고상만의 수사반장〉, 여기까지입니다.

길고 긴 '괘씸죄'와의 싸움

충주 귀농 부부의 공권력 횡포 피해 사건

세상에서 가장 무서운 죄는 무엇일까요? 사람들은 흔히 '괘씸죄'라고 합니다. 이번에 〈고상만의 수사반장〉이 다룰 이야기는 이것입니다.

2014년 9월, 제가 이 사건을 처음 제보받은 때입니다. 국민라디오에서 〈고상만의 수사반장〉을 시작하고 난 후 많은 분들이 반응을 보여주셨습니다. 그 덕에 매회 방송 때마다 제각각 자신들의 억울한 사연을 제보해주셨는데 그런 분 중에 한 분이 제 페이스북 메시지를 노크하셨습니다. '제 억울한 사연을 한번만 읽어봐달라'는 부탁이었습니다. 그렇게 해서 알게 된 이 사건, 그야말로 분통 터지는 사연의 연속이었습니다.

믿을 수 없는 사건의 시작은 2009년 6월 27일 일어납니다. 당시 경기도 안산에서 가구점을 운영하던 40대 후반의 박철 씨는 시골에서 노후를 보내고 싶어 유치원 교육 공무원인 아내 최옥자 씨를 설득하여 충북 충주로 귀농했다고 합니다. 사건이 발생한 날은 귀농을 택한 지인들과 어울려 부부 동반으로 회식을 한 날이었습니다. 즐거운 자리를 파하고 아내가 운전하는 차에 동승한 박 씨는, 이어 인근에서 자율학습이 끝난 고등학생 아들까지 함께 태우고 귀가하기 위해 약속 장소로 향하고 있었습니다. 문제는 그때 발생했습니다. 약속한 장소에서 아들이 서 있는 자리를 찾고자 차량을 서행하고 있는데 가로등도 없는 컴컴한 인도에서 낯선 두 명의 남자가 박 씨 부부의 차량 앞으로 뛰어든 것이 아닌가요?

부부는 깜짝 놀랄 수밖에 없었습니다. 나중에 알고 보니 그들은 음주운전을 단속 중이던 경찰관들이었다고 합니다. 통상 음주단속은 도로 한가운데에 단속 표지등을 밝힌 후 지시봉으로 차량 정지를 안내하는데, 이날 경찰의 태도는 상식적이지 않았다는 것입니다. 갑자기 뛰어든 경찰관 한 명은 차량 전면부에, 또 다른 한 명은 차량 운전석 쪽으로 다가서 운전자인 박 씨 아내에게 다짜고짜 음주 측정을 요구했습니다. 너무나 갑작스럽고 위압적인 경찰의 음주 측정 요구에 당황했지만 운전자인 부인 최옥자 씨는 침착하게 응했고 당연히 결과는 '음주 무반응'으로 나왔습니다.

바로 그때 돌발 상황이 발생합니다. 이러한 경찰의 태도에 남편 박 씨가 화를 낸 것입니다. 차량 보조석에 앉아 이 모습을 지켜보던 박 씨 입장에서는 음주단속을 하는 경찰의 행동이 너무 무례하고 지나치다고 생각되었습니다. 그 순간 박 씨는 치미는 화를 누르지 못했습니다. 결국 욕설과 함께 "경찰이 이따위로 업무하는 게 어디 있냐"며 항변한 것입니다. 그러자 남편 박 씨의 항변에 돌아온 경찰의 반응은 더 뜨거웠습니다. 잠시 후 현장에 있던 경찰관의 연락을 받은 경찰이 추가로 현장에 도착했다고 합니다. 그렇게 해서 모두 네 명의 경찰과 지나친 음주단속에 항의하는 박 씨가 충돌하게 됩니다. 시작은 박 씨에게 욕설을 들은 경찰관이 박 씨가 앉아 있는 보조석 차문을 열면서 본격화되었습니다. 박 씨 주장에 의하면 해당 경찰관은 "지금 뭐라고 했냐?"며 박 씨의 귀와 목덜미를 잡아 차 밖으로 끌어냈다는 것입니다.

추후 박 씨는 이 점에 대해 많이 억울해했습니다. 일부 세간의 사람들은 경찰과 충돌하는 과정에서 자신이 먼저 차 문을 열고 나와 시비가 인 것처럼 아는데, 그게 아니라는 겁니다. 자신은 차 안에서 항의만 했을 뿐인데 자신의 귀와 목덜미를 채어 강제로 끌어낸 쪽은 바로 경찰이었다는 점입니다. 한편 이렇게 경찰에 의해 강제로 끌려나온 박 씨와 경찰 사이에서 본격적인 말싸움이 시작됐습니다. "갑자기 차도로 뛰어들어 음주단속을 하는 것이 정당한 경찰 업무냐?"며 항의하는 박 씨에게, 경찰은 "뭐가 문제냐?"며 똑같이 반말과 고함으로 응대한 것입니다. 이러한 과정을 또 한 경찰관은 말리거나 정리하는 것이 아니라 그냥 비디오로 촬영만 하고 있을 때였습니다.

다시 돌발 상황이 발생합니다. "내가 경찰복을 입고 있는 것이 한심스럽다"는 둥, 마치 경찰만 아니라면 시민인 박 씨를 어떻게 해보겠다는 식으로 자극하던 경찰관이 박 씨를 향해 다가왔을 때였습니다. 갑자기 박 씨와 마주 섰던 경찰관이 자신의 한쪽 팔을 하늘로 추어 올리며 몸을 비틀거리는 것 아닌가요? 왜 그랬을까요? 문제의 그 경찰은 자신이 박 씨에게 다가선 순간 박 씨가 자신의 오른 팔목을 뒤로 비틀어 꺾었다고 이후 주장했습니다. 과연 이러한 경찰의 주장은 사실일까요? 진실을 확인할 수 있는 방법이 있었습니다. 당시 경찰관 중 한 명이 이 상황을 비디오로 전부 촬영하고 있었으니 이를 살펴보면 진실이 무엇인지 알 수 있을 것입니다. 그런데, 그만 일이 꼬였습니다. 공교롭게도 경찰이 촬영한 비디오에는 문제의 그 장면만 제대로 촬영되지 않은 것입니다. 꼬이고 꼬이는 사달의 시작이었습니다.

한편, 문제의 경찰이 팔이 비틀린 것처럼 자세를 취하며 비틀거리자 그 순간 경찰들이 박 씨에게 달려듭니다. 기다렸다는 듯 박 씨를 공무집행 방해 사범으로 체포한 것입니다. 박 씨의 항변에 약이 오를 대로 올라 있던 경찰관들은 "너 잘 걸렸다"는 식으로 박 씨를 사정없이 도로 바닥에 눕힌 후 손목을 뒤로 해 수갑을 채웠습니다. 이 갑작스러운 상황에 박 씨의 아내가 놀랐습니다. 그래서 경찰들에게 애원했습니다. "남편과 제가 부부싸움을 해 화가 나 있어 항의한 것이니 한번만 용서해달라"며 거듭 사정합니다. 하지만 이런 박 씨 아내의 사정과 읍소에 돌아온 경찰관의 화답은, 참 매서웠습니다. 비디오에서 확인되는 경찰관의 답변입니다. "아줌마, 아줌마도 체포할 수 있어요. 공무집행 방해예요. 가족 다 다치고 싶어요?"

결국 박 씨는 아내와 고등학생 아들이 보는 앞에서 경찰에 체포됐습니다. 경찰의 상식 밖 음주단속에 항변했다가 그야말로 철저히 뭉개져서 수갑을 찬 것입니다. 저는 문제의 그 체포 과정 동영상을 수십 번 되돌려봤습니다. 그러면서 저절로 새어나오는 한숨을 참을 수 없었습니다. 과연 이것을 경찰의 정당한 공무집행으로 볼 수 있겠는가?

부인과 아들 앞에서, 그 남편이자 아버지 되는 이를 그렇게까지 체포해야 하는지 전 도무지 납득할 수 없었습니다. 칼을 들고 저항한 것도 아니고 그 외 다른 폭력적 행위를 한 사실도 없습니다. 법에도 눈물이 있다고 했습니다. 그날 경찰이 보인 행위는 '눈물'이 아니라 '독기'였습니다. 또한 미성년자인 고등학생 아들이 지켜보는 가운데 경찰은 그 아버지의 명예와 인격권을 처참하게 깔아뭉갰습니다. 결국 그 아들은 이후 '아버지를 지켜드리지 못했다는 죄책감으로' 심각한 정서적 고통을 받게 됩니다. 그 고통이 얼마나 심각했는지 어느 날부터 아들의 머리카락이 빠지기 시작했다는 것입니다. 아들의 이런 고통, 한 가족이 겪은 처참한 상황에 경찰은 정말 아무 책임이 없나요?

그런데 상황은 이때부터 더욱 어이없게 전개되었습니다. 연행된 박 씨는 경찰 조사 과정에서 "나는 경찰관의 팔을 꺾은 사실이 없다"며 강력히 주장합니다. 무리한 경찰의 음주단속에 화가 나서 우발적으로 욕설한 것은 사실이지만, 결코 경찰의 팔을 비틀지 않았다고 항의합니다.

하지만 이러한 박 씨의 주장은 전혀 수용되지 않았습니다. 늘 그렇듯 경찰은 내려진 결론에 따라 사건을 처리할 뿐입니다. 더구나 피해 상대방이 경찰이니 더욱 그렇습니다. 결국 사건 발생 약 두 달여 후인 2009년 8월 27일, 사건을 송치받은 검찰은 박 씨에게 벌금 200만 원을 약식 처분합니다. 박 씨가 경찰의 팔을 비틀어 꺾었다는 경찰의 주장을 그대로 인용한 결과였습니다. 박 씨는 당연히 억울했습니다. 순간 욱하여 욕설한 것에 대한 벌금형 처분이었다면 인정할 수 있다고 했습니다. 하지만 자신이 하지도 않은 행위를 가지고 그것으로 처벌을 받는 것은 도저히 수용할 수 없었다고 합니다. 그렇습니다. 만약 이때 박 씨가 다른 누구처럼 억울하지만 '침 한번 뱉어버리듯' 벌금 내고 말았다면 이 사건은 숱한 공무집행방해사건 가운데 하나로서 그냥 끝났을지 모릅니다.

하지만 박 씨는 그렇게 하지 않았습니다. 자신에게 내려진 처분이 부당하다며 정식 재판을 청구한 것입니다. 그러나 몰랐습니다. 박 씨는 이것이 더 깊은 불행의 수렁으로 빠지는 본격적인 길이 될 줄은 상상도 못한 것입니다. 이후 이어진 만 6년간의 소송, 그리하여 부부가 차례로 법정에 서는 세 번의 재판을 통해 유죄와 유죄로 이어진 비극. 사실상 같은 사건으로 남편은 두 번, 또 그 아내 역시 기소돼 공무원 신분이 파면까지 되는 결과로 이어질 줄 누가 상상했을까요.

박 씨가 정식 재판을 청구하고 1심 판결의 선고가 내려진 때는 이 사건 발생 근 1년이 돼가던 2010년 6월 23일의 일이었습니다. 이날 1심 재판부는 억울하다며 정식 재판을 청구한 박 씨에게 또다시 유죄를 선고합니다. "경찰관의 팔을 비틀지 않았다"는 박 씨의 주장을 배척하며 약식 처분과 똑같은 벌금 200만 원을 선고한 것입니다. 박 씨는 좌절했습니다. 적어도 법원은 경찰·검찰과 다를 것이라고 믿었는데 역시나 자신의 주장을 검증조차 하지 않은 채 유죄를 선고했기 때문입니다. 박 씨의 주장은 간결합니다. '동작 감정'을 해달라는 것이었습니다. 정말 그 위치에서 내가 경찰관의 팔을 비틀 수 있는지 한번만 과학적으로 검증해달라는 것이었습니다. 하지만 1심 재판부는 박 씨의 요구를 거부하고 유죄를 선고했습니다. 과학적인 검증을 기대하고 정식 재판을 청구한 것인데 경찰의 주장과 검찰의 처분을 그대로 받아 유죄를 선고하니, 그 억울함이 더 컸다고 합니다.

이에 박 씨는 다시 한 번 그 억울함을 해소하고자 항소를 선택했습니다. 이 나라가 정의로운 나라임을 믿었기에 항소를 선택했지만, 그러한 박 씨의 믿음에 대해 돌아온 것은 이전의 고통과는 격이 다른 극심한 고통이었습니다. 항소심 첫 공판, 박 씨는 피해자를 자처하는 경찰관을 다시 증인으로 채택해달라고 재판부에 요청했습니다. 그러자 이때 재판장이 새로운 제안을 하고 나섰습니다. "경찰관을 또 부르는 것보다 현장에 같이 있던 피고인의 부인을 증인으로 부르자"고 제안했습니다. 이 제안에 당황한 이는 박 씨였습니다. "부부 사이인 아내의 증언을 믿겠냐"며 반문한 것입니다. 그러자 재판장은 "한 번 들어나 보겠으니 다음 공판에 같이 오라"고 답했다 합니다.

그날 박 씨는 내심 재판장에게 고마운 마음을 가졌습니다. 피해자를 자처하는 경찰관은 지난 1심에서 동료 경찰관을 증인으로 내세웠습니다. 그리고 동료 경찰관은 피해자를 자처하는 경찰관의 주장이 사실이라고 증언했습니다. 이는 박 씨의 유죄 증거가 됐습니다. 반면 박 씨는 자신의 억울함을 입증할 증거가 없었습니다. 현장에는 아내와 아들이 있었으나 이들의 증언을 재판부가 받아줄 리 만무했기 때문입니다. 그런데 재판장이 먼저 아내를 증인으로 채택해주니, 이를 재판장이 자신의 억울함에 귀를 기울여주겠다는 의미로 받아들인 것입니다. 하지만 결과적으로 그날, 박 씨의 아내는 그 재판에 나가지 말았어야 했습니다. 그것이 함정이었음을 알게 된 것은 2010년 10월 18일, 아내가 재판에서 증인 심문을 마치고 난 후입니다.

이날 법정에서 박 씨의 아내는 "남편의 주장은 사실"이라고 증언했습니다. 남편이 경찰관의 팔을 꺾는 것을 보지 못했으며, 그런데도 경찰관이 덤블링하듯 땅바닥에 뒹굴었다고 말한 것입니다. 그러자 이를 본 남편이 "이런 쇼까지 하느냐?"며 현장에서 소리치는 것을 자신이 분명 들었다고 증언한 것입니다.

그리고 다가온 2010년 11월 4일, 박 씨 부부는 기대감을 가지고 항소심 선고일에 법정에 들어섰습니다. 아내의 증언을 통해 자신의 억울함이 입증됐으니 내심 1심과 다른 결론이 내려질지 모른다는 기대감을 품고 말이지요. 하지만 이런 박 씨의 기대는 곧 이어진 항소심 재판부의 선고를 통해 무참히 깨집니다. 항소심 재판부가 박 씨의 항소를 기각한 것입니다. 유죄 선고를 내린 1심과 항소심 판결 내용이 전혀 다르지 않았습니다. 더욱 놀라운 사실은, 박 씨 부부가 내심 기대했던 아내의 증언, 그 증언에 대해 항소심 재판부가 판결문에서 단 한 자도 언급하지 않았다는 것입니다.

이럴 거면 왜 항소심 재판부는 박 씨의 아내를 증인으로 채택한 것일까. 더구나 재판장이 '들어나 보겠다'며 증인 채택을 먼저 제안하고도 왜 그 증언에 대해서는 사실인지 아닌지 일체 언급조차 하지 않은 것인가. 박 씨는 이해하기 어려웠다고 합니다. 그런데 그 이유를 알게 된 것은 항소심 판결이 내려지고 두 달여가 지나가던 2010년 12월 28일이었습니다. 박 씨의 집으로 한 통의 등기 우편물이 도착한 것입니다. 별 생각 없이 뜯어본 우편물 안에는 박 씨의 아내 '최옥자' 이름이 적혀 있었습니다. 이런 일이 있을 수가 있을까요? 이번엔 박 씨의 아내가 그 무시무시한 '괘씸죄'의 표적이 된 것입니다. 항소심 판결에 불복하여 다시 대법원 상고를 하고 그 결과를 기다리고 있던 박 씨의 집에 배달된 한 통의 편지, 발신처는 지방 검찰청이었습니다. 그 우편물은 다름 아닌 '재판에서 위증한 혐의'로 박 씨의 아내 최옥자 씨더러 검찰 출석하라는 소환장이었습니다.

참으로 끔찍한 일이 아닐 수 없었습니다. 최옥자 씨는 유치원에서 아이들을 가르치던 평범한 교육 공무원이었습니다. 그러다가 귀농을 결심한 남편을 따라 충주에서 유치원 교사로 일하던 중이었습니다. 제가 만난 최씨는 지극히 평범하고 마음씨 착한 중년의 여인이었습니다. 그런데 그날 사건으로 시작된 검찰의 '괘씸죄'가 이번엔 부인을 정조준한 것입니다. 등기 우편물을 받은 최 씨로서는 경악을 금할 수 없는 일이었습니다.

그래서 남편 박 씨가 제기한 대법원 상고심이 2011년 1월 27일 최종 기각된 후, 최옥자 씨 사건을 담당하던 재판부는 검찰이 위증죄로 기소한 최옥자 씨에게 1심 선고를 내립니다. 결과는 징역 8월에 집행유예 2년, 그리고 사회봉사 120시간이었습니다. 때는 2011년 4월 28일, 최옥자 씨 사건 1심 재판부는 그녀가 남편의 재판에서 행한 모든 증언이 전부 위증이라고 판단했습니다. 남편이 팔을 비트는 것을 보지 못했다는 말도, 또 넘어진 경찰관에게 남편이 "이런 쇼까지 하느냐?"라고 말하는 걸 들었다는 것도 전부 위증이라고 판단한 것입니다.

그런데 최옥자 씨에게 내려진 이날 집행유예 선고는 일반인과는 다른 또 하나의 의미가 있었습니다. 바로 최옥자 씨가 교육 공무원이라는 점입니다. 공무원은 형사 사건 재판에서 집행유예를 선고받으면 직위에서 파면됩니다. 따라서 이날 최옥자 씨에게 내려진 집행유예 처분은, 공무원 신분으로서는 사형과 다르지 않은 판결이었습니다. 실제로 1심 재판부는 최옥자 씨의 공무원 직위 파면을 겨냥했음을 판결문에 담고 있었습니다. 재판부는 최옥자 씨에 대해 "자신의 기억에 반하는 허위 증언으로 법원의 진실 발견을 위한 심리를 방해했다"면서 "이러한 행위가 국가의 사법 작용 혼란과 불신을 초래할 위험을 발생시켰다"고 규정했습니다. 그러면서 이어진 판결문이 이와 같았습니다.

"그런데도 박 씨 아내가 자신의 잘못을 인정하지 않고 반성하지 않는 점, 그리고 피고인이 유치원생들에게 옳고 그름을 가르쳐야 할 유치원 교사로서 타의 모범이 되어야 함에도 불구하고 이 사건 범행을 저지른 점 등에 비추어 그 죄질이 불량하나, 피고인이 초범이며 피고인의 남편을 위해 위증한 점을 참작하여 사회봉사를 조건으로 집행유예를 선고한다."

1심 판결문에 적힌 이 글귀는 그대로 최옥자 씨의 가슴에 흉기가 되어 박혔습니다. 그런데 그날부터였다고 합니다. 사실 박 씨의 아내는 이 사건 이후 매일같이 남편과 싸웠다고 합니다. 도대체 왜 일을 이 지경까지 만들었냐며 남편을 원망하고, 또 미워했다는 것입니다. 대입을 준비하는 고3 아들의 정신적 고통을 지켜보면서, 또 검찰과 법원이 보내오는 우편물이 집에 쌓이면서 법정으로 검찰청으로 매일처럼 불려다니는 자신과 남편의 처지 앞에서 어찌 마냥 웃을 수 있을까요. 그래서 "매일같이 부부 싸움을 한 것은 사실"이라며 최옥자 씨는 회고했습니다. 그런데 이들 부부가 부부 싸움을 멈춘 날이 바로 이날부터라고 합니다. 자신이 위증죄로 유죄 선고를 받은 날, 비로소 아내 최옥자 씨는 남편의 마음을 이해하게 되었다고 합니다. '남편 심정이 바로 이랬구나'라는 마음, '우리밖에 우리를 지켜줄 사람이 없다는 생각이 들었다'는 이 부부의 이야기는 그래서 제 가슴을 쳤습니다.

한편 박 씨의 아내 최 씨는 결국 1심의 선고를 뒤집지 못했습니다. 항소심과 대법원까지 일사천리로 진행된 이 재판은 결국 2012년 12월 27일 공무원 직위 파면에 해당하는 최종 유죄로 끝나고 말았습니다. 참으로 어처구니없는 사건의 결말이었습니다. 그럼에도 이 '끝은 끝이' 아니었습니다. 이번엔 남편 박 씨가 두 번째 괘씸죄의 표적이 된 것입니다. 부부가 모두 전과자가 됐으니 이제나 끝인가 싶던 그때, 검찰의 '괘씸죄' 추궁은 참으로 집요했습니다. 그렇게 이야기할 수밖에 없는 이유가 있습니다. 1심에서 집행유예 선고를 받은 최옥자 씨는 당연히 항소했습니다. 공무원 파면 처분만은 면하고 싶었기 때문입니다. 그래서 고심 끝에 선택한 결론이 있었습니다. 남편 박 씨를 아내 항소심 증인으로 채택해줄 것을 재판부에 요구한 것입니다. 얼핏 보면 이해할 수 없는 일입니다. "남편의 주장은 모두 사실"이라며 증언한 죄로 재판받는 마당에 이번엔 그 남편을 또 증인으로 세우겠다니, 도발에 가까운 일이 아닐 수 없었습니다. 하지만 부부에게는 절박한 사정이 있었습니다.

누구도 자신들의 억울함을 증명해줄 사람이 없었던 것입니다. 말씀드린 것처럼 현장에 있던 이들은 모두 경찰관이었습니다. 그들에게 무엇을 기대할 수 있을까요. 그러니 무모하지만 '유일한 방법'은 자신의 무죄를 증언해줄 사람은 남편 외에 다른 방법이 없었던 것입니다. 그야말로 몸부림이었습니다. 그런데 이러한 요구를 항소심 재판부는 또 수용합니다. 검찰 역시 동의합니다. 어려울 것이라 예상했는데 받아들여진 겁니다.

여하간 2012년 5월 7일, 남편 박 씨는 그렇게 해서 다시 아내의 항소심 재판에서 증언대에 섰습니다. 그리고 다시 말했습니다. "나와 내 아내는 거짓말을 하지 않았다"는 호소를 거듭 재판부에 전했다고 합니다. 그리고 박 씨가 증언을 마치고 귀가하던 때였습니다. 남편 박 씨의 휴대전화로 전화가 걸려왔습니다. 받아보니 검찰청 검사실이었습니다. 그리고 이어진 말. "방금 전 재판에서 한 증언이 위증이니 피의자로 출석하여 조사 받으라"는 연락이었습니다. 재판정에서 나온 지 불과 30분 만에 통지된 소환이었습니다. 경악할 만한 일이 아닐 수 없습니다.

그런데 진짜 경악할 일이 더 있었습니다. 2012년 5월 11일, 남편 박 씨가 다시 위증죄 혐의로 검찰청에 불려간 날입니다. 이날 박 씨는 검찰 조사 도중 정말 끔찍한 말을 듣게 됩니다. 검찰이 박 씨 가족 중 또 한 명을 주시하고 있다는 사실을 알게 된 것입니다. 바로 이 사건을 지켜봤던 또 한 명의 목격자, 즉 당시 고등학생이었던 박 씨의 아들이었습니다.

경위는 이랬습니다. 아버지에 이어 어머니까지 연이어 유죄 선고로 죄인 아닌 죄인이 되자 이 아들의 심적 고통은 말로 다할 수 없었습니다. 자신의 눈앞에서 땅바닥에 깔린 채 수갑이 채워지던 아버지를 지켜봐야 했던 죄책감과 사실을 말했다는 이유로 어머니마저 위증죄로 처벌받는 상황에서 어느 자식이 괴롭지 않을까요?

그러던 어느 날, 아들은 부모도 모르는 가운데 법원으로 한 통의 탄원서를 보냈다고 합니다. 수신인은 어머니 사건을 담당하던 1심 재판장이었다고 합니다. 검찰이 문제 삼은 것은 바로 이 탄원서였습니다. '내 아버지와 어머니가 거짓말을 하는 것이 아니라'는, 그래서 '우리 어머니의 주장을 잘 살펴봐달라'는 탄원서를 낸 아들 역시 문제 삼을 수 있다는 경고였다고 합니다. 박 씨에게서 이 대목을 듣는 순간, 저는 마음 한구석이 털썩 내려앉았습니다. 과연 이것이 사실이란 말인가요?

검사에게 이러한 말을 들은 박 씨가 강력하게 항의했다고 합니다. 우리 집안을 똘똘 말아서 대를 끊어놓겠다는 것이냐며 미친 듯이 항의했다고 합니다. 그래서 그랬을까요. 다행히 이후 아들에 대한 이야기는 없었다고 합니다.

한편, 아내 재판에서 위증한 혐의로 다시 법정에 선 박 씨. 같은 사건으로 두 번째, 가족으로서는 같은 사건으로 세 번째 피고인이 된 박 씨가 이번엔 아내 재판의 위증죄로 1심 재판정에 선 것은 2013년 1월 3일의 일이었습니다. 이날 박 씨는 다시 한 번 재판부에 국과수 감정을 요구했다고 합니다. 이 모든 재판의 출발이었던 '경찰관의 팔을 비틀었는지 여부'를 두고 동작 감정을 해달라는 것이었습니다. 국과수로부터 돌아온 회신은 실망스러웠습니다. 감정을 할 수 없다는 답이었습니다. 하지만 박 씨는 포기하지 않았습니다. 자신의 억울함을 증명하기 위해 몸부림쳤습니다. 그래서 찾아간 사람이 영화 〈부러진 화살〉의 실제 모델인 박훈 변호사입니다. 박 씨는 박훈 변호사에게 자신의 억울함을 호소했고 다행히 박 변호사가 이러한 박 씨의 호소에 화답했습니다. 검증할 만한 이유가 있다고 본 것입니다. 2009년 6월에 시작된 첫 재판 이후 4년의 시간이 지나가던 2013년의 일이었습니다.

다시 해가 바뀐 2014년 4월 18일, 같은 사건으로 사실상 세 번째 재판인 이 사건 1심 판결이 내려진 날입니다. 이날 박 씨 부부는 새로운 희망을 가졌다고 합니다. 그동안의 재판 과정에서 이전과 다른 새로운 사실이 많이 드러났다고 생각했기 때문입니다. 그중에 특별한 것은 두 가지였습니다. 하나는 경찰이 증거로 삼은 현장 동영상 원본이 전부 폐기됐다는 사실과 또 하나는 검찰의 공소 사실 중 '박 씨가 경찰관의 오른팔을 잡아 뒤로 비틀었다'는 것에서 '뒤로'라는 단어가 삭제되었다는 점이었습니다. 이는 물리적으로 박 씨가 경찰관의 오른팔을 비틀 수 없는 자세였음을 검찰도 일부 인정한 것으로 판단할 만한 내용이었습니다. 즉, '팔을 비틀지 않았다'는 박 씨의 주장이 사실일 수 있다는 것을 강력하게 뒷받침하는 일이었습니다.

하지만 내려진 결과는 '역시나'였습니다. 세 번째 재판 위증죄 1심 선고에서 박 씨에게 내려진 처분은 벌금 500만 원. 이는 10일 전에 있었던 벌금 300만 원 검찰 구형보다 더 많은 벌금 액수였습니다. 검찰보다 재판부가 더 강경한 처벌을 내린 것입니다. 왜 그랬을까요? 재판부의 양형 이유입니다.

"피고인이 장기간 범행을 부인하면서 반성하는 태도를 보이지 않은 점, 그리고 부부가 이 사건으로 이미 유죄 처벌을 받았으며, 해당 경찰관이 여러 차례 수사기관이나 법정에 진술하기 위해 출석하면서 공무수행에 어려움을 겪어 엄벌할 필요성이 있다."

이제 남은 것은 단 한 번의 항소심이었습니다. 과연 어떻게 해야 할까? 바로 그때 박 씨에게 든 생각이 있었습니다. 자신의 억울함을 보다 많은 이들에게 알려야겠다는 생각. 그래서 연락하게 된 사람이 바로 국민라디오 팟캐스트 〈고상만의 수사반장〉을 진행하던 저였습니다. 2014년 9월의 어느 날, 박 씨가 저에게 연락을 해온 것입니다.

고백하자면, 처음 박 씨에게서 이 사건의 전말을 듣고 저는 도무지 믿을 수가 없었습니다. 지금까지 듣도 보도 못한 사례였기 때문입니다. 지금까지 인권운동을 하며 수많은 사례를 겪고 들어봤지만 이런 유형은 저역시 처음이었습니다. 더구나 같은 사건으로 부부가 각각 기소되어 무려

8번이나 재판을 받았다니, 기네스북에서도 보기 힘든 사례일 것입니다.

하지만 판결문을 입수하여 확인한 결과, 박 씨 부부의 억울한 이야기는 모두 사실이었습니다. 그래서 저는 이후 심각한 고민에 빠졌습니다. 그냥 지켜볼 수 없는 일이었습니다. 그래서 먼저 제가 진행하는 팟캐스트 〈고상만의 수사반장〉을 통해 이들 부부의 사연을 알렸습니다. 그리고 이어 〈오마이뉴스〉를 통해서도 글을 써서 기고했습니다. 이어 생각해낸 사람이 〈뉴스타파〉 송원근 PD였습니다. 저는 송 PD에게 사건 전말과 자료를 전하며 이들 부부가 간절히 원하는 '동작 감정'을 통해 진실이 무엇인지 검증해줄 것을 부탁했습니다. 〈뉴스타파〉 측은 호의적이었습니다. 그렇게 해서 2014년 12월 〈뉴스타파〉는 동작 감정을 통해 박 씨가 경찰의 팔을 꺾을 수 없다는 사실을 밝혀냅니다.

이러한 방송과 보도를 통해 이른바 '충주 귀농 부부의 공권력 횡포 피해사건'은 세간의 화제가 되었습니다. 방송을 보고 들은 시청자들의 반응이 뜨겁게 달아올랐고 무리한 수사와 재판을 한 공권력에 대한 비난이 쇄도하기 시작했습니다. 그런데 이보다 더 반가운 소식은 〈고상만의 수사반장〉 방송이 나간 뒤 제 휴대전화로 들어온 한 통의 문자였습니다. 바로 이 사건 피해자, 박철 씨가 보내온 문자였습니다.

"처음 조사관님의 전화를 받고서 이틀 밤을 깊이 잤습니다. 정말 오랜만에 아내가 깊이 잠든 모습을 보고서 얼마나 다행스러웠는지…. 고맙고, 고맙습니다."

왈칵 눈물이 났습니다. 지금까지 고립돼 고통받았던 이들 부부에게 자그마한 위로라도 됐다는 말이 무척 고마웠기 때문입니다. 과연 이런 과정을 통해 이 사건의 진실까지도 모두 드러날 수 있다면 얼마나 좋을까요?

그렇게 해서 다가온 이 사건 세 번째 재판의 항소심 선고일인 2014년 8월 19일, 지금까지 내내 유죄만 선고되었던 이 사건 세 번째 재판 항소심 결과를 기다리는 마음은 조급하기만 했습니다. 과연 이번에는 정말 다른 결말이 나올 수 있을까. 초조한 마음으로 8월 19일을 맞이했습니다. 저도 이럴 지경인데 당사자의 마음은 어떨까요? 바짝 말라가는 심정으로 그 결과를 기다리던 그날 낮 1시 57분경, 제 휴대전화에 박철 씨의 이름이 떴습니다. 그래서 받아든 전화기 너머 저편에서 들려온 들뜬 목소리.

"반장님, 고맙습니다. 무죄입니다. 무죄."

저절로 만세가 불려졌습니다. 만 6년에 걸친 박철 씨 부부의 싸움이 마침내 승리한 것입니다. 이후 이어진 대법원 판결에서도 이들 부부는 최종 무죄를 확정받습니다. 마침내 길고 긴 억울함에서 벗어난 것입니다. 그리고 2016년 12월 현재, 이들 부부는 대한변협 인권위 재심법률지원소위원회를 통해 재심 청구를 준비 중에 있습니다. 담당 변호사는 재심 전문가로 유명한 박준영 변호사. 박 변호사가 이들 부부 사건을 무료로 수임하여 도움을 주고 있습니다. 비록 가야 할 길은 멀지만 2017년 새해에는 이들 부부에게 좋은 소식이 들려오리라 믿습니다.

끝으로 기나긴 시간 이 사건을 겪은 피해자 박철 씨와 최옥자 씨에게 깊은 위로를 전합니다. 힘내세요. 그리고 끝까지 포기하지 않아주어서 고맙습니다. 정의는 반드시 이긴다는 것을 보여주신 두 분을 존경합니다.

2부

하지만 그래도,
우리가 찾아가야 할 정의

사실상 대통령이 포주,
'미군 위안부'를 아십니까

기억해야 할 아픈 역사, 일본군 위안부와 미군 위안부

　　오늘 〈고상만의 수사반장〉은 참 아픈 이야기를 하려 합니다. 누구도 믿고 싶지 않은 이야기, 그러나 이제는 꼭 말해야 할 우리들의 불행한 근현대사 이야기입니다. 이야기는, 우리가 분노하는 일제 군 위안부 사연으로부터 시작됩니다.

　　'일본군 위안부'라는 말은 정확히 무슨 뜻일까요. 대한민국 정부 기구인 여성가족부가 운영하는 '일본군 위안부 피해자 e 역사관' 홈페이지(www.hermuseum.go.kr)를 보면 다음과 같이 정의하고 있습니다.

　　"일본이 1931년 9월 18일 만주사변을 일으킨 이후부터 태평양전쟁에서 패전한 1945년까지 전쟁을 효율적으로 수행하기 위해서라는 명목으로 설치한 '위안소'에 강제동원되어 일본군의 성노예 생활을 하도록 강요당한 여성을 지칭하는 것이다."

소위 "위안소"가 기록에서 최초로 확인된 때는 1932년 1월이었습니다. 당시 중국 상하이에 일본군 위안소의 초기 형태가 설치되었다는 기록이 발견된 것입니다. 하지만 일본군의 위안소가 본격적으로, 그리고 급속하게 늘어나기 시작한 것은 1937년 중일전쟁 이후부터였습니다. 중일전쟁에서 승리한 일본군이 이후 연승을 거듭하며 점령지를 확대해가면서 위안소 설치 역시 급속하게 늘기 시작한 것입니다. 이에 따라 군 위안소에서 일할 위안부 역시 이전과는 다른 규모로 늘어나기 시작했습니다.

그러자 일본군은 이전까지 민간인에게 맡겼던 위안소의 설치, 경영, 여성의 모집, 그리고 이렇게 모집된 여성의 수송 등 전 과정을 주도적으로 이끌게 됩니다. 이를 위해 일본군은 일본 내무성과 외무성 등 정부기관, 그리고 조선 총독부와 대만 총독부 등의 적극적인 협조가 가능한 체계를 갖추었습니다. 그렇다면 1937년부터 1945년 사이에 일본군이 동원한 군 위안부 숫자는 얼마나 될까요. 안타깝게도 그 숫자는 아직까지도 정확히 확인되지 않고 있다 합니다. 다만 여러 증언과 확인된 자료를 분석해보면, 최소 3만 명에서 최대 40만 명의 여성이 일본군 위안부로 끌려가 죽음보다 더한 고통을 당한 것으로 추산되고 있습니다.

이처럼 그때의 진실이 밝혀지지 않고 여전히 미궁에 빠져 있는 결정적 이유는, 일본 정부의 반성이 없기 때문입니다. 알려진 것처럼, 일본의 태도는 참으로 후안무치합니다. 자신들이 행한 부끄러운 과거를 반성하기는커녕 축소하고 부인하고 있습니다. 살아남은 일본군 위안부 증언자들이 치욕스럽고 끔찍한 진실을 증언하고 있음에도 불구하고, 일본 정부는 이 모든 것이 다 조작된 허위라며 미동도 않고 있습니다.

일본군이 위안부를 동원한 형태는 크게 세 가지로 나눠볼 수 있습니다. 첫째는 '취업 사기형'입니다. '공장에 취직시켜주겠다' 또는 '많은 돈을 벌

수 있다'며 유인한 후 일본군 위안부로 끌고 간 것입니다. 두 번째는 협박 및 폭력에 의한 동원입니다. 아버지 등 가족을 사소한 어떤 문제로 연행한 후 그 딸에게 "대신 일본 공장에 가서 전쟁 물자 생산 등 정신대로 일하면 아버지도 풀어주고 돈도 벌게 해주겠다"며 회유하여 데려간 후, 이들을 일본군 위안부로 몰아넣은 것입니다. 세 번째는 인신매매 및 유괴였습니다. 그야말로 끔찍한 일이 아닐 수 없습니다. 빨래하러 개울가에 나온 처자, 혹은 빈집에서 혼자 있던 여인 등을 강제로 납치해갑니다. 이렇게 납치된 여자들은 이후 일본군의 협조를 통해 도항 증명서를 발급받아 국외의 위안소로 이동했습니다. 이것이 '일본군 위안부', 아니 더 정확히 표현하면 '일본군 성노예' 피해자들이 군 위안소로 끌려가게 된 진실입니다.

그러다 1945년 8월 15일, 일제가 2차 세계대전에서 패망하면서 이 추악한 전모가 드러납니다. 일본 왕이 라디오 방송으로 전쟁 패배를 선언하자, 일본 정부와 군부는 매우 분주하게 움직였습니다. 일본군 위안부 및 전쟁 범죄 행위와 관련된 서류, 밝혀지면 안 되는 공문서들을 일체 파기하기 위함이었습니다. 그 덕분이었을까요? 1948년 '위안소 설치 및 위안부 운영에 따른 전범 재판' 결과 일본군과 민간인 중 처벌받은 이들은 불과 12명에 그쳤습니다. 그야말로 형식적인 처벌이었습니다.

그렇게 세상에 묻혀가고 있던 이 야만이 다시금 세상에 알려진 날은 1991년 8월 14일의 일이었습니다. 바로 이날, 대한민국의 한 할머니가 기자회견을 열어 일본군 성노예로서 자신이 겪었던 일을 진술합니다. 이 할머니의 용기 있는 고발을 기려 전 세계는 매년 8월 14일을 '세계 위안부의 날'로 지정하고 있습니다.

그분이 바로 고故 김학순 님입니다. 김학순 할머니는 어떻게 이런 용기를 낸 것일까요? 김학순 할머니의 아버지는 독립운동가였다고 합니다.

독립운동을 위해 만주로 이주한 부모에게서 태어난 김학순 할머니는 이후 아버지가 사망하자 어머니와 함께 다시 평양으로 들어와 정착하게 되었다고 합니다. 1939년, 열일곱 살이 되던 해 어느 날 김학순 소녀에게 비극이 찾아듭니다. 일본군에 의해 강제로 납치되어 중국 각가현으로 끌려가게 된 것입니다. 그리고 그곳에서, 김학순 할머니는 '일본군 성노예'가 되어 여성으로서 인간으로서 참혹하게 찢겨진 삶을 강요받습니다. 다행히 한 조선인 상인의 도움으로 가까스로 위안소를 탈출했지만, 이후의 삶도 평탄치만은 않았습니다.

그렇게 지내오시던 김학순 할머니는 1990년 6월, 우연히 텔레비전 화면에서 일본이 위안부에 대한 입장을 얘기하는 걸 보게 됩니다. "일본군은 군대 위안부 문제에 관여하지 않았다"는 거짓말이었지요. 이 방송을 보는 순간, 김학순 할머니의 심장이 격하게 뛰기 시작했다고 합니다. 1939년 자신을 강제로 납치하여 끌고 간 이가 바로 일본군이었기 때문입니다. 하지만 이를 세상에 직접 고발하는 것은 쉽지 않았습니다. 그때까지 "내가 바로 그 일본군 위안부 피해자요"라면서 나선 사람은 아무도 없었기 때문입니다.

이로부터 1년이 지난 1991년 8월 14일, 한 할머니가 46주년 광복절을 하루 앞둔 정신대 문제 대책협의회(약칭 '정대협') 사무실을 노크했습니다. 그리고 한국에 살아남은 일본군 위안부로서는 최초로 자신의 이름을 밝히고 일본의 만행을 폭로합니다. 바로 이분, 김학순 할머니입니다. 이 시점부터 김학순 할머니는 1997년 12월 16일 생을 마칠 때까지, 일본의 위안부 만행을 고발하는 싸움에서 한 치도 물러서지 않았습니다. 일본 정부 차원의 사죄와 보상을 촉구하기 위해 일본까지 날아가 일본 의회 앞에서 시위하고 매주 수요일마다 한국의 일본대사관 앞에서 열리는 항의 집회에 나가시며 남은 생을 모두 바친 것입니다.

1997년 12월, 김학순 할머니는 마지막 숨결을 몰아쉬면서 자신이 평생 모은 1,700여만 원을 사람들에게 내놨습니다. "나보다 더 불행한 삶을 살고 있는 사람을 위해 써달라"는 것이 김학순 할머니의 마지막 유언이었습니다. 김학순 할머니, 일제에 의해 여자로서의 평범한 행복과 일상은 빼앗겼지만 그가 보여준 용기와 정신은 이 세상 누구보다 성스러운 분이셨습니다.

일본의 뻔뻔함은 여전합니다. 전혀 바뀌지 않고 있습니다. 아베 정권이 출범하면서 더욱 안하무인이 되고 있습니다. 이에 대해 우리 국민들이 느끼는 분노는, 그러니 당연합니다. 왜 일본이 자신의 범죄를 제대로 반성하지 않으면서 끊임없이 역사를 왜곡하냐며 항의하지 않을 수 없습니다.

그런데 오늘 저는, 어쩌면 우리가 매우 불편할 수도 있는 또 다른 진실을 말하려 합니다. 우리가 비판하고 있는 일본군 위안부와 너무도 닮은 '대한민국의 또 다른 위안부 운영', 즉 우리나라 대통령이 사실상의 포주 역할을 했던 '미군 위안부' 문제를 고발하려 합니다.

미군 위안부. 너무도 생소한 이 단어를, 우리 사회 일각에서 '양공주'라 호칭되기도 했다고 말씀드리면 아실 분이 있을까요. 1991년 장길수 감독이 만들었던 영화 〈은마는 오지 않는다〉를 통해 일반에 널리 알려진 '양공주'. 1950년 한국전쟁이 벌어진 후 참전한 외국 군인의 성적 욕구를 위해 이른바 양공주라 불리던 여인들이 모여 사는 마을이 형성됩니다. 흔히 사람들은 그곳을 '기지촌'이라고 불렀고, 그곳에 사는 여성을 '기지촌 여성'이라고 했습니다. 바로 그들이 오늘 이야기하려는 '미군 위안부'입니다.

사실 저 역시 처음에는 기지촌 여성 문제를 '왜 우리 정부가 책임져야 하는지, 그리고 그것이 일본군 위안부 문제와 다르지 않은 우리 정부의 잘못인지' 이해하지 못했습니다. 일본군 위안부는 일본 정부가 개입한 범죄 행위이고, 반면 우리나라 기지촌 여성 문제는 개개인들이 원한 자발적 매매춘 행위라고 알고 있었습니다. 그런데, 기지촌과 기지촌의 여성을 직접 관리하고 통제했던 기관이 사실상 '대한민국 정부와 청와대'였다는, 참혹하고 믿기 힘든 진실을 알게 되었습니다.

우리나라 정부가 직접 기지촌 여성들을 통제하고 관리를 본격화했던 때는 1961년 5·16 군사 쿠데타 직후였습니다. 이전까지는 민간인 주도로 기지촌 여성의 성매매가 이뤄졌다면 5·16 군사 쿠데타 이후부터는 사실상 박정희 정부가 직접 개입하여 기지촌 성매매를 주도하고 강요한 것으로 확인됩니다. 어떻게 이런 일이 벌어진 것일까요?

처음에는, 군사 쿠데타를 일으킨 박정희가 자신에 대한 미국의 못마땅함을 달래주려고 기지촌 관련 사업을 시작했다고 합니다. 쿠데타로 권력을 찬탈한 박정희는 제일 먼저 국회를 해산시킨 후 국회 역할을 대신할 국가재건최고회의를 구성합니다. 박정희는 이 기구를 통해 미군 주둔 지역을 실태 조사한 후 본격적으로 위안부 관리에 나섰다고 합니다. 위안부의 교양 향상과 보건 진료소 확대 설치 등의 명목이었습니다.

미군 위안부의 성병 검진을 국가 차원에서 관리하는 한편, 성병 우려가 있는 위안부는 법적 근거도 없이 사설 구금시설에 감금하기도 했습니다. 법치 국가에서는 있을 수 없는 불법 구금이 대한민국 정부의 허용으로 이뤄진 것입니다. 더 끔찍한 일은 일본군 위안부 운영 방식을 대한민국 정부가 사실상 그대로 차용하고 있었다는 점입니다. '미국의 환심을 사기 위한' 쿠데타 세력의 아부가 극에 달한 것입니다.

특히 1970년대에 들어서면서 이러한 박정희 정부의 기지촌 여성 관리는 더욱 노골화되었습니다. 기지촌 여성들의 성매매를 사실상 관리한 성매매 사장, 즉 포주가 사실은 박정희 정부였다는 증거가 있습니다. 전 외교안보 연구원 명예교수이자 1970년대 박정희 정부에서 기지촌 정화사업을 추진하도록 제안했던 김기조 박사가 바로 그 증인입니다. 그는 각종 언론 기고문을 통해 '지금은 노인이 된 기지촌 여성의 노년 문제에 대해 국가 차원의 지원이 필요하다'며 역설하고 있습니다. 그는 왜 이런 주장을 하는 것일까요? 1970년 초 김기조 박사는 당시 한미합동위원회의 한국 측 간사를 맡고 있었다고 합니다. 이때 미국 대통령이었던 닉슨이 미국 의회로 '닉슨 독트린 계획'을 비밀리에 보냈다고 합니다. 주요 내용은 한국에 주둔 중인 미군 중 일부를 본국으로 철수한다는 계획. 그러자 박정희 정부는 미군 철수 계획을 저지하고자 방법을 찾는데 그 방안 중 하나가 '기지촌 정화사업'이었다고 합니다. 이는 미군의 요구이기도 했습니다. 당시 미군 측은 미군 휴식을 위한다는 명목으로 미군 기지촌의 서비스 질 향상을 요구했다고 합니다. 즉, 성매매 여성들을 상대로 서비스 교육도 좀 시키고 성병 등이 발생하지 않도록 잘 관리해달라는 요구였습니다. 그러자 박정희 정권은 이를 즉각 수용하였고 이때부터 정권 차원에서의 기지촌 여성 관리가 시작된 것입니다.

그런데 그 방법이 정말 놀라울 정도입니다. 대통령 박정희가 직접 나서서 기지촌 관리 업무에 소홀한 내무부장관 등을 불러 야단쳐가며 다그쳤다 합니다. 당시 청와대 비서들의 증언을 통해 확인된 사실입니다. 그뿐만이 아니었습니다. 1971년 12월 22일에는 아예 대통령 박정희가 직접 기지촌 관리에 나섰습니다. 이번에는 '기지촌 정화위원회'라는 정부 기구를 아예 직접 만든 후 미군 기지촌 정화정책을 담당토록 했습니다. 당시 이 기지촌 정화위원회에 참여한 인사들의 면면을 확인해보면 왜 기지촌 여성의 문제가 정부 책임인지 분명히 알 수 있습니다. 기구에 참여한 이들은 장관급에 해당하는 대통령 행정 비서, 외무부, 내무부, 법무부, 국방부, 보건사회부, 교통부, 체신부 각 차관, 국세청장과 국무총리 행정비서, 경제기획원 차관보, 그리고 경기도 지사였습니다. 그야말로 대한민국의 모든 고위급 인사들이 관여하고 있었습니다. 그리고 이렇게 구성된 기구는, 1971년 12월 27일, 4시간 동안 청와대에서 회의를 연 후 이듬해인 1972년 7월 대통령 박정희에게 결과를 보고했다고 합니다. 바로 이때 보고된 자료가 '기지촌 관리 프로그램'이었습니다.

여기서 주목할 것이 하나 더 있습니다. 그 당시에도 우리나라에서는 성매매가 공식적으론 불법이었다는 점입니다. 그런데도 당시 박정희 정권은 이들 기지촌 지역을 '특정 지역'으로 만들어 미군을 상대로 한 성매매를 허용하는 꼼수를 부렸습니다. 그뿐만이 아닙니다. 박정희 정권은 기지촌 여성들을 상대로 그 이름도 묘한 '애국 교육'을 실시했다고 합니다. 기지촌에서 성매매하는 여성에게 정신 교육을 하면서 왜 이것을 '애국 교육'이라고 명명한 것일까요?

여기에는 또 다른 비극이 도사리고 있습니다. 우리는 이 여성들을 기지촌 여자 또는 '양공주' 등으로 불렀지만 박정희 정권이 붙인 또 다른 별칭이 있었습니다. 그 별칭이 참으로 놀랍습니다. '민간 외교관' 또는 '애국자'라는, 상상조차 힘든 호칭이었습니다. 도대체 이런 격찬의 호칭은 누가 만든 것일까요. 바로 박정희 정권이 조직한 기지촌 정화위원회에서 기지촌 여성을 상대로 교육을 실시한 시군구 공무원이었습니다. 『한겨레21』이 국가기록원에서 찾아낸 당시 청와대 문건 「기지촌 정화 대책」을 보면, 1977년 당시 기지촌 여성은 모두 9,935명이었고 성병 진료 기관은 62개소였다고 합니다. 이에 따르면, 당시 기지촌 여성은 미군에게 성적 서비스를 깨끗하게 제공하도록 일주일에 두 번씩 보건소에 가서 성병 검진을 받아야 했다고 합니다. 또한 한 달에 한 번씩 국가가 주도하는 교육도 의무적으로 받아야 했습니다. 그리고 그 교육을 통해 강사가 주입한 내용은 '미군에게 친절해야 한다' '외화를 벌어들이는 당신들은 애국자'라는 것들이었습니다. 사실상 국가가 포주였던 것입니다.

심지어 박정희 정부는 청와대로 기지촌 여성을 초청하기도 했다 합니다. 이 자리에서 박정희 대통령은 기지촌 여성을 '애국자'라며 극찬하고 앞으로도 계속 노력해줄 것을 주문했다고 합니다. 어떻게 이런 일이 있을 수 있었을까요? 1960년대, 우리나라가 지독한 가난으로 허덕일 당시 변변한 달러 수입원이 없었습니다. 이때 미군을 상대로 성매매를 하는 기지촌 여성들이 벌어들인 달러가 놀랍게도 대한민국 GNP의 25퍼센트를 차지하였습니다. 그러니 달러를 벌어들이는 성매매 여성이 애국자라며, 해서는 안 될 불법 행위를 찬양하고 이를 미화한 것입니다.

국가를 이끄는 대통령과 정부가 이럴진대, 그 아래에서 벌어진 일은 더 끔찍했습니다. 기지촌에 공급할 여성을 구하기 위한 인신매매는 더 이상 범죄 행위가 아니었습니다. 애국 행위를 위한 불가피한 일이었다는 변명도 가능한 상황이었습니다. 청와대가 나서고 정부 부처의 차관까지 나서서 독려하고 응원하는 성매매이니, 그야말로 기지촌은 호황을 누렸고 그에 따른 참혹한 인권 유린 역시 끊이지 않고 일어났습니다. 인신매매로 팔려온 여성이 기지촌을 탈출했다가 겪은 사례들을 들어보면 너무나 비참합니다.

기지촌을 탈출한 한 여성이 무작정 경찰서로 뛰어들어가 도움을 요청했다고 합니다. 아무것도 모르고 속아서 끌려왔다며, 자신을 집으로 돌려보내달라고 경찰에게 애원했습니다. 경찰이 자신을 구해줄 것이라고 믿었을 것입니다. 하지만 잠시 후, 도망쳐 나온 이 여성을 다시 기지촌 포주에게 데려간 이는 다름 아닌 경찰이었습니다. 대통령과 정부가 나서서 권장하는 기지촌 성매매이니, 경찰의 이런 행위는 어쩌면 그 시대 상황에서는 당연한 일이었을지 모릅니다. 이런 피해 증언이 수두룩합니다. 경찰이 몸소 기지촌의 포주 집으로 놀러 와서 포주에게 '누나'라고 부르며 담배와 돈을 챙겨가는 것을 보고는 '경찰에 신고해도 내가 못 나가는구나. 내가 죽어서야 이곳을 나갈 수 있다는 걸 그때 알았다'는 피해자의 증언도 있습니다. 기지촌 여성의 문제가 비단 각 개인의 문제가 될 수 없는 증거입니다.

이러한 미군 위안부 문제가 세상의 주목을 받게 된 것은 지난 2014년 6월 25일의 일이었습니다. 그동안 침묵하며 지냈던 기지촌 피해 여성들이 국가를 상대로 손해배상을 청구하고 나선 것입니다. 이제는 할머니가 되어버린 120여 명의 기지촌 여성들이 대한민국 정부의 사과와 배상을 요구하며 소송을 제기했습니다. 이날 소송에 앞서 열린 기자회견에서 원고 122명은 "한국에 '위안부'는 일본군 위안부만 있는 것이 아니다. 정부가 '미군 위안부' 제도를 만들어 철저히 관리했다"면서 "전쟁 후 가난해서, 또는 인신매매되어 기지촌으로 끌려온 우리에게, 당시 대한민국 정부는 수렁에서 건져주기는커녕 미군을 상대하라고 강제하고 오히려 지원했다"며 폭로했습니다. 이어 "수렁 같은 기지촌을 빠져나가려 경찰 등에 도움을 요청했지만 오히려 그들 손에 끌려 돌아왔다. 국가의 누구도 우리를 보호하지 않고 오히려 외화를 벌라고 이용한 것"이라고 항변했습니다.

대한민국 국민이라면 모두, 일본군 성노예 문제를 대하는 일본 정부의 안하무인한 태도를 비판하고 있습니다. 저 역시 국민의 한 사람으로서, 일본이 자신들의 잘못된 과거 행위를 깊이 반성하고 책임있는 태도로 사죄할 것을 촉구합니다. 마찬가지로 우리 정부 역시 이러한 태도를 견지해야 합니다. 자국민 여성에게 가한 부도덕한 잘못에 대해 역시 사과하고 책임져야 합니다.

미군 위안부, 즉 기지촌 여성들에 대해, 이제라도 우리 정부는 그들을 인정하고 그들의 목소리를 들어보아야 합니다. 그들을 구렁텅이에서 구하기는커녕 사지로 내몰고 여성으로서의 일생을 완전히 짓밟는 매매춘을 강요한 행위, 또한 애국자니 교양이니 하며 그들이 제대로 된 자의식을 갖지 못하도록 세뇌시킨 행위에 대해 정부가 사과하고 배상해야 합니다. 단 한 번뿐인 인생을 그렇게 보내고 지금 늙고 병들어버린 이들을 외면하는 건 대한민국 정부가 할 일이 아닙니다.

한편 잘 알려지지 않은 일화가 하나 있습니다. 고인이 되신 노무현 전 대통령이 이들 기지촌 여성을 위해 노력한 숨은 역할입니다. 이 사연이 알려지게 된 계기가 있습니다. 지난 2002년 12월 대통령 선거 운동 기간 당시, 경기도 지역 내 기지촌 여성들이 대통령 선거에 출마한 노무현 후보를 적극 지지했기 때문입니다. 이것이 너무나 의외인 것은, 사실 그때까지 기지촌 여성들은 그 어떤 선거에도 관심이 없었다고 합니다. 하지만 이때만은 달랐다고 합니다. 일생에 걸쳐 단 한 번도 하지 않은 투표를 하기 위해 기지촌 여성들이 투표소로 향했다고 합니다. 바로 대통령 선거에서 노무현 후보를 찍기 위한 행렬이었습니다. 왜 그랬을까요?

이유는 1990년대 중반, 당시 국회의원이었던 노무현이 해준 일에 대한 고마움 때문이었다고 합니다. 기지촌 여성 문제에 대한 사회적 관심이 전무했던 그때, 노무현 국회의원이 자신의 생각과 비슷한 변호인단을 구성하여 기지촌 여성들을 위한 무료 법률 상담을 지원해줬다는 것입니다. 미군 범죄 피해 구조부터 선불금 무효 소송, 미군과의 이혼 소송 등을 적극적으로 도와준 고마운 변호사, 바로 그 노무현이 대통령 후보로 출마하자

기지촌 여성들이 생애 처음으로 투표에 나섰던 것입니다. 그리고 그날 노무현 후보가 대한민국 대통령으로 당선되자 이들은 밤새 자축하며 기뻐했다고 합니다.

이후 노무현 정부하에서 성매매 방지법 제정, 성매매 여성에 대한 지원 확대 등 일정한 전진은 있었지만 여전히 과제는 많이 남아 있습니다. 무엇보다 이들 기지촌 여성들이 바라는 소망이 있습니다. 노후를 보낼 수 있는 주거 공간이 확보되는 것입니다. 기지촌 여성들은 작은 평수라도 더는 쫓겨다니지 않아도 되는 주거 공간을 국가가 제공해주기를 원하고 있습니다. 국가가 시키는 대로 달러벌이를 했으며, 미군 주둔을 위해 자신들이 희생했고, 그러느라 남들처럼 결혼도 못 하고, 가족도 자식도 없이 혼자 남게 되었으니 남은 여생을 보낼 작은 주거 공간만이라도 국가가 제공해주길 호소하는 것입니다.

부끄러운 과거는 부정한다고 해서 사라지지 않습니다. 그 부끄러운 과거를 용기있게 인정하는 것, 그것이 진정한 치유의 첫 시작입니다. 그런 점에서 저는 미군 기지촌 여성들을 상대로 한 우리 정부의 부끄러운 인권 유린 실태가 제대로 밝혀지기를 촉구합니다. 그것이 지금 우리가 해야 할 당연한 역할입니다.

미군 위안부. 이 피해자 분들의 요구가 수용되는 날을 기다립니다. 함께, 해주실 것을 청합니다.

집단 따돌림, 누구의 책임도 없나

이경택 군 일가족 사망사건

이번에는 우리 머릿속에서 잊혀 있었던 한 아이에 대해 이야기하려 합니다. 집단 따돌림으로 한 가족이 전부 죽음을 맞게 된, 이경택 군에 관한 이야기입니다.

2005년 4월 12일 새벽 4시 25분경, 지방의 모 유명 사립고등학교 교문 앞에서 차량 한 대가 큰 불길에 휩싸입니다. 이어 화재 신고를 받고 현장에 도착한 경찰은 불탄 차량 안에서 3구의 시신을 발견하게 됩니다. 희생자는 당시 47살 이 모 씨와 44살 아내 장 모 씨 부부, 그리고 당시 고등학교 1학년이었던 이들 부부의 딸아이였습니다. 너무도 참혹한 이 일가족 사망사건으로 어수선하던 당시, 경찰은 이 희생자 가족의 남은 한 명을 찾습니다. 그리고 잠시 후인 아침 8시경, 사건이 발생한 화재 현장에 한 남자아이가 나타납니다. 바로 이날 사망한 가족 구성원 중 유일한 생존자, 이들 부부의 외아들 이경택 군이었습니다. 경찰은 현장에 나타난 경택이를 상대로 이날 새벽에 무슨 일이 벌어졌는지를 물었습니다. 그의 입을 통해 듣게 된 사건 경위는 참으로 충격적이고 또한 끔찍했습니다. 경택이가 전한 사건의 전말입니다.

"학교에서의 저의 생활 문제로 고민하던 아버지가 새벽에 일가족을 승용차에 태우고 교문 앞으로 오셨습니다. 그런 후 아버지가 가족들에게 살고 싶은 사람은 지금 차에서 내리라고 말하고는 차 안에 기름을 뿌리기 시작했어요. 저는 너무 무서워 차 문을 열고 달아났습니다."

울먹이며 당시 상황을 전하는 경택이의 말은 이후 언론 보도를 통해 다시 한 번 구체적 사실로 확인되었습니다. 보도에 의하면, 이날 차에서 문을 열고 도망쳐 살아남은 경택이는 아버지와 어머니의 자랑이었다고 합니다. 중학교 재학 시절 전교 1등을 놓치지 않던 수재였고 덕분에 전국에서 엄청난 수재들만 온다는 명문 사립고등학교에 입학할 수 있었습니다. 그야말로 세상에 내놓고 자랑하고 싶은, 집안의 든든한 아들이었던 것입니다.

그런데 큰 기대와 희망을 품고 진학한 그 고등학교로 인해 상상도 못했던 큰 비극이 이 가족에 찾아옵니다. 보도에 의하면, 경택이는 이 학교에 입학한 후 내내 학교생활에 잘 적응하지 못했다고 합니다. 전교생이 기숙생활을 하는 학교의 특성에 경택이가 잘 적응하지 못했고, 결국 이로 인한 스트레스가 가중되면서 학업 성적 역시 신통치 않았다는 것입니다. 그런데 이런 상황에서 경택이가 2학년이 된 2004년부터는 그 증세가 더욱 심각해져서, 정신 질환적인 증세를 의심케 할 단계까지 이르렀다는 것입니다. 이에 학교 측은, 경택이의 부모님에게 경택이를 다른 학교로 전학시킬 것을 요청하는 지경에 달했다 합니다. 그러자 경택이의 아버지가 이 문제를 비관한 나머지 해서는 안 될 극단적인 선택을 했다는 것, 이것이 바로 언론을 통해 알려진 이 사건의 뒷배경이었습니다.

'빗나간 부정, 일가족 자살로' 따위의 기사 제목으로 언론은 경택이 아버지에게 화살을 쏘았습니다. 수재 아들을 뒀던 아버지가, 아들의 성적이 기대에 못 미치자 아들을 원망하다가 끝내 '일가족 동반 자살'로 생을 마쳤다며, 일제히 비난성 보도를 했습니다. 언론을 통해 이 사건의 전말을 접한 사람들 역시 경택이 아버지를 비난했습니다. 그러면서 남편이자 아버지로 인해 죽게 된 부인과 고등학교 1학년 딸을 동정했습니다.

그런데 이러한 비난은 경택이 아버지 한 사람에게만 국한되지 않았습니다. 또 한 사람에게도 비난의 화살이 꽂혔습니다. 바로 유일하게 그날 살아남은 경택이었습니다. "일가족이 전부 자기 때문에 죽었는데 어떻게 자기 혼자 살겠다고 그날 차 문을 열고 도망칠 수 있냐"며 차마 입에 담을 수 없는 비난과 욕설이 경택이에게 쏟아졌다고 합니다. 심지어 경택이가 가입해 있던 싸이월드 미니홈피에는 "너도 빨리 죽어버리라"와 같은 끔찍한 폭언이 아무렇지도 않게 쏟아지고 있었습니다.

그런데 교문 앞에서 이 사건이 벌어지고 이틀 뒤인 2005년 4월 14일, 경택이의 부모와 여동생이 사망한 장소, 즉 경택이 다니던 고등학교 정문 앞에서 또 한 번의 작은 소동이 벌어집니다. 사망한 경택이 아버지의 남동생, 그러니까 경택이 작은아버지가 학교를 상대로 항의 시위에 나선 것입니다. 작은아버지는 혼자가 아니었습니다. 놀랍게도 경택이 작은아버지는 3개의 관을 학교 교문 앞에 두고 항의 시위를 하고 있었습니다. 그 관의 주인은 여러분이 예상하는 것처럼 자신의 형과 형수, 그리고 조카딸의 시신이 담긴 관이었습니다. 어떻게 된 일일까요?

이날 경택이 작은아버지가 학교 교문 앞에 관을 놓고 항의 시위를 하며 밝힌 사실은 놀라웠습니다. 경택이 작은아버지는 "자살한 형님의 유품을 정리하던 중 몇 가지 문서를 보게 되었다. 그것은 생전 형님이 교육인 적자원부 장관 등에게 보내고자 쓴 탄원서였다"고 부르짖습니다. 그리고 "탄원서 내용으로 볼 때 형님은 하나밖에 없는 아들 경택이가 학교 폭력에 시달렸는데도 학교 측이 아무런 조치도 취하지 않자 결국 죽음을 택한 것"이라고 주장합니다. 당시 경택이 작은아버지가 공개한 A4 용지 6쪽 분량의 탄원서에는 경택이 아버지가 작성한 글이 담겨 있었습니다. 그 탄원서에서 경택이 아버지는 "아들이 2003년 학교에 입학해 동급생들로부터 폭언과 폭력에 시달렸다"며 "이를 도와달라고 학교 측에 요청했지만 소용이 없었다"고 억울함을 호소하고 있었습니다.

그러나 이미 세상을 떠난 경택이 아버지의 주장에 대해, 해당 학교 측에서는 사실이 아니라고 적극 반박하고 나섰습니다. 학교 측은 '오히려 우리가 피해자'라며 "이 일로 인해 일생이 걸린 대학 진학을 앞둔 다른 학생들이 엄청난 피해를 입고 있다"고 반발했습니다. 그러면서 허위 사실을 무분별하게 보도하는 언론에 대해서는 단호하게 대처하겠다는 입장을 밝히기도 했습니다.

그래서였을까요? 참으로 끔찍한 이 사건은 이후 사람들의 기억 속에서 빠르게 사라져갔습니다. 그저 공부 잘하던 아들에게 과도하게 집착했던 아버지와 그의 광인 같은 행위로 가족이 끔찍하게 죽은 사건, 그리고 이런 상황에서 자기만 살겠다며 혼자 차 문을 열고 도망쳐 살아남은 아들 경택이의 행동만 뒷이야기로 남은 채 세간의 관심에서 사라지게 됩니다.

그런데, 그렇게 잊힌 이 사건이 다시 세상 사람들에게 주목받은 것은, 첫 사건 발생 후 불과 석 달 만의 일이었습니다. 2005년 7월 15일, 생각지도 못한 비극이 또다시 일어나게 됩니다. 그날 또 한 명의 사람이 목숨을 끊었는데, 바로 경택이었습니다. 그때 차에서 혼자 도망가 살아남았다고 비난받던 그 아들, 당시 고3이었던 학생 말입니다.

보도에 의하면 이날, 경택이는 자신이 다녔던 학교를 찾아갔다고 합니다. 사고가 난 후 경택이는 학교를 그만둔 상태였습니다. 하지만 경택이 작은아버지는 "평소 경택이가 다시 학교를 다니고 싶어 했다"고 말합니다. 특히 가깝게 지내던 친구들이 보고 싶다는 말도 여러 차례 했다는 것입니다. 그래서 아마 경택이가 그날 학교에 간 것 같다는 설명이었습니다.

하지만 그렇게 찾아온 경택이에 대한 학교의 태도는 참으로 모질었습니다. 이미 학교 학생이 아닌 경택이가 느닷없이 3학년 교실로 들어왔으니 교사 입장으로서는 밖으로 내쫓기 위해 복도로 밀어냈다고 합니다. 그리고 잠시 후, 복도로 쫓겨난 경택이가 한동안 아무도 없는 복도에 서 있었다고 합니다. 그러다가 잠시 후 경택이는 주머니에서 뭔가를 꺼냈습니다. 이내 그것을 입에 대고 한 모금 한 모금 마셨습니다. 경택이가 목울대를 넘겨 삼킨 그것은 바로 제초제 농약이었습니다. 뒤늦게 이 사실을 알게 된 사람들에 의해 병원으로 후송된 경택이는, 그러나, 이 일이 있고 사흘 후인 2005년 7월 18일 끝내 숨졌습니다. 참으로 너무도 무섭고 끔찍한 비극이 아닐 수 없습니다.

도대체 경택이는 왜 굳이 학교까지 찾아가서 끝내 목숨을 끊은 것일까요? 경택이의 죽음에 대해, 경찰은 이전에 경택이네 다른 가족이 목숨을 끊은 연유와 크게 다르지 않다고 결론 내렸습니다. 기대를 받던 아들이 고등학교 진학 후 잘 적응하지 못해 이를 비관하여 가족이 자살했고, 이후 자신 때문에 부모님과 여동생이 자살한 사건으로 인해 경택이마저 이를 비관 자살한 것으로 사건을 종결한 것입니다. 결국 이렇게 누구도 처벌받지 않고, 또 책임지지 않은 채 경택이 일가족 4명의 사망사건은 종결되고 맙니다.

시간은 날리는 먼지와 같은가요? 이 비극적인 경택이 일가족 사망사건은 이후 시간이 흐르면서 점점 사람들의 기억 속에서 완전히 사라져버렸습니다.

그런데 말입니다. 참 이상한 일입니다. 저는 이 사건을 잊을 수가 없었습니다. 도대체 이들 가족에게는 무슨 일이 있었던 것일까. 도대체 무슨 일이 벌어졌기에 이들 일가족 4명이 차례로, 또 집단적으로 끔찍한 방법으로 생을 마친 것일까. 너무도 안타까웠고 그들이 마지막으로 하고 싶었던 말이 무엇인지 밝히고 싶었습니다. 누구도 잘못한 사람이 없는데 경택이와 그 일가족이 비관해 죽었다는 경찰의 발표는 과연 사실일까. 공부 잘하던 아이가 자기 능력이 못 미쳐 학교생활에 잘 적응하지 못하게 되었고, 이로 인해 성적이 떨어지자 비관에 빠진 그 부모와 여동생이 죽은 것이고, 경택이 역시 그 죄책감에 스스로 목숨을 끊었다는 경찰의 발표는 전부 사실일까…

하지만 의문만 있을 뿐, 진실을 파헤치기란 쉽지 않았습니다. 그 의혹을 홀로 추적하기에는 저 역시 여러 일상의 여건이 허락되지 않아 그저 풀리지 않는 의혹과 궁금함만 지닌 채 시간이 흘렀습니다. 그런 가운데 사건 발생 후 만 9년이 지나가던 2014년 어느 날, 저는 아주 우연하게도 인터넷에서 한 학생이 남긴 장문의 글을 보게 됩니다. 글을 쓴 학생은 그 글에서 그동안 자신에게 있었던 일을 고백하고 있었습니다. 다니던 학교에서 어떤 일을 당했는지, 무슨 일이 있었는지, 그에 대한 원망과 한을 절절히 적어두고 있었습니다.

그렇습니다. 문제의 글을 쓴 아이는 바로 경택이었습니다. 경택이가 마지막 순간에 남긴 그 사건의 진실 '조각'이었습니다. 저는 이제라도 경택이가 남긴 말을 사람들에게 전함으로써 그 아이가 겪었던 슬픔과 억울함을 조금이나마 위로해주고자 합니다. 과연 경택이가 말하고자 한 진실은 무엇이었을까요? 글을 전부 옮겨 싣기에는 너무 길어 일부 축약하고 실명은 전부 가명으로 바꾸어 이 자리에 옮깁니다.

"식사 시 전원이 자리에서 이동, 이동 수업 시 항상 혼자 앉음. 아침 점호 운동장 점호 시 고의적으로 나의 옆자리는 항상 비워져 있었다. 고등학생이라면 나의 마음을 이해할 것이다. 운동장에 일렬로 서 있는데 옆자리가 항상 빈다. 식사 시 (내가 자리에 앉으면) 전원이 식탁에서 이동, 이동 수업 시 항상 혼자 앉음. 1학년 방 침대에도 우리 호실은 6인이었는데 내 이름을 뺀 5인의 이름만 적혀 있었다.

조××, 박××, 이××, 김××, 고××. 조별 학습 때 내 의견은 완전히 무시하고 자신들의 지시에 맞춰서 행동해야 한다고 말함. 반복적으로… 자기가 하기 싫은 것은 나를 시키고, 소풍 등 학교 행사 시 나와 다니면 안 된다고 다른 아이들 눈에 보이도록 따돌림.

에버랜드에서 4시간 동안 화장실에 혼자 있었고, 나는 혼자 떠돌았다. 모든 일정에서 나는 따돌림을 당했다.

스키캠프 과정에서 강사님께 편지를 썼으나 중간에서 가로챔당했고 이후 편지를 가로챈 아이들이 편지 내용을 인용, 나를 둘러싼 후 '오리 새끼'라며 놀려댔다. 아이들과 관계개선을 위해 방 청소를 하고 과일 등 음식을 준비해서 친절을 베풀면 '친한 척한다'고 비난하고, 거리를 두면 가까이 안 와서 그랬다고 따돌림. 도대체 어느 장단에 맞춰야 하는가?

조××. 너는 나를 정신분열증상을 일으켜 대안 학교에 보내겠다고 말했다. 축하한다. 악마의 분신 같은 놈아. 너의 소원이 반은 성취되었구나. 우리 가족은 몰살했다.

박××. 너는 나에게 말을 해보라고 한 후 내 말의 허점을 찾는 교활함을 보이고 계획적으로 노력해서 배격했다. 외부로 나가는 학교 행사에서 나는 소외되었고 심지어 줄을 서는 순간순간마다 항상 나는 고통의 연속이었다. 짝을 바꿀 때 내 옆자리는 비워놓았다. 고통스러웠다.

선후배님들은 보시오. 출신고라고 두둔만 하지 말고 한번쯤 내 입장, 이렇게 당하는 자식을 바라보는 부모의 입장, 자신들이 이런 일을 겪었다고 했을 때 입장을 생각해보세요. 당신들은 예외라고 생각하나요?"

경택이는 이 글에서, 선생님께 도움을 달라고 호소했다고 밝히고 있습니다. 그러나 그러한 요청에도 불구하고 도움을 받지 못한 경택이는 그 절망을 다음과 같이 토로하고 있었습니다.

"선생님과의 상담은 소용 무無를 넘어서서 오히려 역효과. 나의 하소연을 되레 아이들에게 전달, 역할 연극을 조정하여 심지어 정말 내가 미치지 않았나 할 정도로 날 만들었다.

저주한다. 저주해. 얼마나 너희들은 지독하고 나쁜 놈들인가. 자신에게 물어라. 모의고사 후 김××은 '찌지리'라며 나를 부르고 놀렸다. 심지어 여자 성기를 붙여 별명을 만들어 부르기도 했다.

한번은 한 아이가 "야. 이리와!"라고 불러 반가운 마음에 다가갔더니 다짜고짜 멱살을 잡아 당황한 내가 같이 맞잡자 여러 학생이 우르르 몰려와 피해자인 나를 오히려 때리려고 했다. 20여 명이 나에게 "미친 새끼, 정신병자"라고 하며 같이 공부할 수 없다고 말했고, 선생님들은 먼저 멱살을 잡히고 안경을 쓴 상태에서 코를 맞았는데도 나에게만 욕설을 퍼부으며 가해한 학생 편만 대변했다."

경택이의 주장은 어디까지 사실이고 또 어디까지 진실일까요. 경택이의 글은 정말 믿고 싶지 않을 정도로 충격적이었습니다. 그러한 경택이의 글은 이렇게 계속 이어집니다. 경택이는 자신을 정신병자로 몰아간 학교와 학생들에게 다시 또 이렇게 항변하고 있었습니다.

"나 이경택은 입학 시 정신, 건강, 교유, 교제 관계 모두 지극히 정상적이었다. 너희 학교에서 분명히 충족시키라던 건강검진 완벽히 해서 냈고, 입학원서도 내 손으로 써서 당당히 내 실력으로 들어가서 뽑힌 학생이었다. 그런데 너희는 우리 가족을 이런 극한까지 내몰았고 더러운 혓바닥을 놀려대며 오해와 유가족의 망발이라고 헛소리를 했다."

이어지는 글에서 경택이는 구체적으로 그간 있었던 일에 대해 고발하고 있었습니다. 그러면서 그간 자신을 괴롭힌 4명의 이름을 열거하며 그들의 왕따 가해를 막아주지 않은 학교에 대해서도 원망하는 마음을 기록하고 있었습니다.

"저 아이들에 대한 처벌은 단 한 차례도, 단 한 번도 없었다. 학교는 우리 가족 사건이 벌어진 후 이런 사실을 단 한 차례의 언급조차 하지 않았다. 학생들과 선생은 자신들의 지난날 잘못을 덮기 위해서 나를 정신질환자로 몰아서 내보냈다. 저주한다.
특히 교사 ○○○. 당신은 전교생 앞에서 나에게 모멸감을 주었다. 나에게 쓰레기라고 직접 이야기하고… 어느 학생이 그 상태에서 참았을까 싶지만 나는 참았다. 나를 정신병자로 몰고, 정신병원에서 사람들이 와서 실어간다고 분위기 조성했을 때도 나와 부모님은 참았다.

너는 인간쓰레기이다. 알았나? 분명히 말한다. 너는 악마다. 너는 선생 자질이 없다. 사라져라. 그동안의 일을 은폐하기 위해 선생들은 학생들에게 모든 증거를 은폐, 지우라고 학생들에게 하달했지.

더러운 놈들. 우수한 학생들이 모인 학교라며 우월과 지배, 명령 의식에 빠진 놈들. 나는 너희들을 같은 학교의 학우로서 존경해왔고 사랑으로 대해왔다고 자신있게 말할 수 있다. 내가 더럽다구? 이 더러운 놈들아. 내가 변태인가? 내가 게이인가? 우리 부모님의 유언장과 나의 이 글을 함께 보면 모든 진실이 나올 것이다. 지성인이라면 알 수 있을 것이다.

왕따는 자신에게 문제가 있다기보다는 만들어지는 것이다. 표적, 약해 보여서는 절대로 안 된다는 것을 나는 절실히 느꼈다. 왕따를 만드는 주모자를 강력하게 선생들이 처벌해주었다면 나는, 우리 가족은 이렇게까지 되지 않았을 것이다. 가족들을 살릴 수 있었을 것이다. 그렇지 않나? ○○○ 선생.

내가 몇 차례에 걸쳐 당신에게 '아이들이 어떤 점에서 (나를) 불편해하는지 얘기해달라' 하고 시정하며 타협하려고 수많은 대안을 내놓았다는 것을 알 것이다. 네놈이 인간이고 사람 종자이라면 분명히 알 것이다.

나에게는 초중등학교 시절 수많은 은사님들이 계시다. 나는 대한민국의 모든 교육계, 선생님들께 불만이 있는 것이 아니다. 분명히 밝히나 나는 너희 학교의 저주받을 인사들에 대한 항명이자 진실을 말하는 것이다.

교사 ○○○. 당신은 알고 있어. 알면서 말을 안 하지. 당연해. 우리 부모님이 왜 돌아가셨는지 당신은 알고 있어. …네놈이 수업시간에 나에게 어떻게 자극을 줬는지는 알고 있겠지? 나는 수업시간에 눈물을 흘리면서 수업을 들었다. 피눈물을 흘렸단 말이다. 이 더러운 놈들아.

경찰은 불이 나서 3명이 죽었는데 학교 명예만 생각해서 사건을 정리하기에 바빴다. 전 세계 어느 나라 경찰이 3명이나 죽어나간 현장을, 검시 3시간 만에 정리하고 깨끗이 치웠을까. 현장 보존은커녕 깨끗이 치웠다. 언론 뜨기 전에, 아주 1일도 아니고 2시간 만에 아주 깨끗이.

나를 학교에 놔두는 것이 모험이라며 내 부모에게 말한 사람들. 내가 당한 모든 것을 다 알면서도 묵인했고, 궁지에 빠진 나를 나올 수 있도록 돕지 않았고, 오히려 그 일들에 동참했던 사람들.

더 이상 네 놈들에게 졸업장이니 뭐니 구차스럽게 말하고 싶지도 않다. 진실이나 왜곡하지 마라. 고인들의 이름을 더럽히지 마라."

경택이는 이 글을 남기고 그날 학교 복도에서 목숨을 끊었습니다. 그날 어쩌면 경택이가 마신 제초제는 마지막 외침이었고, 울부짖음이었으며, 살고 싶다는 또 다른 역설의 절규였을 것입니다. 하지만 경택이의 진실은 문혔습니다. 누구도 경택이의 말을 세상에 알리지 않았습니다. 이제 와서 경택이가 남긴 이 외침을 알린다 해도 경택이와 그 부모, 그리고 여동생이 당한 고통은 해결되지 않을 것입니다.

그래서 오늘 저는 경택이에게, 그리고 그 가족에게 제가 할 수 있는 마음을 다해 잘 부르지 못하는 노래이지만 추모 노래를 한 곡 준비했습니다. 이것이 잊혀진 그 아이, 경택이에게 작은 위로가 되기를 바랍니다. 가수 안치환 씨가 부른 노래 〈마른 잎 다시 살아나〉입니다.

서럽다 뉘 말 하는가, 흐르는 강물을.
꿈이라 뉘 말 하는가, 되살아오는 세월을.
가슴에 맺힌 한들이 일어나 하늘을 보네.
빛나는 그 눈 속에 순결한 눈물 흐르네.

가네, 가네. 서러운 넋들이 가네.

가네, 가네. 한 많은 세월이 가네.

마른 잎 다시 살아나 푸르른 하늘을 보네.

마른 잎 다시 살아나 이 강산은 푸르러.

가족이 죽고 혼자 남게 된 경택이는 매일매일 먼저 떠난 두 살 아래 여동생의 싸이월드 미니홈피를 찾아갔습니다. 그리고 그곳에 남아 있던 가족사진을 자신의 미니홈피로 옮겨왔습니다. 그렇게 퍼온 가족사진 밑에 경택이는 마치 살아 있는 여동생에게 대하듯 "참 예쁜 여동생"이라며, 그리고 아버지와 어머니의 사진 밑에는 "보고 싶다"는 글을 남겼습니다. 일가족이 모두 죽고 난 후 혼자 살아남은 경택이는 '그렇게 살아남았던' 석 달간 매주 한 번꼴로 일기를 썼습니다. 그 일기에서 경택이가 마지막으로 남긴 글은 이것이었습니다.

"학원 친구들아. 여러 나와 함께했던 친구들아. 내가 비록 공부에 쫓겨서 아주 많은 시간을 노는 것에 투자하지는 못했지만, 축구, 농구, 기타 건강한 청소년들이 하는 스포츠에 너희들과 함께 뛰고 즐겼고 함께했던 시간을 기억할 거야. 내가 고등학교 가서도 계속 연락을 유지했어야 했는데 유지를 못했네. 미안, 이런 소식으로 겨우 만나니…."

고故 이경택 군, 그리고 그 가족분들의 명복을 빕니다. 그리고 경택아, 미안하다. 미안하다. 미안하다….

정당방위, 어떻게 볼 것인가

이란 여성 사형수 자바리 사건을 통해 본 정당방위논란

최근 우리나라와 해외에서 사회적 파문을 일으키고 있는 형법상 '정당방위'에 대해 같이 생각해보는 이야기를 해볼까 합니다. 정당방위는, 형사법상 자신을 보호하기 위해 타인의 위해 행위에 맞서 정당한 방어 행위를 한 것으로 인정받는 것을 의미합니다. 우리나라 형법 제21조 1항에서는 이에 대해 '자기 또는 타인의 법익에 대한 현재의 부당한 침해를 방위하기 위한 행위는 상당한 이유가 있는 때에는 벌하지 아니한다'고 하였고, 다만 제2항에서는 '방어 행위가 그 정도를 초과한 때에는 정황에 의하여 그 형을 감경 또는 면제할 수 있다'라고 되어 있습니다. 즉, 1항에서는 상당한 이유가 있을 때 처벌하지 않지만 2항에서는 그 방어 행위가 정도를 넘어서면 처벌하는 것을 중심에 두고 있는 것입니다. 다만 과하게 초과한 행위가 있다 해도 3항에서는 '그 행위가 야간 기타 불안스러운 상태하에서 공포, 경악, 흥분 또는 당황으로 인한 때에는 벌하지 아니한다'고 하여 예외적인 상황을 두고 있기도 합니다. 법 조문 자체만 봐도 이게 봐준다는 것인지, 아니면 처벌하겠다는 것인지 쉽게 알 수 없습니다.

우리나라에서 있었던 형법상 정당방위와 관련된 실제 사례는 어떠할까요? 대표적 사례 가운데 하나로, 1988년 2월 26일, 당시 경북 영양읍에 살고 있던 32살의 가정주부 변 아무개 여인이 겪었던 강간 미수 사건을 들 수 있습니다. 그날 밤, 변 씨는 모임을 마치고 늦은 시각에 집으로 돌아가던 길이었습니다. 그런데 어두운 골목에서 갑자기 건장한 체격의 남자 두 명(당시 대학생)이 변 씨 앞을 가로막았습니다. 변 씨의 양팔을 하나씩 잡은 채 강간할 목적으로써 한적한 장소로 끌고 갔다고 합니다. 한 남자가 먼저 변 씨를 성폭행하려 덮쳤습니다. 이에 변 씨는 죽기를 각오하고 강력히 저항했습니다. 그러자 남자는 저항하는 변 씨의 옆구리를 무릎으로 두 번 가격했다고 합니다. 이어 고통 속에 신음하는 변 씨에게 남자는 몸을 더듬으며 자신의 혀를 변 씨의 입안에 밀어 넣었다고 합니다. 그 순간, 갑자기 남자가 비명을 지르며 몸부림칩니다. 남자의 혀가 자신의 입안으로 들어오자 변 씨가 그만 그 혀를 강하게 깨물어버린 것입니다. 나중에 확인된 사실에 의하면, 이때 변 씨가 물어버린 남자의 혀가 일부 잘렸을 지경이었다고 합니다.

그렇다면 이처럼 강간의 위험 속에서 자신을 보호하고자 저항했던 이 사건 피해자 변 씨에게는 어떤 일이 벌어졌을까요? 놀라지 마십시오. 자신을 강간하려던 남자들과 함께 변 씨 역시 구속된 것입니다. 어떻게 된 일일까요? 검찰은 강간하려던 남자도 잘못이지만 그들의 혀를 물어뜯은 변 씨 역시 정당방위를 넘어 중대한 폭력을 행사한 것이라 판단한 것입니다.

변 씨는 당연히 억울하다고 항변했습니다. 하지만 1심 재판부의 판단은 달랐습니다. 변 씨에게 유죄를 선고한 것입니다. 검찰은 변 씨의 행위가 정당방위를 넘어선 것이라며 징역 1년을 구형했는데, 재판부가 이러한 유죄 주장을 인정, 징역 6월에 집행유예 1년을 선고했습니다.

그러자 여성단체를 중심으로 한 각계 시민사회단체가 반발하고 나섰습니다. 특히 성폭력 사건 피해자인 변 씨가 구속되었을 때부터 반발해왔던 여성단체는 "도저히 수용할 수 없는 판결"이라고 재판부를 강력 비판하고 나섰습니다. 이러한 논란이 1심 판결을 통해 불붙으면서 이후 '정당방위의 범주를 어디까지 볼 것인가'를 두고 대한민국 사회가 뜨겁게 달아오르기도 했습니다.

그러한 가운데 맞이한 1989년 1월 20일 대구고등법원에서의 항소심 선고. 이날 이 사건 항소심 재판부는 대한민국 사회에서 매우 중요한 판결을 내리게 됩니다. 1심에서 유죄 인정된 변 씨에게 항소심 재판부가 무죄를 선고한 것입니다. "자신의 성적 순결 및 신체에 대한 부당한 침해를 방어하기 위한 상당한 행위로서 이는 법률상 범죄의 성립을 조각하는 사유인 정당방위에 해당한다"는 역사적인 판결이었습니다. 이후 이러한 항소심 무죄 선고는 검찰의 상고로 열린 대법원 판결에서도 무죄 확정됩니다. 피해자인 변 씨가 그나마 억울함이 해소될 수 있었던, 참으로 다행스러운 판결이 아닐 수 없습니다.

하지만 재판 결과 무죄가 내려졌다고 피해자의 마음에 남은 상처까지 씻겨나간 것은 아닙니다. 특히 이 사건 재판 과정에서 드러난 우리 사회의 천박한 수준은 지금까지도 씁쓸한 기록으로 남아 있습니다. 예를 들어 당시 가해자들의 변호를 맡았던 변호인들의 변론은 지금 다시 돌아봐도 참 듣고 있기 민망한 수준입니다. 가해자의 변호인들은 피해자인 변 씨에게 "여자가 늦은 시간에 술을 마시고 귀가를 하다가 벌어진 사건"이며 개인적인 사생활을 들춰가며 비난하기도 했습니다. 가해자의 변호인만 이런 태도를 보인 게 아닙니다. 피해자의 억울함을 구제할 의무가 있는 검사 역시 "사건 당시에 대한 기억이 정확히 나지 않는다"는 피해자의 말에 오히려 호통을 치는 등, 어처구니없는 태도를 보여 세인들의 비난을 받기도 했습니다.

이런 상황에서 가해자들은 있었던 사실까지 왜곡하며 피해자를 모욕하기도 했습니다. 예를 들어, 사건 당일 자신들이 변 씨를 강제로 끌고 간 것이 아니라고 주장하는 식이었습니다. 술에 만취한 변 씨가 길가에 주저앉아 있어 이를 도와주기 위해 자신들이 부축한 것이며, 그렇게 걸어가던 중 술에 만취한 변 씨가 자신의 얼굴을 먼저 비비는 등 성적 도발을 하여, 그 유혹에 자신이 변 씨의 입에 혀를 밀어 넣은 것이라 변명했습니다. 이 사건 1심 재판부가 변 씨에게 유죄를 내린 근거가 바로 이러한 가해자의 주장을 상당 인용하여 내린 판결이라는 점에서 가해자들의 변명이 얼마나 나쁜지 알 수 있습니다.

만약 이 사건에 대해 여성단체를 비롯한 시민사회단체가 항의와 관심을 기울이지 않았다면 어땠을까요? 과연 항소심에서 변 씨의 억울함을 풀렸을까요? 저는 자신할 수 없습니다. 한편 사회적 파문이 컸던 이 사건은 훗날 〈단지 그대가 여자라는 이유만으로〉라는 제목의 영화와 연극으로 만들어져 많은 이들에게 큰 관심을 얻기도 했습니다.

그리고 이제, 저는 또 하나의 이야기를 하려고 합니다. 이란 국적의 여성, 레이하네 자바리의 사연입니다. 지난 2007년 당시 실내 장식과 관련한 직업을 가졌던 19살 자바리는 이란 정보기관 요원 출신의 사르반디를 살해한 혐의로 체포되었습니다. 이후 자바리는 살인 혐의로 2개월간 독방에 감금된 채 가족은 물론이고 변호사조차 접촉이 금지된 채 재판을 받아야 했습니다. 그렇듯 부당한 재판 끝에 자바리는 2009년, 테헤란 법원에서 살인 혐의로 사형을 선고받게 됩니다. 이란 샤리아 율법 중 퀴사스 QISAS(이란 형벌 체계의 하나로, 피해자가 받은 것과 같은 고통을 직접 받는 벌)에 따르면 '살인한 사람 역시 사형에 처하도록' 되어 있기 때문이었습니다.

자바리는 재판 내내 억울함을 주장했습니다. 그녀는 "사업에 관한 협의를 위해 사르반디와 카페에서 만났고 이후 그가 자신의 사무실로 가자고 했다. 그런데 그때 사르반디가 나에게 주스를 권했는데 알고 보니 정신을 잃게 하는 약물이 섞인 주스였다. 그 후 정신을 잃은 나를 사르반디가 황폐한 빌딩으로 데려가 성폭행하려 했다"고 항변했습니다. 자바리는 이러한 강간 위기를 벗어나고자 자신이 가지고 있던 작은 포켓 나이프로 사르반디의 어깨를 한 번 찌르고 도망쳤을 뿐이라며, 결코 살해할 의도는 없었다고 했습니다. 하지만 이란 법원은 "이후 사르반디가 과다 출혈로 사망했으니 결국 살인은 살인"이라며 살인죄를 적용한 것입니다.

과연 이러한 재판부의 판결은 정당할까요. 자바리가 사형 선고를 받고 난 후 국제적인 인권기구인 앰네스티는 자바리의 사형 집행을 반대하며 '자바리를 구하자'는 탄원운동을 벌입니다. 그러면서 사형을 선고한 이란 재판부의 주장을 적극 반박하는데, 예를 들어 재판 과정에서 제기한 자바리의 주장을 다시 한 번만 살펴봐달라는 것이었습니다. 자바리는 재판 과정에서 "내가 칼로 그를 찌르긴 했지만 사건이 벌어진 그 집에는 또 다른 남자가 있었다. 이란의 경찰과 사법부가 이러한 주장에 대해 제대로 된 조사도 하지 않았다"고 반발했습니다. 즉, 사르반디가 사망에 이르기까지의 과정에는 자바리가 아닌 또 다른 남자에 의한 범죄 가능성도 있었는데 이를 묵인하고 재판을 끝내면 안 된다는 것이었지요.

하지만 이란 정부와 법원의 입장은 철벽같았습니다. 자바리의 정당방위 주장은 조금도 받아들여지지 않았습니다. 마침내 2014년 10월 25일 새벽, 2007년 19살의 나이에 사르반디를 살해한 혐의로 구속되었던 자바리가 26살이 된 해였습니다. 레이하네 자바리에게 최후의 날이 찾아옵니다. 2014년 9월 30일 자바리에게 사형이 집행될 예정이었으나 SNS 등을 통해 이 사실이 퍼진 후 전 세계적으로 비난이 들끓자 이란 정부가 부담을 느껴 사형 집행을 멈칫했습니다만, 그 기간은 불과 한 달 이상 연장되지 않았습니다. 기대했던 사형 중단 선언 대신 기어이 전격적인 사형 집행 소식이 들려온 것입니다.

이날 국제 앰네스티는 자바리의 사형 집행 소식에 성명을 발표하며 이란 정부를 강도 높게 비판했습니다. "자바리의 사형은 이란의 인권 역사에 핏자국과 오점으로 남을 것"이라며 자바리의 사형을 애도했습니다. 또한 미 국무부 대변인 젠 사키Jen Psaki는 "재판을 둘러싼 상황들과 공정성에 심각한 문제가 있었다"며 "자바리는 성폭행으로부터 자신을 보호한 것"이라는 성명을 발표했습니다. 영국 외교부 중동 담당 토비아스 엘우드 Tobias Ellwood 역시 마찬가지로 이란 정부를 강력히 비판했습니다. 그러면서 "유엔 이란 인권 특별 보고관에 따르면 자바리가 고문 이후 진술을 강요받은 명백한 증거가 있다"며 "이 같은 행동 때문에 이란은 국제사회에서 신뢰를 잃게 될 것"이라는 성명을 발표하기도 했습니다.

한편 자바리가 사형된 후 이란의 반정부단체 국민저항위원회는 자바리가 사형 직전 남긴 육성을 전격 공개하며 이란 정부의 잘못된 재판과 사형 집행을 비난했습니다. 19살에 체포된 후 감옥에서 7년 감금된 뒤 끝내 사형대의 이슬로 사라진 자바리가 자신의 엄마에게 남긴 유언이었습니다. 이 육성 유언에서 자바리는 자신의 어머니에게 이렇게 말합니다.

"나를 위해 검은 상복을 입지 말아주세요. 내 괴로운 날들은 잊고 바람이 나를 데려가게 해주세요."

자바리의 이날 육성 유언은 2014년 4월 1일에 남긴 것이었다고 합니다. 왜 그랬을까요? 사실 자바리는 2014년 10월 25일 사형되기 전까지 모두 세 번의 사형 집행 예정일을 맞이했다고 합니다. 이란 정부는 애초 2014년 4월 1일 자바리의 사형을 집행하려고 했습니다. 하지만 이를 안 국제 앰네스티가 이란 정부를 상대로 사형 반대를 호소하며 전 세계 국 가로부터 20만 명이 넘는 탄원 엽서를 조직하자 이에 압박을 느낀 이란 정부가 집행을 연기한 것입니다. 그러다가 다시 두 번째로 잡은 사형 집 행일이 같은 해 9월 30일, 하지만 그날 역시 반대 여론이 들끓자 끝내 사 형 집행을 포기할 수밖에 없었습니다. 마침내 세 번째로 잡은 2014년 10 월 25일, 끝내 사형을 집행한 것입니다. 그렇기에 자바리는 처음 사형 집 행을 하고자 계획했던 2014년 4월 1일 자신의 어머니에게 육성으로 유 언을 남기게 된 것인데 그것이 10월 25일에야 세상에 공개된 것입니다.

자바리는 유언에서 자신이 죽은 후 자신의 심장과 눈이 그냥 썩기를 원치 않는다며 장기 기증을 원했습니다. 그러면서 자신을 위해 어머니가 울지 않기를 바란다며 어머니에게 자신의 절절한 사랑을 전했습니다.

늦었지만, 저는 자바리가 남긴 유언을 지금이라도 세상 사람들에게 전 해드리고 싶었습니다. 스물여섯 해를 살다가 억울하게 이 세상을 떠난 자 바리에게 살아남은 자로서 제가 할 수 있는, 그저 작은 미안함의 표현입 니다. 그 유언, 여기 대신 읽어드립니다.

엄마, 오늘(2014년 4월 1일) 제가 퀴사스를 받아야 한다는 걸 알았습니다. 제가 인생의 마지막 페이지에 왔다는 것을, 어째서 엄마에게 알려주지 않는지 속상합니다. 그렇지 않나요? 엄마가 슬퍼하시는 게 저한테는 얼마나 힘든 일인지 아세요? 엄마 아빠 손에 입을 맞출 기회를 왜 주지 않는 걸까요.

세상은, 저를 19년간 살게 해줬습니다. 그 소름끼치는 무서운 밤에 살해당했더라면 좋았을 것을…. 내 몸은 거리의 구석에 던져졌겠죠. 며칠 뒤에 경찰이 엄마를 영안실까지 데려가 내 신분을 확인하고, 거기서 내가 강간당했다는 사실도 알게 되겠죠. 용의자가 체포되는 일도 없었겠죠. 우리에게는 그들과 같은 재산도, 힘도 없으니까. 그런 다음 엄마는 고통과 치욕 속에 살다가 몇 년 후 고통을 견디지 못하고 죽고, 그걸로 끝일 거예요.

하지만 저주받은 글 한 줄로 상황은 전혀 달라졌어요. 내 몸은 버려지지 않고 에빈 형무소라는 쓸쓸한 묘지에 던져지겠지요. 지금은 샤르에라이 교도소에 수감돼 있어요. 그러나 나는 운명을 받아들이고 이의를 제기하지 않을 거예요. 엄마라면, 죽음이 인생의 끝이 아님을 알아주실 거예요.

사람은 모두 이 세상에서 경험을 쌓기 위해, 또 뭔가를 배우기 위해 태어난다고 엄마는 저에게 가르쳐주셨지요. 태어난 후 책임은 스스로 져야 한다고. 그리고 때로는 싸워야 할 때도 있다고. 학교에서의 집단 따돌림이라든가 타인 험담에 있어서도 여자다워야 한다고 엄마는 가르쳐주셨어요. 얼마나 엄격하게 가르치셨는지 기억하고 계세요?

하지만 엄마의 생각은 틀리게 되었어요. 이 사건이 일어났을 때, 제가 배운 것은 도움이 되지 않았어요. 재판에 참석한 저는 그저 냉혈한 살인마이자 잔인한 범죄자일 뿐이었어요. 눈물도 나오지 않았어요. 용서를 구하려고도 하지 않았어요. 울고불고도 하지 않았습니다. 왜냐하면 저는 법을 믿었으니까요.

하지만 전 사건 당사자인데, 의사를 표시하지 않는다고 고소당했습니다. 알고 계시죠? 저는 모기 한 마리 죽인 적도 없고 바퀴벌레도 더듬이를 겨우 잡아서 집어 던질 뿐이었잖아요. 그랬던 저를 법원은 계획 살인범으로 단정했습니다. 내가 동물을 돌보는 것이 남자처럼 살고 싶어 한 증거라고 이란 법원은 단정했어요. 판사는 사건이 일어났을 때 내 손톱이 길게 자라 잘 손질돼 있었다는 사실 따윈 눈여겨보지도 않았어요. 판사로부터 공정을 기대하는 사람이 있다면, 그 사람은 너무 낙관적인 인간인가요?

판사는 또 내 손이 스포츠를 하는 여성, 이를테면 권투선수처럼 울퉁불퉁한 손이 아니라는 사실도 문제 삼지 않았어요. 엄마가 나에게 사랑을 쏟아주었던 땅, 이란이라는 나라는 저를 필요로 하지 않았습니다.

취조관에 심하게 심문을 받고 울고 있을 때도, 혹독한 말을 들을 때도 아무도 도와주지 않았습니다. 여성성의 마지막 상징인 머리를 깎일 때 비로소 보답을 받았습니다. 11일간 독방에 들어갔습니다.

엄마, 무슨 말을 듣게 되셔도 울지 마세요. 경찰서에서 조사를 받던 첫날, 비슷한 또래의 직원이 제 손톱을 가지고 저를 비난했어요. 그때 저는 '지금 같은 시대에 아름다움은 필요 없구나'라고 생각했어요. 외적인 아름다움, 바른 생각과 아름다운 소원, 아름다운 글씨체, 깨끗한 눈 색깔과 총명함 그리고 아름다운 목소리조차도 필요로 하지 않는다는 것을요.

엄마, 제 신념은 바뀌었지만 그건 엄마의 잘못이 아니에요. 제 말은 영원히 사라지지 않을 거예요. 저는 제 말들을 모두 어떤 이에게 맡겼습니다. 제가 처형될 때 엄마가 곁에 없어도, 또한 제가 남긴 말의 존재를 알지 못해도 어머니 손에 들어갈 거예요. 제가 살아 있다는 증거로, 어머니를 위해 직접 녹음한 것들을 많이 남겼어요.

죽기 전에 바라는 게 있어요. 어떤 방법이든 상관없어요. 엄마의 힘을 저에게 주세요. 제가 이 세상에서, 이 나라에서, 그리고 어머니에게 바라는 것은 오로지 이것뿐이에요. 이를 위해 시간이 필요하다는 건 알고 있어요.

잠시 후, 저의 뜻 일부를 전하려고 합니다. 아무튼 울지 말고 들어주세요. 법원에 가서 내 소원을 전해주세요. 감옥에서 이것을 기록한 편지를 쓸 수는 없어요. 간수장의 허가를 받을 수 없고, 그런 걸 하면 만의 하나, 엄마가 저 때문에 고생하게 될 거예요. 제 사형 집행을 면하게 탄원하지 마시라고 몇 번이나 말씀드렸지요.

나의 사랑하는 엄마, 당신은 제 인생에서 나 자신 이상으로 소중한 사람이에요. 저는 흙에 묻혀 헛되이 사라지고 싶지 않아요. 제 눈과 아직 젊은 심장이 땅으로 돌아가는 걸 원치 않아요. 제가 처형된 직후 저의 심장과 신장, 눈, 뼈 그리고 이식 가능한 모든 것을 꺼내서 필요로 하는 사람에게 기증해주세요. 장기를 기증받은 사람에게는 제 이름을 알려주지 마세요. 부케 공양도, 나를 위한 기도도 필요 없습니다.

진심으로 바라는 바예요. 저를 위해 무덤을 만들지 마세요. 그 무덤에 와서 엄마가 울거나 괴로워할 테니까요. 검은 상복을 입지 말아주세요. 내 괴로운 날들은 잊고 바람이 나를 데려가게 해주세요.

세상은 우리를 사랑으로 감싸주지 않았어요. 제 운명을 받아주지 않았어요. 저는 세상에 굴복하고 죽음을 받아들이려고 합니다. 그러나 제가 죽은 후 있을 신의 재판에서는, 저는 저를 조사했던 취조관들과 법원 판사 등을 고소할 거예요. 창조주의 재판에서는, 거짓말로 저를 부당하게 취급하고 내 권리를 짓밟고 현실에 보이는 것이 진실이 아닌 것도 때로 있다는 사실을 무시한 팔반디 의사, 카심 샤바니를 비롯한 모든 인간들을 고소할 겁니다.

마음결이 고운 엄마, 제가 가는 새로운 세상에서는 저와 엄마 모두 원고이고, 다른 사람들은 피고예요. 신이 무엇을 원하시는지 보고 싶어요. 죽을 때까지 계속 엄마를 안고 싶었어요. 당신을 사랑합니다.

저는 자바리를 대신하여 이란 정부의 야만적인 사형 집행에 항의합니다. 그리고 자바리의 억울함에 귀 기울이지 않은 잘못된 이란 사법체계를 규탄합니다. 고故 레이하네 자바리의 명복을 빕니다.

민주주의 나라 속에 사찰은 없다

대한민국에서 프락치는 어떻게 만들어져왔나

국민라디오 팟캐스트 〈고상만의 수사반장〉, 오늘 방송은 '프락치는 어떻게 만들어지는가'입니다. 위키백과 사전을 보면, '프락치'는 러시아어인데 '도당, 당파, 당黨 중의 당, 파벌, 파벌 싸움' 등을 뜻하는 단어라고 합니다. 그런데 우리나라에서는 이 뜻이 변질되어 '어떤 목적을 위해 신분을 숨기고 다른 단체에 들어가 활동하는 사람'으로 통용되는데요. 우리나라에서 처음 '프락치'라는 단어가 대중적으로 알려지게 된 때는 '국회 프락치 사건' 때문이었습니다.

이 사건은 1949년 제헌국회 당시 13명의 국회의원이 북한의 '프락치' 활동 혐의로 공안당국에 체포되면서 비롯됩니다. 제헌의회 당시 국회 부의장이었던 김약수와 노일환, 이문원 등 국회의원 13명이 남조선노동당 공작원에 포섭되어 이후 외국군 철퇴와 국가보안법 반대 등을 주장한 혐의로 알려진 사건인데요. 수사당국은 정재한이라는 여성이 북한의 박헌영에게 보냈다는 암호문을 그 증거로 제시합니다. 하지만 이는 모두 다 조작된 사건이었습니다. 이승만 정부가 친일 반민족행위자를 처벌하는 반민족행위특별조사위원회(약칭 '반민특위')를 해체하고자, 반민특위를 지지하던 국회의원을 잡아 가두려고 조작한 것임이 사실로 드러났습니다.

이렇게 시작된 우리나라에서의 프락치 논란은 이후 대한민국 근현대사에서 끊임없이 제기되어왔습니다. 1970년대에는 박정희 유신정권에 저항했던 전국민주청년학생총연맹(약칭 '민청학련') 사건 관련자를 구속하는 데 중앙정보부가 프락치를 활용했다는 의혹이 제기되었고 1980년대에는 이른바 '녹화사업'과 관련한 프락치가 논란이 되기도 했습니다.

먼저, '녹화사업'이 무엇인지 알아볼 필요가 있겠습니다. 녹화사업이란, 간단히 말해 학생운동권의 '붉은 사상을 푸른 사상으로 바꾼다'는 의미로 만들어진 단어입니다. 많은 이들은 이 녹화사업이 전두환이 집권한 1980년대에 처음 도입된 것으로 알고 있으나 이는 사실과 다릅니다. 녹화사업의 시초는 박정희 정권하인 1971년 당시 교련 반대운동을 주도하던 학생 200여 명을 강제로 군에 입대시킨 것이 유래라고 합니다. 2003년 대통령 소속 의문사 진상규명위원회는 이러한 사실을 확인하면서 다만, 이 녹화사업을 기획한 사람이 다름 아닌 전두환이었다는 것을 밝혀냈습니다.

그래서 그런가요? 전두환은 1980년 군사 쿠테타를 통해 권력을 찬탈한 후 자신이 처음 입안한 이 녹화사업을 전면적으로 도입합니다. 그런데 그 녹화사업을 보안사령부(약칭 '보안사')가 주도적으로 전개하는 데는 알려지지 않은 숨은 일화가 있습니다. 군부대 화장실에서 발견된, 이른바 불온 낙서가 녹화사업을 본격 시행하는 데 단초가 된 것입니다. 때는 전두환이 쿠데타에 성공한 직후, 이날 전두환은 자신의 후배들인 보안사 간부들을 청와대로 초청하여 만찬을 즐기고 있었다고 합니다. 그런데 그런 여흥이 깨진 것은 누군가가 부대 동향을 보고하면서 던진 한마디였습니다. 운동권 학생들이 대거 입대한 후 부대 화장실에서 불온 낙서가 종종 발견된다는 말이었습니다. 전두환은 이 말을 듣고 나서, 바로 가까이 앉아 있던 보안사 대공처장 최경조를 향해 버럭 소리를 질렀다고 합니다.

"야, 최경조! 너 뭐 하는 놈이야아!"

느닷없는 전두환의 불호령에 놀란 최경조는 1982년 7월, 보안사 주도로 녹화사업을 전담하는 '대좌경 의식화과'인 5과를 신설합니다. 보안사가 당시 녹화사업을 얼마나 중요하게 여겼는지는 당시 보안사의 공작 예산을 살펴봐도 알 수 있는데요. 보안사가 시행하는 공작 예산의 절반이 녹화사업에 투여되었다고 합니다.

그렇다면 녹화사업 절차는 어떻게 되었을까요. 먼저, 대학생들이 가두 시위 도중 체포되면 경찰은 학생의 부모에게 둘 중 하나를 선택하라고 합니다. 감옥에 보낼 것인지, 군 입대를 시킬 것인지, 그러면 부모 입장에서는 어차피 하나를 선택할 수밖에 없습니다. 군대는 언젠가 가야 하는 것이니 감옥 대신 군대를 선택하는 것입니다. 그러면 이후 절차는 일사천리로 진행되었습니다. 먼저 연행된 학생을 경찰이 석방하면 이후 보안사와 교육부, 병무청은 해당 학생을 '특수 지원자'로 분류한 후 바로 당일 군인으로 강제 징집하는 방식이었습니다.

하지만 이는 끝맺음이 아니라 또 다른 무서운 시작점이었습니다. 이렇게 입대시킨 운동권 대학생을 보안사가 곧바로 호출하여 데려가는 것입니다. 그리고 이후 보안사는 입대한 운동권 학생을 상대로 군 입대 전 활동했던 운동권 계보와 동향을 진술하도록 강요했고 만약 이를 거부할 경우 지독한 구타 등 가혹행위가 이어졌습니다.

그리고 다음 수순은 프락치 활동 강요. 보안사는 정보를 뽑아내면 이후에는 녹화사업 대상자에게 휴가를 빙자하여 다니던 학교에를 가도록 했습니다. 그때 주어진 임무는 크게 두 가지였는데, 하나는 수배 중인 선후배의 동향 파악과 또 하나는 유인물과 내부 정보 등을 입수하여 정기적으로 이를 보고하는 프락치 역할이었습니다. 이러한 프락치 공작 강요로 고통받은 이들의 피해는 과연 또 얼마나 컸을까요. 대표적인 피해 사례가 녹화사업 중 의문사한 이들의 사연입니다.

1982년 연세대 출신의 20살 정성희 씨를 비롯하여 1983년 성균관대 20살 이윤성, 고려대 22살 김두황, 동국대 21살 최온순, 한양대 21살 한영현, 서울대 23살 한희철 등이 대표적인 녹화사업 피해자인데, 이들의 사인에 관한 진실은 아직도 밝혀지지 못한 채 은폐의 장막 안에 숨겨져 있습니다.

이러한 프락치 공작은 군인뿐만 아니라 민간인을 상대로도 있었습니다. 대표적인 사례 중 하나가 1993년 9월 발생한 김삼석·김은주 남매 간첩사건입니다. 재야 반전 평화운동가였던 당시 28살의 김삼석 씨와 백화점 직원으로 평범하게 일하고 있던 그의 여동생 김은주 씨를 당시 국가안전기획부(현 국가정보원의 전신, 이하 '안기부')가 간첩 혐의로 전격 체포한 것입니다.

당시 안기부는 이들 남매가 북한의 간첩에 포섭되어 공작금을 받는 한편 이 돈으로 간첩 활동을 했다며 기소했고, 1994년 10월 오빠 김삼석에게는 징역 4년을, 그리고 동생 김은주에게는 징역 2년에 집행유예 3년을 대법원이 선고합니다. 하지만 이들 남매는 대법원의 유죄 확정 판결에도 불구하고 자신의 간첩 혐의를 일관되게 부인합니다. 북한 공작원에 포섭된 적도 없고 따라서 간첩 활동을 한 사실이 없다는 것이 이들의 주장이었습니다.

특히나 억울함을 호소하는 여동생 김은주의 주장이 특이했습니다. 김은주는 "간첩의 '간' 자도 모르며 다만 안기부에 체포되던 날 평소 안면이 있던 한 사람의 부탁으로 심부름을 간 것이 전부"라고 했습니다. "바빠서 그러니, 미안하지만 강남 터미널 앞에서 일본인 손님에게 쇼핑백 하나만 대신 받아와달라"는 부탁을 받고, 하는 수 없이 이를 대신해준 것이 전부라 주장했습니다. 강남 터미널에서 만난 일본인이 아무 말 없이 그냥 건네준 쇼핑백을 들고 직장으로 복귀하던 김은주를, 갑자기 낯선 남자들이 덮쳤습니다. 깜짝 놀란 김은주가 비명을 지르자 이들은 자신들이 국가안전기획부 직원이라고 신분을 밝힙니다. 그리고 쇼핑백에서 쏟아진 물건은, 다름 아닌 북한 김일성의 전기문인 『세기와 더불어』 등 북한 관련 책자들이었다고 합니다.

그러자 김은주는 이들 안기부 요원에게, 간첩이 있다면 내가 아니라 바로 자신에게 이 심부름을 시킨 사람이라며 말합니다. 그는 영상물을 제작한다는 배인호라는 남자였습니다. 하지만 안기부는 이 남자를 체포하려하지 않습니다. 더 이상한 일은 자신이 강남 터미널 앞에서 문제의 쇼핑백을 받았는데 정작 이를 건네준 일본인은 안기부가 체포하지 않았다는 것입니다. 그리고 이들 두 남자는 사라진 채 김은주만 체포되어 간첩으로 낙인찍힌 것입니다.

사건 발생으로부터 약 1년 1개월이 지나가던 1994년 10월, 억울함을 주장하던 김삼석과 김은주에게 놀라운 소식이 전해집니다. 낯선 나라 독일에서 날아든 한 남자의 양심선언이었습니다. 양심선언을 한 남자의 이름은 백흥용. 작전명 배인호. 바로 이들 남매가 '진짜 간첩'이라며 안기부에 신고했던 그 사람입니다. 홀연히 사라진 남자가 뜬금없이 독일에서 양심선언 기자회견을 하다니, 이 어찌 된 일인가요. 배인호의 고백은 충격적이었습니다. 그는 사실 간첩이 아니었습니다. 김은주가 그를 진짜 간첩이라 지목했으나 자신의 진짜 실체는 바로 '안기부가 고용한 프락치'란 것입니다.

배인호는 양심선언을 통해 "사실 나는 안기부 프락치이며 안기부 간부의 지시에 의해 '김삼석·김은주 남매 간첩단 사건'을 만들었다"고 고백합니다. 그런데 사건 직후 김은주 등이 자신을 간첩이라며 안기부에 신고하고 이를 재야단체에서 이슈로 만들어가자 독일로 도망쳐왔다고 밝힙니다. 그러면서 자신이 이처럼 독일로 도망치는 데 필요한 여권과 비자를 발급해준 기관이 다름 아닌 안기부였다고도 폭로합니다.

그렇다면 안기부는 왜 이런 간첩 조작 사건을 만든 것일까요? 1993년 김영삼 정부가 출범하면서 안기부의 수사권 제한 논란이 시작됐기 때문이었습니다. 안기부를 더는 무소불위의 권력 기관으로 둬서는 안 된다는 논의가 국회에서 비롯되자 안기부는 자신들의 권한이 축소되는 것을 필사적으로 막기 위해 '간첩 사건'이 필요해졌습니다. 그래서 만든 간첩단 사건이 이른바 '남매 간첩단 사건'이며, 김삼석 씨와 여동생 김은주 씨는 그 희생양으로 선택된 것입니다.

과연 이러한 프락치 강요나 조작은 아주 특별한 사람들이 겪는 아주 특이한 경험일까요? 그렇지 않습니다. 1996년 2월경, 제가 직접 경험한 사례가 있습니다. 당시 저는 민주주의민족통일전국연합이라는 재야단체에서 인권운동을 하고 있었습니다. 그날도 여느 때처럼 밤 12시가 넘어서야 집에 귀가했는데, 귀가 후 채 5분이 지나지 않은 시각에 집 전화벨이 울렸습니다.

'이 시간에 무슨 전화일까?' 생각하며 세수를 하는데 아내가 전화를 받으라고 했습니다. 방금 울린 벨소리의 주인공이 저를 찾는다는 것이었습니다. 늦은 밤에 걸려오는 전화라면 반갑지 않은 일이 대부분입니다. 그렇기에 저 역시 뭔가 알 수 없는 불길함을 느끼며 수화기를 들었습니다.

"여보세요. 전화 바꿨습니다."

하지만 답은 바로 돌아오지 않았습니다. 잠깐의 침묵이 흐른 후 낯선 남성의 음성이 귓가를 울렸습니다.

"고상만 씨… 되시죠?"

뭐랄까. 기관원의 냄새가 확 풍기는 음습한 불쾌감이었습니다.

"네, 맞는데요. 그런데 누구시죠?"

기분 나쁜 상상을 애써 떨치며 조용히 다그치듯 그에게 물었습니다. 그러자 다시 또 짧은 상대방의 침묵….

"여보세요? 도대체 누구세요?"

그 침묵이 불쾌하여 저는 약간의 짜증과 함께 조금 언성을 높여 상대방을 다그쳤습니다. 그러자 들려온 그 답변, 놀라지 않을 수 없었습니다.

"네, 여기는 안기부입니다."

"네? 뭐라고요?"

"국가안전기획부라고요."

'정말. 진짜야? 뭐야? 이거.'

"장난하지 말고… 진짜 누구세요?"

순간, 머리가 엉클어지는 느낌이었습니다. 평소 재야단체에서 일하며 농담처럼 "여기 안기분데요"라고 동료들과 장난치곤 했는데 그런 전화를 밤 12시가 넘어 받다니, 그것도 전혀 알 수 없는 낯선 남자의 목소리로 들으니 모든 판단이 혼란스러웠습니다. 그러나 낮고 압박하는 듯한 상대의 목소리를 다시 듣고서야 저는 이것이 실제 상황임을 실감하게 되었습니다.

"이런 걸로 누가 이 시간에 전화해서 장난합니까? 진짜 안기부 직원입니다."

순간 제 머리에서는 이제부터 차분하게 전화를 받아야 한다는 경고음이 울리기 시작했습니다. 아무렇지도 않은 듯, 천천히, 그리고 차분하게. 지금 내가 느끼는 이 당혹과 뜬금없는 공포심을 상대방이 눈치채지 못하도록.

"네, 그런데 이 시간에 왜 저한테 전화하셨나요?"

"아, 네, 별일은 아니고요. 그냥 잘 지내고 계신가 안부 차…."

'안부 차'라고 했습니다. 분명히. 일면식도 없는 남자가 밤 12시가 넘은 시각에 전화하여 자신이 안기부 직원이라고 밝히면서 그는 그렇게 말했습니다.

"네? 뭐라고요? 안부 차…?"

솔직히 말해 그 후 내가 뭐라고 답변했는지 잘 기억나지 않습니다. 그 전화가 너무나 충격적이었고 당혹스러웠으며 또 공포스럽기까지 했기 때문입니다. 그래서 이후 그에게 들은 말들이 제 뇌리에 파편처럼 박혀 있습니다. 그는 나에게 이러한 내용의 말을 했습니다.

"고 선생님은 집도 괜찮게 사시는 것 같은데, 왜 전국연합 같은 곳에서 일하시는지 궁금하다"고. "그래서 궁금해서 한번 여쭤보고 싶었다"고. 그러면서 그는 그 순간 정말 엉뚱한 이야기를 꺼냈습니다.

"누님이 꽤 미인이시더군요." 저는 이 말에 소스라치게 놀랐습니다. 그가 함께 살지도 않는 누나를 언급했기 때문입니다. 나는 당신에 대해 이미 많은 것을 알고 있다, 너의 지인이며 가족들도 우리의 감시를 받고 있다, 이미 결혼하여 떨어져 살고 있는 누나를 그가 언급한 의도는 바로 이 점을 저에게 강조하고 싶은 것이라고 여겨졌습니다.

그렇게 붕 떠 있는 정신 끝에 무슨 말을 했는지 경황이 없을 때쯤, 그는 내게 한번 만나자고 제안하더군요. 처음에는 거절했습니다. 만날 이유가 없다고 했습니다. 그러다가 그의 집요한 요구로 인해 만날 장소와 시간이 잡혔습니다. 그리고 며칠 후, 결국 그가 요구한 약속 장소에서 만났습니다. "어떻게 나를 알게 되었냐"는 나의 물음에, 그는 "1995년 발생한 부여 무장간첩 김동식 사건 대책위에 간사로 일하는 모습을 보며 어떤 분인가 궁금했다"고 하더군요. 그래서 한번 만나고 싶었다는 것입니다.

그는 이러저러한 말끝에 놀라운 제안을 해왔습니다. 사실 자기네 부서에는 재야 쪽 인사들과 연결된 직원들이 많은데 자기만 그런 정보를 얻을 수 있는 사람이 없다는 것입니다. 그러면서 그는 '서로 돕는 관계로 잘해볼 생각이 없냐'며 저에게 의미심장한 눈빛을 보내왔습니다. 그러더니 마침내 꺼내든 제안, 다름 아닌, 저희 단체가 운영하는 인터넷 카페 접속 비밀번호를 알려달라는 것이었습니다. 사실상 프락치 역할을 요구한 것입니다.

말은 정중했지만 그의 눈빛은 둘 중 하나를 선택하라는 강요였습니다. 제안을 거절하면 그다음에 올 불이익, 그 뒤로 나에게 덮칠 것들이 상상되며 끝없는 나락으로 떨어지는 듯했습니다. 어떻게 해야 하나…, 고뇌 끝에 제가 내린 결론은 양심의 승리였습니다.

먼저, 저는 지금까지 있었던 모든 사실을 제가 속한 전국연합의 사무처 장에게 밝혔습니다. 그런 후 저에게 부당한 프락치 행위를 강요했던 안기부 직원을 다시 만나 "모든 사실을 보고했다"고 전했습니다. 안기부 직원이 당황스러워하더군요. 제 대응을 예상 못했는지 그는 매우 당황해하더니 "오해하지 마시라. 별뜻 없이 제안한 일이고 앞으로는 절대 연락하지 않을 것이니 여기서 서로 없던 일로 하자"고 말한 후 황급하게 자리를 떠났습니다.

그리고 실제로 그 뒤로 그에게선 연락이 오지 않았습니다. 한동안 불안했던 그 기억 역시 그렇게 사라질 수 있었습니다. 참 힘들었던 시간이었지만 좋지 않은 그 일이 조금씩 잊히는 것이 그나마 다행이었던 것입니다.

그런데 그 사건이 있고 약 3년이 지나가던 1999년 여름 어느 날, 그렇게 잊고 있었던 그 안기부 직원과 아주 우연하게 다시 마주치게 되었습니다. 그때는 전국연합에서 천주교 인권위원회로 자리를 옮긴 후였습니다. 점심 식사를 마치고 한가롭게 산책을 하던 그때, 명동성당의 들머리에서 낯이 익은 한 남자와 부딪혔습니다. 그 순간, 잊고 있었던 그날이 퍼뜩 떠올랐습니다. 바로 그 안기부 요원이었습니다. 그 순간 제 심장은 다시 심하게 요동쳤습니다. 잊었던 그 공포가 순식간에 되살아나더군요.

그런데 문제의 그 안기부 요원이 저보다 더 놀라고 당황해하는 것 아닌가요. 그는 처음에 멈칫하더니 이내 어색한 미소를 지으며 저에게 인사를 건넸습니다. 그러더니 그는 예전 일을 꺼냈습니다. 요지는 이랬습니다.

생각해보니 그때 참 미안했다는 것입니다. 그러면서 김대중 정부가 들어선 후 달라진 안기부의 역할에 대해 이야기하기 시작했습니다. 정부가 바뀌면서 안기부 역시 많이 바뀌었다는 것입니다. 그러면서 그는 '이제 우리 회사도 과거 불법적인 국내 정치 개입이나 재야인사 뒷조사 등은 하지 못하게 되었다. 대신 남북 관계에 대한 정보만 수집하는 기관으로 탈바꿈했다'고 말하더군요.

그의 말에 제가 웃었습니다. 그러면서 사찰하던 사람과 사찰당한 사람으로서 그 끔찍한 기억을 역사 속에 묻어버리는 악수를 했습니다. 헤어지면서 그는 "다시 또 보시죠"라고 인사했습니다. 하지만 제 입에서 나온 답변은 "그래도 선생님을 또 보는 것은 싫습니다"라는 것이었습니다.

그렇지만 그렇게 하고 헤어진 그는 지금 또 어디선가 우리를 지켜보지 않을까요. 민주정부 10년을 지나 다시 이명박근혜 정부로 접어들면서 분명히 사라졌다고 믿었던 민간인 사찰이 다시 부활해 논란이 되고 있습니다. 참담함과 공포를 느끼지 않을 수 없는 일입니다. 그렇다면 우리가 할 일은 무엇일까요.

사찰하는 세상 속에 '민주주의'란 없습니다. 주인을 물어버리는 권력은 공권력이 아닙니다. 누구나 마음대로 자신의 의사 표현을 할 수 있는 자유가 보장되는 나라, 이로 인해 누구도 불이익을 당할까 두려워하지 않는 나라가 되어야 합니다.

그러하기에 저는 말합니다. 민주주의를 원한다면, 민주주의를 갈망한다면, 권력에 대한 비판을 주저하지 마십시오. 민주주의를 유린하는 이들을 단죄할 수 있는 국민의 효율적인 무기는 바로 투표이기 때문입니다. 이를 통해 '잃어버린 민주주의'를 찾아와야 합니다. 그것이 사람 사는 세상을 만드는 길입니다.

가족을 잃어버린 사람들, 가족을 되찾은 사람들

다른 색깔, 두 가족 이야기

설 명절을 맞아 따뜻한 이야기를 좀 해보려 합니다. 다른 색깔, 두 가족에 얽힌 이야기입니다.

첫 번째 사연은 한 여인이 15살 어린 나이부터 중년이 되기까지 겪었던 실화입니다. 여자아이는 철이 없었습니다. 아들 많은 부잣집 막내딸로 태어났으니, 그야말로 공주 대접을 받으며 살았습니다.

대부분 먹고살기도 힘들었다는 시절에, 그녀는 좋은 고등학교에 진학하기 위해 남자 대학생에게 과외까지 받았다고 합니다. 사랑스러운 딸아이의 미래를 위한 부모님의 선택이었지만, 이 선택이 철없는 여자아이에게는 시련의 시작이 되었습니다. 그만 과외를 해주던 대학생의 아이를 갖게된 것입니다. 이 사실을 알게 된 부모에게는 통탄할 일이었지만, 이미 벌어진 일이니 어찌할까요? 결국 중학교도 채 졸업하지 못한 보물 같은 딸을 그 남자 과외 선생과 결혼시키는 것으로 일이 마무리되었다고 합니다.

하지만 문제는 오히려 이때부터 본격적으로 일어납니다. 이제 고작 열다섯밖에 되지 않은 여자아이를 며느리로 맞이하게 된 시댁 입장에서도 며느리가 달갑게 보일 리 없었습니다. 남들의 눈에, 세상 사람들의 눈에는 아들이 철없는 여자아이를 어찌어찌 꾀어낸 부끄러운 일일 뿐이었습니다. 또 며느리 역할을 한다 해도, 고작 열다섯 아이가 살림을 하면 얼마나 능숙하게 할 것이며, 한번 미운 털 박혀버린 아이가 아무리 애쓴들 시부모 눈에 예뻐 보일 리 만무했습니다. 하여 시댁 생활은 이중 삼중의 고역과 고통이 될 수밖에 없었습니다. 그런 살얼음판 위에서도 여자는 무사히 아들을 낳았고 다시 얼마 시간이 지나 또 둘째까지 임신했다고 합니다. 시부모님과의 관계는 나빴으나 남편과의 사이는 괜찮았던 것일까요? 어쨌거나, 어린 그녀에게 소리 없는 비극이 또 다가들고 있었습니다.

사내아이를 둘째로 낳은 지 얼마 되지 않은 때였습니다. 유일하게 믿고 의지했던 남편의 태도가 달라지기 시작했다는 것입니다. 그리고 그것을 정확히 알게 된 때는 이미 남편에게 다른 여자가 생기고 난 후였다고 합니다. 자식을 둘씩이나 낳고 나서야 여자는 자신이 어떤 남자를 선택했는지 알게 된 것입니다. 결국 남편마저 자신을 저버린 상태에서 더는 시댁에 남아 있을 수 없었습니다. 자신을 며느리로 여기지 않는 시댁에서 남편마저 다른 여자와 살림을 차렸으니, 그녀가 선택할 수 있는 일은 시댁을 나오는 것밖에 없었다고 합니다.

지금도 마찬가지지만, 지금으로부터 근 30여 년 전인 그때, 여자 혼자서 두 아들을 키우며 일할 수 있는 곳은 마땅치 않았습니다. 면목 없었지만 결국 그녀가 찾은 곳은 자신의 친정이었습니다. "죄송하지만, 염치없지만 제가 돈을 벌 때까지 두 아이를 좀 돌봐 달라"고 간곡히 청했습니다.

한심하고 처량한 제 신세에 얼굴조차 들기 어려워, 이 말을 입밖으로 꺼내기가 죽기보다 더 괴로워, 몇 번이나 길가 벽에 머리를 찧어가며 큰오빠 집에 찾아갔다고 합니다. 나이차가 많이 나던 큰오빠는 그 어린 막내 여동생의 눈을 가만히 바라보다가 청을 들어줬다고 합니다.

큰오빠는 "네가 다시 새롭게 삶을 찾을 수 있도록 돕는 길이라면 그렇게 해주겠다"며 약속했고, 이어 자신의 호적에 여동생의 두 아들을 아예 친자로 올려줬다는 것입니다. 당시 고작 스무 살도 되지 않았던 여동생에게 큰오빠는 "이제 새롭게 인생을 출발하라"며 권했다고 합니다.

그 후, 여자는 몸이 부서지도록 일만 했습니다. 그러다가 쉬는 날이 오면 호적상 조카가 된 두 아이를 만나러 큰오빠 집에 찾아갔다고 합니다. 다행히도 아이들은 자기를 참 착한 고모로 여겼고, 잘 따랐습니다. 그래서 엄마이지만 고모 역할을 하던 이 여인 역시 자기 때문에 비틀어진 운명을 갖게 된 아이들에게 피해가 가지 않도록 늘 조심하며 살았습니다.

그렇게 한 해 두 해, 시간이 지나갔습니다. '이제 그만 사실을 털어놔야지' 하며 때로 고민도 하고 결심도 하다가 머뭇거리면서 시간이 훌쩍 지나간 것입니다. 아이들이 어렸을 때는 아직 형편이 좋지 않아서 말을 못 했는데, 어느 날 돌아보니 너무도 많은 시간이 흘렀다는 걸 알게 되었습니다.

자신을 그저 착하고 맘 좋은 고모라고 여기며 늘 반갑게 다가오던 아이들이 어느 순간 확 커버린 것을 느꼈다고 합니다. 그런 아이들에게 어느 날 갑자기, 사실은 내가 너희 고모가 아니라 친엄마라는 말을 할 용기가 사라졌다는 것, 그렇게 어느덧 30여 년 세월이 훌쩍 지나갔다고 그 여인은 말했습니다.

그러던 어느 날, 이 여인의 조카, 아니 실은 큰아들에게 기쁜 일이 생겼습니다. 좋은 사람을 만나 혼인하게 되었다는 것이었습니다. 엄마라고 떳

뗫이 나설 수 없는 '자격 없는 엄마'지만 마음으로나마 자기처럼 불행한 인연으로 살지 않기를 빌며 여자는 울었습니다. 그저 새롭게 인생을 시작하는 그 아들이 행복하게 살기만을 빌고 또 빌었습니다.

그런데 결혼식을 하루 앞둔 날, 호적상 큰오빠의 아들이자 자신의 큰아들인 아이에게서 한 통의 문자메시지가 옵니다.

"고모, 내일 결혼식장에 예쁘게 하고 오세요. 그리고 그동안 꼭 하고 싶었는데 차마 하지 못한 말이 있었어요. 그런데 오늘은 꼭 그 말을 해야 할 거 같아서요. 저… 기억하고 있었어요. 사랑해요. 엄마! 이젠 좋은 사람 만나세요. 아빠, 아니 그분 같은 사람 만나지 마시고요. 이제는 엄마를 정말 아끼는 사람 만나 지금이라도 행복을 찾으세요."

그 순간, 여자의 눈에서는 30여 년간 참아왔던 눈물이 한꺼번에 쏟아졌다고 합니다. 자신이 살아온, 자신이 선택한 결과를 때로 원망하며 때로 자책하며 살아왔는데, 그 모든 서러움과 고통이 씻겨나가는 것처럼 느껴졌다고 합니다. 그 순간 여자는 아이들의 생부가 떠올랐다고 했습니다.

"모를 테지요 그 사람은… 자신의 핏줄이 장가를 가고, 또 한 명의 핏줄은 국방의 의무를 이행하러 군대에 간다는 사실을… 그래도 괜찮습니다. 이제 저에겐 든든한 두 아들이 다시 생겼으니까요. 고맙다. 내 아들."

두 번째 사연은, 제가 직접 만났던 한 아이에 대한 이야기입니다. 1991년 3월, 저는 학생운동을 하다가 구속된 적이 있었습니다. 당시 제가 투옥된 곳은 일제강점기 때 지은 지하 감옥이었는데 거기서 세월을 지내보니 그곳 역시 사람이 사는 곳이었습니다.

강도, 흉악범 들이 우글거리는 그곳에서 어찌 살까 처음엔 두렵고 걱정되었으나 막상 들어가보니 대개는 착한 사람들이었습니다. 신문 지상에 떠들썩하게 나왔던 강도도 그곳에서는 그렇게 순할 수 없었고 조폭 역시 든든한 형님이었습니다. 더러 비열하기 짝이 없는 놈도 없지는 않았으나 그래도 매일매일 얼굴 맞대며 농담도 하고 밥도 같이 먹으며 함께하니 누구보다 친근한 이웃지간처럼 되는 것입니다.

그런데 그곳에서 만난 사람 중 지금도 기억에 남는 아이가 한 명 있습니다. 당시 열다섯이었던 그 아이를 처음 만난 건 구속자 인사 때였던 걸로 기억합니다. 그곳에서는 규칙이 있습니다. 구속영장이 발부되어 처음 감옥에 들어올 때는 누구든 선배 구속자들에게 인사를 해야 합니다. 구금 시설의 중앙에 서서 자신의 이름과 나이, 그리고 구속 이유 등을 큰 소리로 말한 후 맨 마지막에는 '잘 부탁드립니다'라는 인사말과 함께 허리를 90도 굽혀 인사하는 것입니다. 이때 죄짓고 먼저 들어온 선배 구속자들의 모습을 보면 우습기도 합니다. 마치 죄 없이 들어온 사람처럼 지금 막 들어온 죄인에게 온갖 설교를 다 해대는 것입니다. 어떤 사람은 '인생 똑바로 살라'며 야단을 치기도 하고, 또 죄목에 따라 윽박을 지르며 가벼운 체벌도 내립니다. 예를 들어 강간범이나 간통사범의 경우가 그렇습니다. 이들은 그곳에서도 사람 취급을 받지 못합니다. 어떤 경우에는 심하게 맞기도 합니다.

반면 사람을 죽이고 들어온 범죄자에 대한 예우는 또 다릅니다. 최고 사형 또는 무기징역을 받을 가능성이 높으니 일반 잡범처럼 막 대하지 않습니다. 한번은 외도하는 부인을 죽이고 구속된 남편이 있었는데, 그에게는 누구도 뭐라고 말을 하지 않았습니다. 오히려 위로하는 사람도 있었습니다. 묘한 동병상련의 정서가 거기에는 있기 때문입니다.

그때 잡혀 들어온 이 아이는 고작 15살에, 유난히 체격이 왜소했습니다. 구속 인사를 하는데 온몸을 덜덜 떨고 있었습니다. 들어보니 구속된 죄목은 절도였습니다. 순간 방 안 여기저기에서 농반 진반으로 큰 소리가 터져 나왔습니다. 1990년 당시 대통령이었던 노태우가 국면 전환용으로 시행한 '범죄와의 전쟁' 때문에 각 방마다 조직폭력배들이 넘쳐나던 때였습니다. 바로 그 조폭들이 위협적인 목소리로 아이에게 공갈로 소리치는 것이었습니다. "이놈의 시끼! 아주 죽여버리겠어" "어린 놈이 그런 짓을 해?" 등등. 자기들도 죄인이면서 아직 어린아이가 구속까지 될 정도로 어떤 범죄를 저질렀다는 것이 한심스럽게 느껴진 탓이었을까요. 그러자 아이는 그야말로 사시나무 떨 듯 몹시 두려움에 떠는 것 아닌가요? 이 아이의 모습을 보며 저 역시 한편 의아스러웠습니다. 이유가 있었습니다.

처음엔 대수롭게 생각지 않았습니다. 이제 고작 중학교 2학년에 불과한 아이가 구속될 지경이니, 그동안 어찌 살아왔는지 안 봐도 미리 짐작이 되었습니다. 그렇게 대강 생각하며 찬찬히 그 아이를 바라봤을 때, 이상한 점이 눈에 띄었습니다. 그 아이의 얼굴과 몸에 온통 상처와 멍이 가득했던 것입니다. 마치 누군가에게 지독하게 맞은 것처럼 아이의 얼굴은 상처와 멍, 그리고 눈물 자국으로 가득했습니다.

'도대체 누구에게 저리 맞았을까. 경찰에게, 아니면 도둑질하다가 주인에게 걸려서…?'

그런 생각을 하는 동안 아이는 방마다 찾아다니며 인사를 했습니다. 아이가 내내 울며 주눅 든 모습으로 인사를 건네니 방금 전까지 큰 소리로 호통 치던 조폭 아저씨들도 마음이 짠해졌나 봅니다. 방에 있던 요구르트니 과자 같은 것을 나눠주며 "울지 말고 생활 잘하라"고 위로하는 것이었습니다. 그럴수록 아이의 울음소리는 더 커졌습니다. 그러한 아이 모습을 보며 저 역시 참 가슴 아팠습니다. 그리고 며칠 후, 저를 비롯하여 많은 이들이 궁금해했던 비밀이 밝혀졌습니다. 바로, 아이가 처음 구속될 당시 얼굴에 보인 상처와 멍자국에 대한 의혹 말입니다.

아이는 고아였습니다. 하지만 태생부터 고아는 아니었습니다. 아이가 구속되기 2년 전, 그러니까 아이가 13살 되던 그해, 아이의 부모 두 분이 모두 교통사고로 돌아가셨습니다. 그렇게 해서 자신과 이제 9살 된 남동생 하나만 남겨졌습니다. 불행하게도 부모의 일가친척 중 가까운 이가 없어 두 형제만 덩그러니 세상에 던져졌다는 것입니다.

결국 아이는 자기보다 어린 동생을 위해 학교 진학을 포기하고 돈을 벌기 위해 취직했다고 합니다. 그래서 처음 택한 일이 중국집 배달원이었습니다. 하지만 중국집 사장은 그다지 좋은 사람이 아니었습니다. 일은 시켰지만, 그리고 식당에서 남은 밥은 줬지만 월급은 한 푼도 주지 않았습니다. 억울했지만 그 밖에 달리 갈 곳도 없었던 아이는 중국집 주인 밑에서 월급도 못 받고 목숨만 이으며 하루 종일 일했다고 합니다.

일이 터진 것은 그렇게 근 1년여를 일했던 무렵입니다. 배달한 곳에서 음식비를 받아 가게로 돌아오던 길, 아이는 상가 유리창에 진열된 유명 메이커 신발에 그만 마음을 빼앗기고 맙니다. 고작 15살 어린 마음에 아이는 신발이 너무도 가지고 싶었습니다. 결국 해서는 안 될 행동을 하고 맙니다. 수금한 배달 음식 값으로 신발을 산 것입니다. 그러고는 그 신발을 신고 저녁이 되도록 가게로 돌아가지 않은 것입니다. 그런데 점점 어둠이 내리는 저녁이 되면서 아이는 비로소 자신이 뭘 했는지 깨달았다고 합니다. 두려움과 걱정이 들었고 결국 아이는 신고 다녔던 프로스펙스 신발을 벗어 손에 든 채 가게로 돌아갔습니다.

그 후 어찌 되었을까요? 수금하러 나간 아이가 신발을 사서 돌아오자 중국집 사장은 아이를 때리기 시작했습니다. 화가 머리끝까지 나 있던 상황에서 아이가 수금한 돈으로 신발까지 사서 돌아다녔다고 하니 더욱 화가 치민 것입니다. 그러면서 도둑놈이라며, 또 영업시간에 배달도 하지 않아 손해가 더욱 막심하다며 마구잡이로 아이를 때렸습니다.

사장은 그렇게 아이를 폭행한 후, 결국 이 사건을 경찰에 신고합니다. 더 기가 막힌 일은 이때부터 또다시 시작입니다. 주인의 신고를 받아 아이를 인계받은 경찰과 검찰의 업무 처리가 바로 그것입니다. 아이 사정을 살펴 도와줘야 할 경찰과 검찰이, 아이에게 보호자가 없다는 이유로 그냥 소년원에 이첩하기로 결정한 것입니다. 아이가 감옥에 왔을 때 왜 그처럼 아이 얼굴이 큰 상처와 멍투성이였는지, 왜 아이가 그처럼 서럽게 울었는지, 그제야 사정을 알게 된 저는 참으로 화가 났습니다. 가난한 아이에 대한 우리 사회의 천박한 인식, 그리고 복지정책에 대한 문제의식을 제가 처음 갖게 된 때가 바로 이때였습니다.

그렇게 해서 아이가 구속된 지 얼마 지난 뒤, 아이가 소년원으로 이송된다는 이야기가 들려왔습니다. 처음 아이의 사정을 듣게 된 후 내내 마음이 편치 않았던 저는 곧 소년원으로 간다는 아이에게 뭐라도 마음을 전하고 싶었습니다. 고민 끝에, 제 앞으로 들어온 영치금 중에 일부를 빼내어 다음 날 아침 소년원으로 가기 위해 짐을 꾸리던 아이 방으로 찾아갔습니다. 그런 후 아이를 불러 손을 잡았습니다. 아이에게 얼굴 상처는 어떠냐고 물었습니다. 그러자 아이는 웃으며 괜찮다고 했습니다. 비록 얼마 되지 않는 시간이었지만 그사이 꽤나 친해졌던 것입니다. 저는 말없이 아이를 안아줬습니다. 그러면서 "어디서든 용기 잃지 말라"고 당부했습니다. 이런 곳이 아닌 다른 곳에서 또 만나자고 말했습니다. 그런 후 저는 아이의 손에 제가 가져온 얼마간의 영치금을 전해주려 했습니다. 그런데 그때였습니다. 처음엔 뭔지 몰라 머뭇거리던 아이가 갑자기 제 손을 뿌리치며 뒤로 물러서는 것 아닌가요? 갑작스러운 아이의 행동에 놀라 왜 그러냐고 물었습니다. 그런데 아이가 울기 시작하는 것입니다. 뒤로 주춤주춤 물러서며 아이는 거의 통곡하듯 울기 시작했습니다. 갑작스러운 아이의 행동에 저는 당황스러웠습니다.

그랬습니다. 아이는 갑작스럽게 부모님이 돌아가신 후 지난 2년 여 동안 너무 많은 상처를 받았던 것입니다. 세상 누구에게서도 따뜻한 말을 들어보지 못했던 그 아이가 누군가의 갑작스러운 호의 앞에 설움과 한이 한꺼번에 터진 것입니다. 그런 아이를 달래며 저는 기어이 영치금을 주머니에 넣어줬습니다. 그러자 아이는 고맙다며 다시 울었고 저는 그런 아이와 함께 울었습니다.

"다시는 이곳에 오지 마라. 그럼 된다."

제가 아이에게 한 마지막 말이었습니다. 그 후 아이는 소년원으로 가서 저에게 편지를 보냈습니다. 편지에서 그 아이는 자신의 어린 동생을 걱정했습니다. 너무 기가 막힌 일이 아닐 수 없었습니다. 이런 아이를 보호자가 없다고 행정 편의상 그냥 소년원에 가둔 1991년 교정 행정의 야만은, 제게 잊을 수 없는 기억이 되었습니다.

과연 그때 그 아이는 지금 이 세상 어딘가에서 잘 살고 있을까요? 가끔가다 아이 생각이 납니다. 부디 보란 듯이 잘 살고 있기를 바랍니다. 그리고 더 이상 가난한 아이들이 고통 속에 방치되지 않는 대한민국을 그립니다. 그런 야만은 1991년 그 3월의 일로 끝나야 합니다. 세상의 모든 아이가 보호받는 행복한 대한민국을 응원합니다.

"어린이를 두고 가니 잘 부탁합니다"

방정환 선생님의 뜻으로 되새기는 어린이 날

오늘은 소파 방정환 선생님이 '어린이는 나라의 보배'라며 '어린이 날'을 제정한 지 아흔세 번째(2015년 현재) 되는 날입니다. 저도 어린 시절, 이 날만을 생일처럼 손꼽아 기다렸던 기억이 새록새록 떠오릅니다. 그만큼 어린이들에게는 소중한 날인데요. 이날을 제정한 방정환 선생님은 어떤 분인지 살펴보도록 하겠습니다.

방정환은 1899년 11월 9일, 서울 당주동에서 사업가 아버지 밑에서 태어나 유년 시절은 경제적 어려움이 없었다고 합니다. 그런데 그의 나이 9살이 되던 1907년, 큰 변화가 찾아왔습니다. 아버지 사업이 크게 실패한 것입니다. 이로 인해 끼니조차 이을 수 없는 지경이 되었다고 합니다. 그래서 마음 착한 고모에게 방정환이 종종 곡식을 얻어와야 할 지경으로 집안이 몰락했다고 합니다.

사정이 이러하니 방정환 역시 학업을 이어갈 수 없었습니다. 보통학교 졸업 후 어린 나이지만 돈을 벌기 위해 일을 시작했습니다. 그러던 중 그의 삶에 큰 전환기가 찾아온 때는 1917년, 그의 나이 18세가 되던 해였습니다. 천도교 교주인 손병희 선생 딸과 결혼하게 된 것입니다. 그리고 장인 손병희 선생 도움으로 방정환은 보성전문학교로 진학, 중단했던 공부를 다시 할 수 있게 되었다고 합니다.

'어린이 인권운동가'로만 알려진 방정환에게는 잘 알려지지 않은 또 다른 면이 있었습니다. 1919년 3·1운동 당시 방정환의 역할입니다. 방정환은 이때 독립선언문을 인쇄, 배포하다가 일제 경찰에 의해 체포되어 형무소에 갇힙니다. 하지만 다행히 체포 직전 독립선언문을 인쇄하던 등사판을 우물에 던져 넣어 증거 불충분으로 얼마 후 석방되었다고 합니다.

일각에서는 방정환이 어린이 인권운동가로 나선 이유를, 어린이에게서 희망을 찾기 위해서라고 보기도 합니다. 일제강점기에 자라나는 어린이 교육이 중요하고 이를 위해 어린이 권리 운동에 나섰다는 분석입니다.

한편 '어린이'라는 단어를 방정환이 처음 만든 것으로 알려져 있으나 이는 사실이 아니라고 합니다. '어린이'는 이미 17세기부터 써온 단어였다는 것입니다. '어리다'는 의미의 관형사형 '어린'에, 의존명사 '이'가 결합되어 만들어진 단어인데요, 이는 단지 '어린 사람'을 의미하는 단어였다고 합니다. 그런데 이러한 의미의 '어린이' 단어에 높임의 뜻을 강조한 '어린이'로 재창조한 사람, 바로 그 사람이 방정환이라는 것입니다. 그렇다면 현재 어린이의 나이 기준은 어떻게 될까요? 흔히 뷔페 식당 같은 곳에 가면 적용되는 기준인데요. 만 12세 미만의 아동을 어린이로 본다는 것입니다.

한편 방정환이 어린이 날 제정 필요성을 알리는 첫 행사를 가진 때는 1922년 5월 1일이었다고 합니다. 그리고 이듬해인 1923년 5월 1일 방정환은 마침내 '어린이 날'을 선포하게 됩니다. 그리고 이때 선포한 '어린이 날'을 기준으로 2015년 올해, 아흔세 번째의 어린이 날을 맞이한 것입니다.

여기서 한 가지 이상한 점이 확인됩니다. 뭐냐구요? 오늘날 어린이 날은 매년 5월 5일입니다. 그런데 방정환이 처음 선포한 어린이 날은 5월 1일이었습니다. 왜 5일이 아니고 1일이었을까요? 이유가 있습니다. 장인 손병희가 교주였던 천도교에서 방정환이 천도교 소년단을 창립하는데, 그 창립일이 5월 1일이었습니다. 그래서 그 날짜에 맞춰 '어린이 날'을 처음 선포한 것입니다.

그래서 처음 어린이 날로 선포된 그날의 행사는, 그 당시 기준으로 보면 참으로 대단한 규모였다고 합니다. 1923년 5월 1일 오후 3시, 서울 종로구 소재 천도교 본부 운동장에서 천도교소년회, 조선소년군단, 불교소년연맹 소속 어린이 천여 명이 넘게 참석하여 제1회 어린이 날 기념식을 개최한 것입니다.

이 당시 서울 인구가 30만 명이었는데 천여 명이 넘게 모였다는 점, 그리고 거리 행진을 하며 '어린이들을 내려다보시지 마시고 쳐다보아주시오. 어린이에게 존댓말을 쓰시되 늘 부드럽게 대해주시오' 등의 문구가 적힌 선전물을 12만 장이나 배포했다고 하니, 참으로 놀라운 일이 아닐 수 없습니다.

또한 고적대 행진곡에 맞춰 참가자들이 '경축 어린이 날'이라고 쓴 대형 현수막을 앞세우고 탑골공원에서 광화문까지 가두 행진을 벌였다고 하니, 볼거리가 거의 없던 일제강점기 시절에 이 풍광은 그야말로 대단한 장관이었을 것입니다. 그만큼 장안에서 화제가 되었습니다. 그동안 '애새끼' 같은 하찮은 단어로 불리던 아이들이 존경의 의미가 담긴 '어린이'로 불리는 첫 시작이었습니다.

하지만 이렇게 출발한 어린이 날은 이후 평탄치 않은 과정에 놓이게 됩니다. 일제에 의한 탄압 때문이었습니다. 시비는 어린이 날로 선포된 5월 1일에 대한 것으로 시작되었습니다. 일제는 방정환이 왜 5월 1일을 어린이 날로 선포했는지 의심하기 시작했다고 합니다. 이미 앞서 말씀드린 것처럼 방정환이 어린이 날을 5월 1일로 선포한 데는 큰 의미가 있었던 것이 아닙니다. 자신이 천도교 소년단을 창립한 날이 그날이었기에 별 뜻 없이 거기에 맞춘 것입니다.

그러나 일제는 달랐습니다. 그 5월 1일에 이념의 색깔을 더한 것입니다. 그래서 생각해낸 시비, 5월 1일이 '메이데이(노동절)'인데 일부러 거기에 맞춘 것이 아니냐는 것이었습니다. 기념일 제정에 무슨 정치적 목적이 있지 않느냐는 공안적 시각으로 시비를 걸었습니다. 그때나 지금이나 없는 허수아비를 보고 도깨비라 우기는 자들이 있는 겁니다.

결국 이러한 일제의 탄압으로 방정환은 1927년 어린이 날을 바꾸게 됩니다. 그래서 바꾼 날짜가 매년 5월 첫째 주 일요일이었다고 합니다. 하지만 날짜까지 바꿔가며 어린이 날을 지키려 했던 방정환의 노력에도 불구하고, 일제는 어린이 날에 대한 의구심을 버리지 못했습니다. 결국 15회를 맞이하던 1937년, 일제는 어린이 날 기념행사를 불법으로 규정하고 이를 전면 금지시킵니다.

또한 방정환이 조직한 천도교소년회 등 일체의 모든 소년 조직 역시 강제 해산시켰습니다. 어린이들을 존중하는 순수한 명분의 어린이 날 행사도 정치적인 목적을 배후에 지닌 불순 모임으로 판정한 것입니다. 조선의 어린이들이 어린이 날 행사를 통해 자존감을 느끼고, 이런 과정에서 성장한 조선의 어린이들이 장차 깨어 있는 조선의 청년으로 성장할 것을 일제는 두려워한 것입니다.

그리고 1945년 8월 15일, 일제가 패망합니다. 마침내 우리나라가 해방을 맞이한 것입니다. 일제로부터의 해방은 '어린이 날'에 있어 새로운 출발이기도 했습니다. 일제에 의해 강제 중단된 어린이 날 기념식이 다시 시작되었기 때문입니다. 그때가 해방되고 이듬해인 1946년 5월 5일의 일이었습니다. 여운형이 주도하는 '건국준비위원회'는 중단된 어린이 날 행사를 다시 개최하기로 결정하고 5월 5일을 어린이 날로 선포합니다. 그리하여 그해 5월 5일, 건국준비위원회 주최로 제24회 어린이 날 기념식이 열렸습니다. 어린이 날이 5월 5일로 결정된 것은 바로 그때의 결정이었던 것입니다.

　그렇다면 다른 나라의 어린이 날은 언제일까요? 유엔과 유네스코가 정한 '세계 어린이 날'은 매년 11월 20일이라고 합니다. 혹시 북한에서도 어린이 날을 기념할까요? 북한을 포함하여 공산주의 국가에서도 어린이 날 행사를 가진다고 합니다. 날짜는 우리와 달리 매년 6월 1일. 1949년 9월 러시아 모스크바에서 국제민주여성연맹 이사회가 열렸는데 매년 6월 1일을 '국제 아동절'로 정했기 때문이라고 합니다.

　그래서 북한 역시 '국제 아동절'에는 어린이 초청 행사를 한다고 합니다. 주로 평양 만경대 유희장에 공산당 주요 간부들이 참석하여 기념식을 개최한다고 하는데 다만 우리나라처럼 그날을 공휴일로 정하지는 않았다고 합니다. 대신 직장을 다니는 부모들은 휴가를 내어 자녀의 학예회에 참석하고, 저녁에는 어린이들이 좋아하는 특식을 마련해준다고 합니다. 이외에 특이한 것은 가봉, 콩고, 카메룬 같은 아프리카 나라입니다. 매년 12월 25일 크리스마스를 어린이 날로 동시 지정해서 지낸다는 것입니다.

　우리나라에서 어린이 날이 법정 공휴일로 지정된 때는 1975년입니다. 1961년에 아동복지법을 제정하면서 법률로서 5월 5일을 어린이 날로 지정한 후 14년 만에 법정 공휴일로 지정된 것입니다. 이러한 과정을 통해 명실공히 오늘날의 어린이 날이 된 것입니다. 그래서 아이가 있든 없든 상관없이, 이날만은 모든 이들에게 즐거운 유급 휴일이 가능하게 된 것입니다.

하지만 이러한 어린이 날이 법정 공휴일에서 제외될 뻔한 위기가 있었습니다. 지난 2004년의 일이었습니다. 당시 정부가 2006년부터 주5일 근무제를 도입하려고 했는데 전경련과 경총 등 사용자 단체 등이 휴일이 너무 많다며 반대하고 나선 것입니다. 이에 정부는 사용자 단체의 반발을 무마하고자 법정 공휴일 중 일부를 조정할 논의를 시작합니다. 그래서 도마 위에 올라간 대상이 매년 4월 5일 식목일과 7월 7일 제헌절, 그리고 5월 5일 어린이 날이었습니다.

하지만 어린이 단체와 부모 등이 반발하자 정부는 지난 2005년 어린이 날을 법정 공휴일 재정비 논의에서 최종 제외하기로 결정합니다. 어린이 날에 담긴 역사성을 인정한 것입니다. 그래서 최종적으로 식목일과 제헌절만 공휴일에서 제외됩니다. 어린이 날이 오늘까지 법정 공휴일로 남게 된 사연입니다.

한편, 이처럼 어린이 인권을 위해 노력해온 방정환 선생님이 돌아가신 시기가 너무 뜻밖입니다. 너무도 젊은 나이에 요절했기 때문입니다. 때는 1931년 7월 23일, 그의 나이 불과 서른세 살이 되던 해였습니다. 신장염과 고혈압으로 이 세상을 뜨게 되었습니다. 그야말로 짧고 굵게 인생을 살다 가신 방정환 선생님…. 비록 그는 일찍 우리 곁을 떠났으나 그가 남기고 간 단어 '어린이'와 '어린이 날'은 지금까지도 이 땅의 많은 어린이들을 행복하게 만들어주고 있습니다. 이러한 방정환이 남긴 마지막 유언은 무엇이었을까요? 처음 방정환 선생님의 유언을 접하고 저는 감동을 금할 수 없었습니다. 그의 유언은 이랬습니다.

"문간에 검은 말이 끄는 검은 마차가 날 데리러 왔으니 떠나야겠소. 어린이들을 두고 가니 잘 부탁하오."

그야말로 방정환다운 유언이었습니다. 그런데 말입니다. 과연 오늘날 우리는 방정환 선생님의 이러한 마지막 유언을 잘 지키고 있을까요? 그래서 오늘 〈고상만의 수사반장〉은 방정환 선생님의 유언을 다시 돌아보는 의미에서 우리 주변의 사례를 모아봤습니다. 어린이 날을 맞아 우리 어른들이 다 같이 반성하는 의미에서 함께 경청해주시면 좋겠습니다.

배고픈 어린이는 밥을 먹어야 합니다. 이 말은 너무도 당연해져야 합니다. 하지만 우리 현실은 그렇지 않습니다. '무상급식 폐지'를 주장하는 목소리가 대표적입니다. 아니, 더 정확히 표현해 '무상급식'이 아니라 '의무급식'이라 해야 정답입니다. 헌법상 교육이 의무인 것처럼 교육을 받는 아이에게 밥을 주는 것도 의무이기 때문입니다. 이를 통해 적어도 학교에서만큼은 아이들이 차별 없는 밥을 먹어야 합니다. 이를 우리가 해야 할 당연한 의무라고 여겨야 합니다. 어른이 낸 세금으로 아이들이 차별 없이 밥 먹고, 또 배우고자 하는 아이들에게는 의무교육이 이뤄지도록 하는 것은 특별한 복지가 아닙니다. 당연한 복지입니다.

그런데 이 당연한 일을 어떻게 실현시킬 것인가에 방점을 둔 것이 아니라 '하지 않을 이유만 찾는' 새누리당과 박근혜, 청와대가 문제입니다. 심지어 무상급식으로 인해 나라 재정이 파탄 날 지경이라며 진실을 호도하기까지 합니다.

천만의 주장입니다. 돈이 없는 것이 아니라 의지가 없는 것입니다. 재정의 우선순위만 조금 바꾸면 교육을 위한, 미래를 위한 투자는 얼마든지 가능합니다. 한 해 국가 예산의 10퍼센트에 달하는 국방 예산 중 방산

비리로 새는 돈만 바로잡아도 가능한 일입니다. 22조 원을 4대강 사업에 퍼붓고 전 국토를 썩은 물로 만드는 미친 짓만 하지 않아도 가능한 일입니다. 미르 재단이니 K-스포츠 재단 같은 기구를 만들어 재벌 돈을 빼돌리는 범죄 대신 아이들의 의무급식을 우선순위로 받아들이는 인식 전환만 하면 되는 일이라는 것입니다.

가난한 부모를 둔 것은 그 아이의 죄가 아닙니다. 그러나 우리 현실에서도 과연 그런가요? 가난한 부모를 둔 아이는 죄인이 됩니다. 과거보다 더 헤어나기 어려운 가난의 대물림 구조로 우리 사회가 가고 있습니다. 부가 세습되듯 가난 역시 세습되는 시대라는 것입니다. 그렇기에 이 문제를 해결할 수 있는 방법은 아이들에게 똑같은 기회를 주는 것입니다. 이를 위해 모든 아이들이 출발선에 공정하게 설 수 있도록 기회를 보장하는 복지 정책이 필요합니다.

두 번째는 체벌의 문제입니다. 훈육과 체벌은 어떻게 다를까요? 흔히들 아이를 때리면서 훈육 목적이라고 주장합니다. 아이를 때린 교사도 훈육 목적이라고 말하고 자기 아이를 때린 부모도 사랑의 매라고 합니다. 하지만 훈육이든 체벌이든, 그것은 전부 폭력입니다.

매는 언제 들까요? 말하건대, 이는 부모가 자기감정을 참지 못하기 때문입니다. 아이가 거짓말을 해서, 혹은 말을 듣지 않고 말썽을 부려서 사랑의 매를 들었다고 하는데, 학대에 불과합니다. 누가 매를 들든 그것은 폭력일 뿐 사랑이 아닙니다. 당장 부모가 자기 뜻대로 안 되니 손쉽게 매를 드는 것입니다. 그 폭력에 굴복한 아이가 일순간엔 순응하니 악순환이 반복되는 것뿐입니다.

우리는 아동 살해가 계부나 계모에 의해서만 벌어지는 비극이라고 쉽게 예단합니다. 예를 들어 지난 2013년 10월 발생한 울산 계모 의붓딸

살인사건이 대표적입니다. 저 역시 너무도 큰 충격을 받았던 사건입니다. 부산 아쿠아리스로 친구들이 소풍가던 날, 자신도 그 소풍에 가고 싶다던 8살 여자아이를 잔혹하게 때려 절명케 한 그 사건. 인간이 얼마나 잔혹하고 무서운 존재인지 절망케 한 사건이었습니다.

사건의 발단은 식탁 위에 놓은 2,300원이 없어지면서였습니다. 계모는 없어진 이 돈을 의붓딸이 훔쳐갔다고 의심했습니다. 그래서 때리기 시작합니다. 고작 8살 아이가 감당하기에는 너무 힘든 매질이 이어졌습니다. 그런데 아이가 매질을 당하면서도 계모에게 "부산 아쿠아리스 소풍에 가고 싶다"며 애원했습니다. 그러나 그 애원의 말이 더욱 큰 비극으로 이어집니다. 돈을 가져갔다고 의심만 하던 계모가 그 말을 듣고 더욱 확신한 겁니다. 계모는 "그 때문에 네가 돈을 훔쳐갔구나"라며 딸을 더욱 때리기 시작한 것입니다. 그 매질이 얼마나 가혹했는지, 차마 인용하기조차 두려운 결과가 있습니다. 부검 결과 갈비뼈 16대가 부러졌다는 아이, 그리고 그렇게 부러진 갈비뼈가 폐를 찔러 절명….

그런데 이런 끔찍하고 용서할 수 없는 범죄를 저지른 계모는 어떤 처벌을 받았을까요? 놀라지 마십시오. 1심에서 재판부는 징역 15년을 선고합니다. 아이가 부러진 갈비뼈 하나를 1년으로만 쳐도 1년이 더 낮은 징역형이었습니다. 이러한 처벌에 국민적 분노가 높아지자 항소심 재판부는 다시 3년을 높인 18년 형을 내립니다. 하지만 여전히 이해할 수 없습니다. 무기징역도 과분한 이 사건에 고작 18년 징역형, 저는 납득하기 어렵습니다.

한데 이런 참혹한 사건이 또 있습니다. 울산 계모 사건보다 두 달 앞선 2013년 8월 발생한, 경북 칠곡 계모에 의한 아동 살인사건입니다. 사건 당시 35살이었던 계모가 또 8살 여자아이를 매일 때려 죽음에 이르게 한 사건이었습니다.

더 끔찍한 것은 아이가 죽고 난 후의 일입니다. 계모와 친부는 아이가 죽자 추악한 음모를 꾸밉니다. 아이를 때려 죽게 한 사람이, 사실은 죽은 아이의 언니라며 자수를 시킨 것입니다. 언니는 죽은 아이보다 4살 많은 12살이었습니다. 계모와 친부는 치밀했습니다. 사건에 이르게 된 경위도 만들어냈습니다.

언니 인형을 가지고 싶었던 동생과 이 인형을 빼앗기지 않으려는 언니 사이에 싸움이 났다고 했습니다. 그러다가 언니가 발로 동생을 걷어찼는데 그만 동생이 숨졌다는 것. 12살짜리 언니는 경찰서에서도 이렇게 진술합니다. 하지만 이후 언니가 그날 밤의 진실을 친모에게 모두 밝히면서 사건은 반전이 일어납니다. 경위는 이랬습니다.

2013년 8월 14일 저녁, 그날 여동생이 시끄럽게 군다며 계모가 10차례 이상 배를 밟았다고 합니다. 그런 후 다시 재차 주먹으로 15번 이상을 때리는 등 폭행했다는 것입니다. 계모는 이전에도 동생에게 배설물이 묻은 휴지를 먹게 하거나 세탁기 안에 동생을 넣고 작동하는 등 온갖 학대와 폭행을 했다고 합니다. 그런데 이날 폭행으로 동생이 정신을 잃었음에도 계모는 병원으로 데려가지 않은 채 방치했다는 것. 결국 동생이 이틀 후 장간막 파열에 따른 외상성 복막염으로 숨진 이유였습니다.

그런데 언니는 왜 처음부터 이런 사실을 말하지 않은 것일까요? 비밀은 또 도사리고 있었습니다. 동생이 죽고 난 후 계모가 언니에게 협박하기 시작했다고 합니다. "만약 말을 듣지 않으면 너도 똑같이 동생처럼 해주겠다"고 협박했습니다. 이로 인해 거짓말을 하게 된 12살 언니는 이후 8살 동생을 지켜주지 못한 죄책감에 "죽고 싶다"는 글만 공책에 수없이 썼다고 합니다.

친부의 행동 역시 다르지 않았습니다. 자신의 딸이 계모에 의해 죽었음에도, 그래서 계모가 구속되고 자신 역시 이 사건 공범으로 불구속 재판을 받게 되자 그는 계모가 다니던 교회의 교인을 상대로 탄원서를 받았다고 합니다. 그런데 그 탄원서에 담긴 내용이 정말 충격적이었습니다. "언니와 동생 사이가 좋지 않아 다퉜고, 그래서 체벌이 필요했다"며 계모를 옹호하는 내용이었습니다.

'끔찍'은 계속되었습니다. 이번엔 대한민국 법정입니다. 이 천인공노할 칠곡 계모에 의한 아동 살인사건에 대해, 1심 재판부가 내린 처벌 내용입니다. 재판부는 계모에게 살인죄가 아니라 상해치사죄를 적용합니다. 그래서 내린 처벌이 징역 10년이었습니다. 그리고 탄원서를 받아 제출한 친부에게는 징역 3년 선고.

이처럼 미약한 재판 결과가 알려지면서 사람들이 화를 내기 시작했습니다. 하지만 두 사람만은 달랐습니다. 바로 계모와 친부였습니다. 그들은 자신들에게 내려진 처벌이 너무 가혹하다며 항소했습니다. 그러자 앞서 언급한 울산 계모 살인사건과 이 사건이 맞물리면서 국민적 분노가 더 커졌습니다. 당황한 쪽은 이 사건을 담당한 재판부입니다. 그래서 사건에 대한 양형 기준을 조정하게 됩니다. 그래서 내려진 추가 처벌이 있었습니다. 재판부는 계모에 의해 사망한 동생 외에 12살 언니를 학대한 혐의에 대해 따로 심리를 하기로 합니다. 그래서 동생을 사망케 하여 내린 10년 징역형 외에 언니 학대 혐의로 9년을 따로 선고합니다. 결국 이 둘을 합산하여 징역 19년. 그렇지만 여전히 많은 이들은 동의하지 못합니다. 과연 이 죄가 19년만 살고 나오면 되는 정도의 일인가요?

이러한 아동 학대와 관련한 사례는 너무나 많아서 사실 일일이 열거하기조차 힘들 정도입니다. 그런데 이 모든 '계모 잔혹사'를 넘어서는 엄청난 반전이 숨어 있다는 것 아시나요? 많은 분들은 흔히 양부모 혹은 계모, 계부에 의한 아동 학대 사건이 많을 것이라고 예단합니다. 하지만 놀랍게도 진실은 달랐습니다.

새어머니, 새아버지에 의한 아동 학대는 전체 통계에서 불과 4퍼센트에 그치고 실제로는 친부모에 의한 아동 학대가 전체의 82퍼센트를 차지하고 있기 때문입니다. 구체적 수치로 보면 2010년 아동학대 신고가 9,199건, 2011년 10,146건, 2012년 10,943건, 2013년 13,076건, 2014년 17,776건이었습니다. 아동 학대와 관련한 건수가 해마다 급속히 늘어나고 있음을 알 수 있습니다.

그런데 더 놀라운 것은, 이 기간 동안 학대로 어린이가 목숨을 잃은 수치입니다. 지난 5년간 학대로 목숨을 잃은 어린이는 모두 68명이었습니다. 세부적으로는 2010년 3명, 2011년 13명, 2012년 10명, 2013년 22명 그리고 지난 2014년에는 20명이었습니다. 보시는 것처럼 지난 5년 동안 아동학대로 사망한 어린이가 5배로 증가한 것입니다.

그렇다면 이처럼 아동학대를 가장 많이 한 가해자는 누구일까요? 친아버지와 친어머니였습니다. 1위는 친아버지입니다. 15,809명이 가해자로 신고되었습니다. 그다음이 친어머니, 11,273명이었습니다. 이처럼 친부, 친모가 가해자로 신고된 사례를 합치면 모두 82퍼센트를 차지하고 있었습니다. 그다음이 복지 시설, 아동보호 시설, 어린이집 등 시설 종사자입니다.

그럼 이제 어떻게 해야 할까요? 의식의 변화가 중요합니다. 어린이를 인격체로 여겨야 합니다. 어린이를 때려서 어린이의 행동과 의식을 바꿀 수 있다는 인식은 완전히 틀린 것입니다. 누구라도 맞기 싫듯, 아이도 맞기 싫은 것입니다. 맞고 있는 아이가 잘못을 인정해서 그냥 맞는 것이라 생각하시나요? 힘이 없으니 맞고 있다는 것이 정답일 것입니다. 이런 교육은 옳지 않습니다.

두 번째는, 아동 학대 범죄에 대한 처벌이 너무 가볍다는 것입니다. 아동 학대 범죄는 다른 사건과 달리 형사 기소율과 선고 형량이 매우 낮은 것으로 나타나고 있습니다. 법무부에 따르면, 아동 학대 사건으로 기소되는 피의자는 전체에서 27.2퍼센트에 불과하다고 합니다. 대한변호사협회가 발간하는 2013년 인권보고서에 따르면, 2012년 한 해 동안 아동복지법 위반으로 기소된 피고인은 1심 기준으로 모두 48명인데 이들 중 징역형이 선고된 피고인은 고작 6명에 그쳤다고 합니다.

이처럼 처벌이 어려운 실태는 많은 것을 생각하게끔 합니다. 가해자가 대부분 친부모인 것이 처벌이 어려운 큰 원인입니다. 이들 친부모에게 징역형을 선고할 경우 아동을 보호할 곳이 없기 때문입니다. 즉, 가해자에게 다시 피해자를 보낼 수밖에 없으니 그 가해자에게 미약한 처벌을 한다는 것입니다. 우리나라 아동 복지 시스템의 현주소입니다.

그렇다면 다른 나라의 경우는 어떨까요? 1979년 스웨덴 사례입니다. 당시 스웨덴에서는 부모의 자녀 체벌을 범죄로 규정하는 법안을 제정하려고 했습니다. 그러자 당시 국민의 70퍼센트가 이 법 제정에 반대하고 나섰다고 합니다. 하지만 지금은 다릅니다. 지금은 스웨덴 국민 90퍼센트가 체벌 금지법을 지지한다는 것입니다. 프랑스를 제외한 모든 유럽연합(EU) 국가에서는 현재 부모의 자녀 체벌을 법으로 금지하고 있다고 합니다.

과연 우리나라는 어떨까요? 저는 우리나라 부모님들께서 인식을 바꿔주시기를 청합니다. 내 아이가 맞는 것은 반대하면서 학교 체벌은 교육적으로 필요하다는 것은 모순입니다. 누구도 내 아이를 때리면 안 되는 것처럼 누구의 아이도 맞아서는 안 됩니다. 그런데 내 아이만 아니라면 학교 체벌이 필요하다는 식의 잘못된 인식을 버리지 않는다면, 이 얼마나 어처구니없는 일인가요?

최초로 어린이 날 기념행사가 열린 1923년 5월 1일, 소파 방정환 선생님이 행사장에서 배포한 「어른들에게 드리는 글」은 오늘에도 새겨들을 이유가 있습니다. 참고로 방정환 선생님의 이 글은 1987년 7월 14일 독립기념관에 비석으로 새겨지기도 했습니다. 그 전문입니다.

어린이를 내려다보지 말고 쳐다보아주시오.
어린이에게 존댓말을 쓰시되 늘 부드럽게 대해주시오.
이발이나 목욕, 의복 같은 것을 때맞추어 해주시오.
산보와 소풍을 나가게 해주시오.
어린이의 생활이 항상 즐겁게 하여주십시오.
심심하고 재미없이 자라는 것처럼 어린이에게 해로운 일은 없습니다.
항상 즐겁게 해주어야 몸과 마음이 부쩍부쩍 큽니다.
어린이에게 늘 책을 읽히십시오. 그래야 생각이 넓어지고 고상한 인격을 지니게 됩니다.

누구나 어린이를 거쳐 어른이 됩니다. 우리가 어린이였을 때 어른들에게 기대했던 모습을 다시 생각해보세요. 그런 고민을 하는 어른으로서의 어린이 날이 되기를 기대합니다. 오늘은 어린이 날, 우리들 세상. 방정환 선생님의 유언, "어린이들을 두고 가니 잘 부탁한다"는 그 말을 다시 새깁니다.

3부

되돌아올 수 없는
우리 군인들의 목소리

군 의문사,
가족 전체를 죽음으로 모는 비극

끝내 밝혀지지 않은 이이동 이병 사망사건

　대한민국은 징병제 나라입니다. 헌법 제39조에는 '모든 국민은 국방의 의무를 진다'고 규정하고 있습니다. 그래서 이 나라의 절대 다수 국민은 국가의 부름에 따라 아들을 군대에 보내고 있습니다. 하지만 그렇게 당연하게 입대시킨 아들 중 돌아오지 못하는 이들이 있습니다. 그중 한 명의 이야기입니다.

　1966년생이면서 사건 당시 22살이었던 전남대학교 교육학과 85학번 이이동 군이 징병 통지서를 받아 육군에 입대한 때는 1987년 2월 26일이었습니다. 당시 대학에 다니면 자연스럽게 학생운동에 참여하기도 했는데, 이이동 역시 운동권 성향의 모임에서 활동하던 중 입대했다고 합니다. 그런 이이동이 신병 훈련소 수료 후 자대 배치받은 부대가 경남 창원에 위치한 육군 군수사령부 제9탄약창 2경비중대. 이이동은 여기서 군인으로서 열심히 복무하게 됩니다.

그러던 중 1987년 6월 15일 오후 5시경이었습니다. 87년 6월항쟁의 불길이 들불처럼 타오르던 그때, 이이동의 가족은 잊지 못할 최악의 전화를 받게 됩니다. 이이동의 군부대에서 걸려온 전화였습니다. 전화를 걸어온 이는 자세한 설명도 없이 "이이동이 위급하니 빨리 부대로 와달라"는 말만 가족에게 전한 채 전화를 끊었다고 합니다. 앞뒤 영문도 모른 채 가족들은 무작정 이이동의 부대로 향했다고 합니다. 그렇게 밤기차를 타고 경남 마산의 아들 부대로 달려간 가족들. 가족들은 이 군이 어디를 크게 다쳤나, 누구와 싸워 문제를 일으켰나 싶은 별별 상상을 하며 부대로 달려왔습니다. 한 달 전 이이동을 면회하고 왔을 때만 해도 별문제 없이 복무했는데 말입니다. 부랴부랴 부대에 도착하니 군인들이 국군 통합병원으로 안내해줬습니다. 어디를 많이 다쳤나 싶어 황급히 따라가니 그들이 데려간 곳은 병실이 아니었습니다. 영안실이었습니다. 그리고 그곳에서 마주한 것은 죽은 아들 이이동의 영정. 마음의 준비도 없이 마주한 아들의 영정 앞에서 아버지는 그만, 정신을 잃었습니다.

이후 이 군의 아버지는 가까스로 정신을 차렸지만 여전히 아들의 죽음이 믿기지 않았습니다. 그래서 정말 아들이 사망한 것이 맞는지 내 눈으로 확인해야겠다며 시신을 보여달라고 했습니다. 그러자 부대 관계자는 아버지에게 "봐봐야 뭐 하겠냐"며 이 요청을 거부했습니다.

지금으로서는, 아니 그때도 이해할 수 없는 일이지만 그때는 정말 군이 제멋대로, 안하무인인 세상이었습니다. 죽은 군인의 부모보다 군 지휘관의 힘이 더 센 것입니다. 그래서 당시만 해도 군 복무 중 사망한 군인을 속된 말로 '개죽음'이라 했습니다. 그러면서 그 부대 관계자가 계속해서 되풀이한 이이동의 사망 이유는 이것이었습니다. '가정불화로 인한 비관 자살'. 아버지는 밑도 끝도 없는 부대 지휘관의 사인 주장에 억장이 무너지는 울분을 느꼈습니다. 가정불화라니요. 생전 처음 대면하는 부대 지휘관이 도대체 가정의 속사정에 대해 무엇을 안다고 부모 앞에서 그런 말을 떠드는 것인가요. 누가 과연 이 말을 납득할 수 있을까요?

부대 지휘관이 주장한 이이동 이병의 자살 이유, 즉 '가정불화로 인한 비관 자살'의 근거는 도대체 무엇이었을까요? 모든 군인은 입대하면서 자신의 신상 정보를 써서 내게 됩니다. 신병훈련소에서 나눠주는 '가정환경 조사서'에 이런 내용을 쓰도록 요구받기 때문입니다. 거기에 가족 관계를 비롯하여 성장 과정에 있었던 거의 대부분의 이야기를 쓰게 되어 있습니다. 그런데 바로 이때 별 대수롭지 않게 여기고 적은 글이 훗날 이 군에게 불리하게 이용될 줄 누가 알았을까요. 예를 들어, 군 입대 전 대학에 떨어졌거나 또는 여자친구와 헤어진 경우, 아버지가 실직했다든지 부모가 이혼했을 경우, 그도 저도 아니면 부모 사이가 좋지 않았거나 혹은 어려서 할머니 손에서 컸다고 쓰면 이것이 차후 혹시라도 군인이 스스로 목숨을 끊을 경우 그 이유로 둔갑하는 것입니다.

부대 측은 이이동의 가정환경 조사서를 근거로 '아버지의 재혼'을 자살 이유로 지목했습니다. 이이동이 어렸을 때, 불행하게도 친어머니가 교통사고로 돌아가셨다 합니다. 그리고 세월이 흘러 아버지가 재혼하셨는데 군 수사당국은 이것이 이이동의 자살 원인이라고 파고든 것입니다. 아버지는 억울했습니다. 결국 군 수사당국의 논리로 본다면, 아버지가 아들을 죽게 했다는 것이 아닙니까? 어느 누군들 억장이 무너지지 않을까요.

그렇다면 군 수사당국이 주장하는 이이동의 자살 원인은 맞는 말일까요? 이이동의 아버지 이춘원 씨가 재혼한 때는 1983년이었습니다. 이이동의 누나에 따르면, 아버님은 자식들과 재혼 문제에 대해 충분히 상의했고, 그 결과 가족 모두의 축복 속에서 재혼하셨다 합니다. 실제로 이이동은 재혼한 새어머님과 아무런 갈등 없이 5년간 함께 같은 집에서 살았다고 합니다. 그런데 입대한 후 느닷없이 아버지 재혼 문제로 비관하여 자살했다니, 누가 봐도 상식에 맞지 않습니다.

군이 이러한 방식으로 사병의 사망 사건을 해결하는 것은 참으로 오래된 수법입니다. 따지고 항의하는 유가족의 입을 막아버리는 아주 쉬운 방식, 해당 사병이 죽은 사유를 가족사에서 찾거나 또는 스스로 못나서 죽은 것이라고 우겨버립니다. 이런 방식이 그동안 군 수사기관이 보여준 관행이라며 피해 유족들은 입을 모아 분노합니다.

이런 예는 수두룩하지만 한 가지만 더 들어볼까요? 아버지가 3성 장군이었던 판문점 의문사 김훈 중위를 봅시다. 누가 봐도 부족할 것 없는 최고의 군 명예 집안이었던 김훈 중위와 그 아버지를, 1998년 당시 군 수사당국은 파파보이와 마마보이로 만들었습니다. 그 이유가 참으로 어처구니없습니다. 딱 한 번, 김훈 중위가 휴가를 마치고 부대로 복귀하는 날이었습니다. 그날 김훈 중위의 어머니가 자동차로 부대까지 태워서 배웅해주셨습니다. 이 일을 가지고 특별합동조사단은 김훈 중위가 마마보이라며, 그래서 과보호 속에서 나약하게 성장한 김 중위가 과중한 업무를 이기지 못해 스스로 자살한 사건이라고 국회에 공식 보고합니다. 부모 입장에서는 그야말로 두 번, 세 번 가슴을 찢는 비열한 음해요, 명예훼손이 아닐 수 없습니다.

한편 이이동의 아버님 이춘원 씨는 이때부터 진실을 밝히기 위한 싸움을 시작합니다. 도저히 납득할 수 없는 군 수사당국의 결론에 아버지는 이대로 사건을 끝낼 수 없다고 결심했습니다. 아버지인 당신 때문에 아들이 죽었다는 결론을 받아들인다면, 아들의 명예도 회복할 수 없고, 자신 역시 살 수 없기 때문이었습니다. 더구나 당시 이이동이 사망한 경위, 그리고 사체 모습은 도저히 일반적인 자살로 볼 수 없는 의문이 너무도 많았습니다. 아버지는 반드시 그 진실을 밝히겠다고 결심합니다.

먼저 이이동이 숨진 채 발견된 시각은 1987년 6월 15일 오후 2시경이라고 군에서 밝힙니다. 가족이 부대로부터 전화를 받은 시각은 오후 5시, 그러니까 사고 발생 후 3시간이 지난 후였습니다. 이날 이이동은 부대 뒷산에서 머리에 총을 맞고 숨진 채 발견됩니다. 군 수사기관의 발표에 따르면, 발견된 이이동의 사체는 하늘을 보는 자세로 다리를 벌린 채 누워 있었다고 합니다. 그리고 사체 옆 우측 약 70센티미터 떨어진 위치에는 탄약 박스가 놓여 있었는데 그 박스 위에는 이이동이 자살할 때 사용한 것으로 추측되는 M-16 소총이 가지런히 놓여 있었습니다.

당시 이 사건을 담당한 군 헌병대의 발표에 따르면, 이이동이 사라진 시각은 오전 10시 50분경이었다고 합니다. 이날 5분 대기조 교육을 마친 후 이이동을 비롯한 사병들은 점심을 먹었고 이후 오후 2시경 다시 충정 교육 실시를 위해 병력을 소집했는데, 이때 이이동이 보이지 않았다는 것입니다. 이후 전 소대원이 이이동을 찾기 위해 수색에 나섰다고 합니다. 그런데 이때였습니다. 방위병 중 한 명이 부대 후문 앞에서 "이이동!"이라며 이름을 크게 부르던 순간이었습니다. 산속 어디에선가 총소리가 크게 들렸다는 것입니다. 그러자 사람들이 총소리가 난 쪽으로 달려갔습니다. 그렇게 약 500여 미터를 안으로 들어가자 눈에 보인 처참한 시신 한 구. 총을 맞고 쓰러진 이이동이 발견된 경위는 이렇다고 했습니다.

그런데, 이러한 군 수사기관의 발표 내용을 유족은 그대로 믿기 어려웠다고 합니다. 유족 입장에서 이상한 점이 한두 가지가 아니었다는 것입니다. 첫 번째는 사건 발생 직후 현장에 도착했다는 군의관과 권 모 소령의 진술이 너무도 달랐기 때문입니다.

먼저 사고부대 소속 권 소령 진술. 그는 자신이 사고 소식을 듣고 현장으로 달려왔을 때의 상황에 대해서 이이동의 아버지에게 이렇게 설명했습니다.

"그때 현장에 가보니 이이동이 숨을 헐떡이고 있었습니다. 그래서 내가 부둥켜안고 '이동아' 하고 불렀습니다."

하지만 권 소령과 동시에 현장을 왔다는 군의관의 진술은 또 달랐습니다. 사고 발생 후 3일이 지나가던 6월 18일, 이이동의 아버지 요구로 실시된 현장검증 후 영안실로 찾아온 군의관은 이렇게 말했다고 합니다.

"사고 발생 보고를 듣고 현장으로 가보니 이이동의 시체가 이미 싸늘하게 식어 있었습니다."

한 사람은 숨을 헐떡이고 있었다고 했고 다른 한 사람은 시신이 이미 싸늘하게 식어 있었다고 했습니다. 동시에 현장에 왔다는 두 사람의 진술은, 그야말로 하늘과 땅 차이만큼 크게 차이가 났습니다.

이는 매우 중요한 문제였습니다. 실종되었다는 이이동이 과연 언제 죽었냐는 의문의 단서이기 때문입니다. 이미 설명한 것처럼 이이동의 사고 사실을 처음 부대가 알게 된 때는 낮 2시경이었다고 합니다. 훈련 소집에 불참한 이이동을 찾기 위해 방위병이 돌아다니던 중 산속에서 터진 총성을 듣고 현장으로 달려가 시신을 발견했다고 하기 때문입니다. 그래서 처음 총성을 듣고 사체를 찾기까지 걸린 시간은 최대 10분 이내였다고 했습니다.

그런데 현장을 동시 방문한 장교 중 한 사람은 '아직 숨을 헐떡이는' 이이동을 봤다고 하고 또 다른 사람은 '이미 시신이 싸늘하게 식은' 이이동을 봤다고 하니 말이 되나요? 만약 시신이 싸늘하게 식은 이이동을 봤다는 군의관의 말이 사실이라면 이는 사건 발생 시각 자체가 조작되었음을 의미하는 것이기 때문입니다. 도대체 이이동이 사망한 진짜 시각이 언제라는 것인가요?

두 번째로 더욱 수상한 점은, 바로 이이동이 자살하는 데 사용했다는 M-16 소총이 놓인 위치입니다. 군 수사당국은 이이동이 자신에게 지급된 소총을 격발하여 자살했다고 밝혔습니다. 그런데 군 헌병대가 촬영한 이이동의 사건 현장 속 사진을 보면 과연 이것이 가능할까 싶습니다. 이유는 정리정돈이 너무 잘되어 있기 때문입니다. 이이동은 자살하기 위해 자기 몸에 총을 쏜 후 그 총기를 자신의 몸 옆에 위치한 탄약 박스 위에 가지런히 놓았습니다. 마치, '이제 한 방 쐈으니 총을 잘 놓고 죽어야지' 생각했나 싶을 정도로 반듯한 모습이었습니다. 군 수사당국은 '총을 쏘고 떨어뜨렸는데 우연히 그렇게 놓일 수도 있지 않냐'며 반박할지도 모릅니다. 하지만 이상한 일은 그것만이 아닙니다. 세 번째는 군 헌병대가 사고 현장을 촬영했다며 남긴 사진입니다. 사건 현장은 누구도 훼손해서는 안 됩니다. 사체를 이동하고 난 후에도 사건 현장은 그대로 보존되어야 합니다. 이것이 원칙입니다. 더구나 아직 사체가 현장에 그대로 남아 있고 그래서 사진을 계속해서 촬영하고 있다면 더욱 그러합니다.

그런데 놀랍게도 이이동이 숨진 사건 현장은 그러지 않았습니다. 현장을 찍은 두 장의 사진이 있습니다. 그런데 한 장의 사진에서는 탄약 박스 위에 소총이 가지런히 놓여 있는 반면 다른 한 장의 사진에서는 그러지 않았습니다. 놀랍게도 탄약 박스 위에 있던 소총은 어디론가 사라지고 대신 박스 뚜껑이 열린 채 마구잡이로 훼손되어 있는 장면입니다. 이러한 현장 사진을 확인한 유족이 그 이유를 군 수사기관에 물었습니다. 하지만 누구도 답변하지 않았습니다. 이이동 사망 사건이 얼마나 엉터리로 수사

되었는지 알 수 있는 대목입니다.

　이보다 더욱 심각한 의혹이 있습니다. 이이동이 이 소총으로 절대 자살할 수 없다는 결정적 의혹입니다. 바로 소총을 촬영한 사진 속에서 이이동이 "나는 억울하다"며 아우성치고 있는 것과 다르지 않은 증거입니다. 군대를 다녀온 사람이라면, 그래서 소총을 직접 만져본 사람이라면 누구나 알 수 있는 사실이 있습니다. 소총은 절대 그냥 발사되지 않는다는 점입니다. 소총을 쏘기 위해서는 반드시 먼저 선행해야 하는 행동이 있습니다. 그래서 사격 훈련 시 사격 통제관도 먼저 이런 명령을 내리지요. 바로 '안전 풀어'입니다. 소총의 측면에는 이른바 '조정간'이라고 불리는 장치가 있습니다. 이 조정간은 부채꼴 모양으로 움직이게 되어 있는데 '안전'과 '반자동', 그리고 '자동'으로 구분되어 있습니다. 그래서 이 조정간을 반자동 구간으로 옮기면 총알은 '탕' '탕' 하면서 단발로 발사됩니다. 반면 조정간을 자동으로 옮기면 한 번 당긴 방아쇠에서 3발씩 연속하여 총알이 발사되도록 구성되어 있습니다. 그리고 이러한 반자동과 자동 구간으로 사격을 마치면 반드시 사격 통제관이 외치는 단어가 있습니다. 바로 '조정간 안전'입니다. 이렇게 조정간이 '안전'에 놓이면 총은 절대 격발되지 않기 때문입니다. 그렇다면 이이동이 사망한 그곳에서 발견된 소총은 조정간이 어디에 있어야 할까요? 반자동이어야 합니다. 그래야 한발씩 격발할 수 있기 때문입니다. 자동으로 되어 있으면 한 번에 세 발이 발사되니 꼭 그래야 합니다. 그런데 놀라지 마십시오. 발견된 이이동의 소총은 '자동'도 아니었고 '반자동'도 아니었습니다. 어이없게도 조정간은 '안전'에 놓여 있었습니다.

　그렇다면 우리는 이 사건을 어떻게 볼 수 있을까요? 군의 논리대로라면, 그러니까 사건 현장에서 발견된 이이동의 총기 상황을 토대로 분석한다면, 이이동이 자신에게 지급된 소총을 이용하여 자신의 머리를 향해 한 발을 발사한 후 그 조정간을 안전으로 바꿨다는 말이 됩니다. 그리고 이어 탄약 박스 위에 총을 가지런히 놓은 후 죽은 것입니다. 그러지 않았다면 총은 도저히 발사될 수 없는 상황이기 때문입니다.

총기로 알 수 있는 이러한 사실을 토대로 이이동의 아버지는 더욱 분노했습니다. 도저히 믿을 수 없는 허술한 수사에 아버지는 사고 현장에서 발견된 소총을 정말 아들이 사용한 것이 맞는지 확인해달라며 군 수사기관에 지문 감식을 요구하기도 했습니다. 자살 정황만 찾을 뿐, 다른 사망 원인에 대해서는 아예 배제하는 수사 방식에 불만을 제기한 것입니다.

아들의 사체 검안 당시 발견된 여러 멍 자국에 대한 부분에 대해서도 이이동의 아버지는 의심을 거둘 수 없었습니다. 이이동의 낭심에서 외부 가격에 의한 붉은 타박상이 보였고 또 우측 눈두덩이에도 멍 자국이 보였기 때문입니다. 아버지는 사망 전 누군가에게 아들이 맞아 생긴 구타 흔적이라고 확신했다고 합니다. 하지만 군 수사기관은 이러한 아버지의 의혹을 일축했습니다. 시신에서 나타나는 일반적인 현상이라며 부인한 것입니다. 하지만 의문은 여전했습니다. 통상 사망자의 몸에서는 사망 전 구타당한 타박상부터 먼저 변색되기 때문입니다. 이러한 의문을 제기했으나 끝내 답변을 듣지 못했다는 것입니다.

마지막 의구심은 이이동의 안경입니다. 이이동은 시력이 매우 좋지 않았다고 합니다. 그런데 촬영된 이이동의 사체와 그 주변에서는 이이동의 안경이 보이지 않았다고 합니다. 이이동이 안경 없이 500미터나 떨어진 산속 현장으로 이동하는 것을 유족은 믿을 수 없다며 반발했습니다. 그러자 다시 안경이 나타났다고 합니다. 헌병대의 해명은 군의관이 현장에 도착하여 사체 상태를 확인하기 위해 안경을 벗겨놓았다는 해명이었습니다. 하지만 유족 입장으로는 납득하기 어려운 일이었습니다. 매우 중요한 사체 현장을 멋대로 이리저리 바꾸고 이의를 제기하면 이후에 해명이 나오니 어느 유족이 그 결과를 신뢰할 수 있을까요?

이처럼 아들 이이동의 사인을 두고 의혹만 쌓여가던 그때, 이이동의 아버지는 매우 충격적인 제보 하나를 접수하게 됩니다. 제보자는 이이동과 같은 부대에 근무하던 동료 김 모 병장. 김 병장의 증언은 이랬습니다. 사건이 벌어진 당일 6월 15일 낮 2시, 그날 부대에서는 충정교육이 있었다고 합니다. 당시가 87년 6월 민주대항쟁으로 뜨거웠던 시기였으니, 유사시 시위 진압을 위한 충정훈련을 실시하고 있었던 것입니다. 그런데 이 훈련 교관으로 온 장교가 강연 중 "대학생이 데모를 하는 이유가 무엇인지 설명하라"며 사병들에게 질문했다고 합니다. 하지만 아무도 답변이 없자 장교는 이이동을 지목하며 답변을 강요했다는 것입니다.

그러자 학생운동을 하다가 입대한 이이동은 시위를 옹호하는 발언을 했고, 이러한 이이동의 말에 화가 난 장교가 군홧발로 걸어찼는데 맞은 부위가 낭심이라서 그만 실신했다는 것입니다. 이러한 이이동의 사연을 자세히 기록한 신문이 있었습니다. 2012년 3월 28일 당시 『한겨레』 신문입니다. 『한겨레』는 87년 6월 민주대항쟁의 주역인 박종철 열사의 부친 박정기 님과 인터뷰해 이 사건을 자세히 다루었습니다. 이에 따르면, 2004년 대통령 소속 의문사 진상규명위원회(약칭 '의문사위')가 이이동의 사망 원인을 조사한 결과 '이이동이 군 입대 후 보안대의 관찰 대상으로 관리되고 있었다'는 사실을 밝혀냈습니다. 그러다가 1987년 6월 15일 오후 부대에서 충정교육이 실시되던 날 제보 사실과 같은 장교의 구타로 인해 실신한 후 내무반으로 옮겨졌다가 이후 숨진 채 발견되었다는 것입니다.

이는 매우 중대한 의문 제기였습니다. 사건 전반에서 많은 의혹이 제기되는 가운데 이러한 중대 제보를 접수했다면, 어느 유족인들 이에 대한 철저 수사를 요구하지 않을까요? 이이동의 아버지 이춘원 씨 역시 사회 각계에 이와 관련한 의혹을 밝혀달라고 탄원하기 시작합니다.

내 아들이 사망한 진짜 시각은 언제인지, 군 수사기관의 발표처럼 오전 10시 50분에 마지막으로 목격된 후 죽은 것이 맞는지, 아니면 오후 2시 충정교육 과정에서 구타당한 후 사망한 것인지 여부를 정확하게 확인해달라는 것이었습니다. 그리고 안경은 어디로 갔으며 사체 발견 현장은 왜, 누가, 무슨 이유로 두 차례나 훼손된 것인지, 조정간 안전 상태인 소총에서 총알이 어찌 발사되며 사용된 총알의 출처는 무엇인지 이이동의 아버지는 피가 마르도록 진상규명을 요구했습니다.

다행히 일부 새로운 사실이 밝혀졌습니다. 추후 의문사위가 밝혀낸 사실에 의하면, 당시 부대 측이 이이동의 자살 원인이라고 지목한 아버지의 재혼(가정불화) 주장은 '부대 지휘관의 의도로 꾸며진 것'임이 확인되었습니다. 의문사위 보고서에 따르면 당시 사고 부대 중대장은 이이동 사고 직후 전체 중대원들을 상대로 두 차례나 "이이동의 아버지가 재혼하고, 부자간 사이도 좋지 않았다"는 주입 교육을 실시했다고 합니다. 특히 이이동의 후견인이었던 군 고참이 헌병대 조사를 받으러 가자 중대장은 그 직전에 중대장실로 따로 불러 "죽은 이이동이 가정 사정으로 비관해 자살한 것"이라는 취지의 특별 교육도 실시한 것으로 확인되었습니다.

이처럼 아들을 잃고 억울함을 주장한 아버지 이춘원 씨에게 돌아온 군 당국의 화답은 더욱 분노를 일으킵니다. 억울하다며 낸 아버지의 진정서에 대해 군 지휘관이 명예훼손을 이유로 형사고소를 하고 나선 것입니다. 아들을 잃고 그 억울함을 호소하며 진실을 밝혀달라는 아버지에게, 당신 자신이 죽은 것은 바로 아버지 당신 때문이라며 뒤집어씌우더니 그도저도 안 되니까 오히려 명예훼손으로 고소한 군 지휘관의 화답. 과연 이런 행위를 우리는 어떻게 이해해야 하는 겁니까?

하지만 아버지 이춘원 씨는 물러서지 않았습니다. 아들을 잃은 아버지는 더는 잃을 게 없다고 생각했습니다. 반드시 아들의 억울한 죽음을 밝히겠다며 투사로 돌변하였습니다. 그렇게 혼자 아들의 의문사를 밝히기 위해 싸우던 아버지에게 한줄기 빛이 되는 소식이 들려왔습니다. 아들을 잃고 이듬해인 1988년 10월, 서울 기독교회관에서 의문사로 가족을 잃은 유족들이 농성을 시작했다는 『한겨레』 신문 보도였습니다. 아버지는 그날로 기독교회관 농성장을 찾아갔습니다. 그리고 이후 135일간 그곳에서 아들 이이동의 의문사를 밝혀달라며 농성에 돌입합니다. 하지만 진실 규명은 요원했습니다. 시간이 갈수록 답답함은 더해갔습니다. 그 답답함을 의지하는 길은 술밖에 없었습니다. 답답하고 화가 나면 술을 마셨다고 합니다. 그러면서도 늘 말이 없고 가끔가다 한번씩 멋쩍은 미소를 짓던 사람. 이 당시 이춘원 아버님을 자주 봤던 유가협 회장 박정기 아버님의 기억입니다. 그런 이춘원 아버님을 지켜보다가 어느 날 박정기 아버님이 "좀 밝게 살라"며 한마디 했다고 합니다. 그러자 이춘원 아버님이 남긴 말.

"남 보는 데서 웃는 것도 죄스럽고 밥 먹는 것도 미안해요."

그렇게 시간이 흐르던 1990년 11월 12일, 이춘원 아버님은 한 통의 유서를 남기고 그만 스스로 목숨을 끊었습니다. 그 아버지가 남긴 유서 전문 전문입니다.

"더 이상 힘이 없어 먼저 갑니다. 남은 사람들이 진상규명과 민주화를 위해 힘써주세요."

다섯 평 남짓한 무허가 비닐하우스 촌에서 음독으로 목숨을 끊은 아버지. 많이 배우지 못한 것이 한이 되어 아들만큼은 4년제 대학에 보내겠다며 막노동으로 학비를 모았다던 아버지. 그래서 장차 선생님이 될 교육대학에 아들을 보낸 후 그 아들을 생각할 때마다 뿌듯해했다던 아버지. 그런데 그렇게 키워 보낸 군대에서 다른 사람도 아닌 자기 때문에 그 아들이 비관하여 자살했다는 말을 듣고 내내 죄인처럼 살았던 아버지. 결국 그 아버지가 아들의 진상규명도, 또 그 아들을 죽인 사람이 누구인지도 밝히지 못한 채 끝내 약을 먹고 생을 끝낸 것입니다.

아들이 자살하지 않았다는 증거를 찾기 위해 사방 다니지 않은 곳이 없었다고 합니다. 청와대, 국회, 국방부, 안기부, 검찰, 육군본부, 군부대 등등을 수없이 오가며 탄원서를 냈고 거리에서, 농성장에서, 또 집회장에서 "내 아들은 이이동이요, 그 아들이 억울하게 죽었소"라며 울부짖었던 그 아버지. 하지만 세상은 그 아버지의 억울한 사연을 끝내 풀어주지 못했습니다.

한편 이 과정에서 가슴 아픈 기억을 가진 사람이 또 있었습니다. 바로 이이동의 누나이자, 이춘원 아버님의 딸입니다. 동생을 잃고 이어 아버지마저 잃은 그 딸의 심정은 또 어떨까요? 그녀가 남긴 심경을 접하며 제가 더 가슴 아팠던 이유입니다.

그녀는 비극적인 동생의 죽음과 그 진실을 밝히고자 몸부림치다가 돌아가신 아버지를 생각하면 더욱 죄스러웠다고 고백했습니다. 자신이 아버지에게 힘이 못 되어드린 것 같아 더욱 그렇다고 했습니다. 그러면서 동생이 이처럼 억울하게 죽기까지 다른 의문사에 대해 관심을 두지 못해 반성하고 후회한다고 했습니다.

그런 그녀가 남긴 이야기가 참 가슴 아팠습니다. 결혼한 후 첫아들을 낳았을 때 사연이라고 합니다. 사람들이 아들이라며 축하해주는데 정작 자신은 덜컥 겁부터 났다는 것입니다. '아들이면 군대를 보내야 하는데…'라는 생각이 들어 정작 자신은 하나도 기쁘지 않았다는 것입니다. 동생의 군 의문사가 그 누나에게 얼마나 큰 상처였는지 짐작할 수 있는 말입니다.

몇 년 후 그 아이가 아파서 병원을 가다고 합니다. 그런데 진단 결과 '선천성 심장병'이라는 무서운 진단이 내려졌다는 것입니다. 이런 상황에서 어느 부모인들 가슴이 철렁 내려앉지 않을까요? 그런데 이이동의 누나는 아니었다고 합니다. 그 진단을 들은 순간 '큰일 났다'는 생각보다 먼저 든 감정이 있었다는 겁니다. 어처구니없게도 '그럼 군대는 안 가겠구나'라는 안도감이었답니다. 저는 이 대목에서 눈물이 왈칵 쏟아졌습니다.

그렇습니다. 이 누나의, 또 딸이자 엄마인 이 여인의 고통을 국방부는 이해할 수 있을까요? 이처럼 군 의문사는 군인 한 명의 억울한 죽음으로 끝나는 것이 아닙니다. 그 가족 전부를 죽이는 것입니다. 그런데 군은 자신의 책임만 면하면 된다고 생각합니다. 그래서 스스로 총을 쏘고 스스로 목을 매어 죽었다며 쉽게 자살로 처리합니다. 과연 그것이 사실일까요? 목을 매었다면 왜 매었는지, 총을 쐈다면 왜 쐈는지가 밝혀져야 진짜 사망 이유라 할 수 있습니다. 그런데 제대로 수사하지 않은 채 자살이라고 결론내리는 군 수사 방식, 이이동이 사망한 1987년 그때나 지금이나 크게 달라지지 않았습니다.

'내가 힘이 없어서 죽는다'는 이 아버지의 외침은 지금도 여전히 유효합니다. 전국 곳곳에서 이런 아버지들이, 이런 어머니들이 죽지도 못한 채 살아가고 있습니다. 처절하고 힘들게 살아가고 계십니다. 저는 국방부에 외칩니다. 이이동의 아버지가 남기고 죽어간 이 말을 절대 잊으면 안 됩니다. 군은 누군가의 아들을 징병하기만 하고 그렇게 징병한 아들이 죽으면 그 나머지 책임에 대해서는 회피합니다. 그러면 남의 귀한 아들을 함부로 징병해선 안 됩니다.

징병할 수밖에 없다면 국방부는 그 아들과 부모와 형제의 명예를 예우해야 합니다. 모든 징병된 군인의 죽음을 예우해야 합니다. 국방의 의무가 '신성한 국민의 의무'라면 국가 역시 그 모든 군인의 죽음을 예우해야 합니다. 이것이 '또 다른 국가의 의무'임을 인정해야 합니다. 저는 이것이 이뤄질 때까지 싸우고 말할 것입니다.

피어나지 못한 채 숨진 젊은 넋 이이동과 그 아버지 이춘원 씨의 명복을 빌며, 〈고상만의 수사반장〉 오늘은 여기까지입니다.

책임지지 못한다면 징병도 하지 말라

손형주 이병의 죽음, 그리고 부당하게 거부된 순직 요청

2013년 10월의 어느 날이었습니다. 당시 제가 일하고 있던 김광진 국회의원실로 한 어머니가 찾아왔습니다. "어떻게 오셨냐"고 하니 "오늘 군 유족 모임이 있다고 해서 왔는데 장소를 몰라 여기로 왔다"셨습니다. 의무 복무 중 사망한 군인의 명예회복을 위한 입법 노력을 해오고 있는 김광진 의원실에서 군 사망 유족 모임을 준비하고 있었는데, 날짜를 착각해서 다른 날에 오신 겁니다. 헛걸음하게 된 어머니가 안쓰러워 "어디서 오셨냐"고 여쭤보니 "부산에서 아침 첫차를 타고 왔다"는 것입니다. 먼 거리를 온 그 어머니에게 그냥 돌아가시라고 말하는 것이 민망하여 "그럼 저와 차나 한 잔 하시고 가시라"며 자리를 권했습니다.

그렇게 해서 듣게 된 어머니의 사연은 기구했습니다. 어려서부터 착하고 바르며 수재라는 소리를 듣던 어머니의 아들 손형주가 군에 입대한

때는 2011년 1월 3일이었습니다. 입대하는 아들을 걱정하지 않을 어머니가 누가 있을까요. 더군다나 손형주는 몸무게 103킬로그램이 넘는 과체중에 시력이 매우 좋지 않았습니다. 예를 들어 안경을 벗은 시력은 0.1도 되지 않았고 안경을 쓴 교정 시력 역시 0.3에 이르지 못할 정도였다고 합니다. 이 정도 시력이면 사격 시 200미터 표적지를 뚜렷하게 보지 못하며 250미터 표적지는 전혀 보이지 않습니다. 그러니 사격 성적이 좋을 리 없었습니다. 그런데 손 이병에게는 치명적인 신체적 약점이 더 있습니다. 손 이병이 사망한 후 이뤄진 군 헌병대 수사 과정에서 밝혀진 진실이었습니다. 신병 훈련소 조교에 따르면, 손 이병에게는 손을 떠는 증세가 있었다고 합니다. 수전증입니다. 당시 병역 징병 기준에 의하면 현역 입대가 불가능한 일이었습니다.

이러한 손 이병이 현역병으로 입대하게 된 이유는 다름 아닌 '병역 자원의 부족' 때문이었습니다. 저출산 풍조로 인해 필요한 병력 자원을 수급할 수 없자 병무청은 현역병 판정 기준을 지속적으로 완화해왔습니다. 그래서 지금은 신체검사를 받는 이들 가운데에서는 웬만하면 현역병 입대 결정이 내려집니다. 특히 시력의 경우는 시각장애인이 아닌 경우 아예 병역 면제를 받을 수 없도록 못질해놨습니다. 눈이 매우 나쁘고 또 수전증세를 가진 손 이병이 현역병으로 입대한 이유입니다. 그래서 어머니는 큰아들의 입대를 걱정하지 않을 수 없었습니다. 과연 잘 생활할 수 있을까 싶었습니다. 어머니의 '불길한 예감'은 불행히도 틀리지 않았습니다. 부대 지휘관은 입대한 손 이병에게 103킬로그램에 달하는 과체중을 70킬로그램대로 감량하라는 '지시'를 내렸다고 합니다. 그 해결 방법은 그저 '가혹한 신체 운동'이었습니다.

지휘관은 매일 아침마다 손 이병에게 달리기를 하라고 지시했다고 합니다. 이는 다른 군인도 하는 훈련이었습니다. 다만 달리는 거리가 달랐습니다. 손 이병과 달리 신체 조건이 평범한 사병에게는 3킬로미터씩만 달리게 하고, 반면 같은 조건에서도 더 힘든 손 이병에게는 오히려 그 세 배인 9킬로미터를 달리게 한 것입니다. 또한 팔굽혀 펴기와 더불어 식사량도 통제했다고 합니다. 그래야 더 빨리 체중이 빠진다는 이유 때문이었습니다. "다른 사병에 비해 기초적인 근력이 약해 손 이병이 매우 고통스러워했다"는 동료 사병의 헌병대 진술처럼 손 이병은 무척 힘들어했지만, 이 모든 지시를 '모범생답게' 잘 따랐다고 합니다. 그래서 지휘관의 명령대로 뛰라는 대로 뛰었고, 하라는 대로 했으며, 먹으라는 만큼만 먹었다고 합니다. 그 결과 입대 후 불과 14일 만에 손 이병은 13킬로그램 체중 감량을 했고, 석 달 뒤에는 20킬로그램까지 감량했다고 합니다. 중대장의 지시에 따라 손 이병은 군인답게 최선을 다한 것입니다.

이와 달리 아무리 노력해도 할 수 없는 일이 있었습니다. 그건 '모범생'도 할 수 없는 일, 바로 사격이었습니다. 손 이병 사망 후 발견된 그의 사격 수첩에는 '200m 표적지가 취약하며, 250m (표적지) 안 보임'이라는 글이 쓰여 있었습니다. 손 이병은 아예 보이지도 않는 표적지를 향해 총을 쐈던 것입니다. 그렇게 쏜 총이니 당연히 맞을 리가 없었습니다. 더구나 수전 증세 때문에 손 이병의 좌절감은 더욱 컸을 것입니다. 그러자 중대장은 많은 사병들이 있는 사격장에서 손 이병을 향해 "넌 앞으로 사격하지 마"라는 조롱 발언을 수차례 한 것으로 드러났습니다. 이런 상황에서 사격 훈련이 있는 날이면 매번 손 이병은 '사격 성적 저조자'로 선정되어 얼차려를 받았다고 합니다. 수재로 살던 사람이 군대 고문관 취급을 받는 뚱뚱한 바보로 전락한 것입니다. 이 과정에서 손 이병이 겪은 정신적, 육체적 고통을 과연 상상할 수 있을까요. 당해보지 않은 사람은 알 수 없는 일입니다.

　그래서였습니다. 2011년 3월 11일 오후 3시 46분께, 손 이병은 서른 번째 사격을 마친 후 다시 장전한 서른한 번째 총구를 자신의 이마에 가져다 댔습니다. 그리고 당겨진 방아쇠. 큰 폭발음과 함께 손 이병의 생명은 무참하게 꺾였습니다. 사건의 전말을 제게 전하며 끝내 오열하는 어머님을 보면서, 저는 억울한 손 이병의 죽음을 세상에 알려 그 명예라도 회복할 수 있도록 도와주고 싶었습니다. 그래서 저는 헌병대 조사 결과가 어찌 됐는지 어머니에게 여쭤봤습니다. 다행히 헌병대는 손 이병이 사망한 과정에서 부대 지휘관의 잘못이 상당하다며 육군참모총장에게 손 이병의 죽음을 순직 처리하도록 권고했다는 것입니다.

　군 수사 결과에 의하면, "소속 부대 지휘관들이 고인의 신체적인 면을 고려하지 않고 무리한 체력 단련을 요구하고, 비정상적인 사격 훈련과 내무 생활의 관리 소홀 등으로 육체적·정신적 스트레스가 가중됐다"면서 "정신과적 분석 결과에서도 무리한 체중 감량으로 인한 심한 스트레스와 사격 저조자로 선정되는 등으로 인한 심한 자괴감이 사고 원인"이라고 밝힌 것입니다. 그러면서 군 헌병대 수사관들은 손 이병의 어머니에게 "손 이병의 순직은 이미 97퍼센트 이뤄진 것이고, 이제 남은 3퍼센트는 육군참모총장의 서명만 남은 것이나 마찬가지이니 크게 걱정하지 말라"는 말까지 했다 합니다. 그래서 어머니는 육군의 순직 심사가 곧 열릴 줄 알았는데 그 아들이 사망하고 무려 3년이 다 돼가는 현재까지도 이렇다 저렇다 하는 말도 없이 심사가 미뤄지고 있어 답답하다는 하소연이었습니다.

　어머니에게 지난 3년은 그래서 하루하루가 지옥 같은 날들이었습니다. 저는 이 어머니의 말을 듣고 바로 국방부 해당 부서 관계자에게 전화를 했습니다. "군 헌병대 수사 결과에서도 손 이병의 사망 원인을 관리 소홀 등 지휘관의 잘못으로 인정했는데 왜 이처럼 순직 심사가 늦어지는 것인지" 따져 물었습니다. 그리고 몇 차례 실랑이가 더 있었던 지난 2014년 2월 12일, 마침내 육군 순직 관련 심사 부서의 실무 담당자로부터 연락이 왔습니다. 마침내 손 이병의 순직 관련 심사가 잡혔다는 소식이었습니다.

저는 손 이병의 어머니에게 이 사실을 알린 뒤 "군 헌병대 조사 결과가 '순직 권고'였으니 큰 문제가 있겠느냐?"며 위로했습니다. 다만 손 이병의 억울한 죽음을 보다 많은 분들이 알게 돼 순직 처리해야 한다는 여론이 형성된다면 조금이라도 도움이 되지 않을까 싶어 이 사연을 인터넷 언론인 〈오마이뉴스〉에 기고하기도 했습니다. 다행히 기사를 접한 많은 국민들이 손 이병의 안타까운 사연에 크게 공감해주셨습니다. 특히 네이버와 다음 등 포털로 전송된 해당 기사에 수천 개가 넘는 댓글이 달릴 정도로 반응이 뜨거웠습니다. 대부분 손 이병의 억울한 죽음은 순직 처리되어야 한다는 의견이었고 함께 그 결과를 지켜보겠다고 응원해주셨습니다.

그런데 어이없게도 막상 내려진 결정은 '심의 1개월 보류 결정'. 그야말로 황당한 일이 아닐 수 없었습니다. 이 사실을 알려온 해당 부서 관계자에게 저는 "이게 말이 되느냐, 어떻게 이런 결과가 나올 수 있느냐"며 강력하게 항의했습니다. 관계자의 답변은 다음과 같았습니다. "육군 순직 심의 위원으로 현역 영관급 장교가 다수 포함돼 있는 위원회의 생각은 많이 달랐다. 여러 가지 이유가 있었지만 손 이병에게 행해진 체중 감량 지시는 알려진 것처럼 그리 가혹한 수준이 아니었다"는 것입니다.

다시 따졌습니다. "당신네 조직인 군 헌병대가 내린 공식 결론이었다. 손 이병의 소속 부대 지휘관들이 고인의 신체적인 면을 고려하지 않고 무리한 체력 단련을 요구했다는 사실을 조사 결과 발표했다. 그런데 이

제 와서 무슨 소리냐. 당신들의 조직인 군 헌병대 조사 결과마저 탄핵하는 것인가?" 그러자 이번엔 다시 새로운 주장을 가지고 나왔습니다. 사실은 손 이병의 순직 처리가 불가능한 이유가 또 있다는 것입니다. 바로 손 이병이 남긴 유서가 있는데 그 내용에 대한 해석이 문제가 되었다는 것입니다. 손 이병이 죽기 전 유서를 남겼는데, 그 유서에 '중2 때 시작, 고1 때… 대학1, 2 때도 허무했지, 게임 세트. 1990년 10월 17일부터 2011년 3월 7일 손형주'라고 썼다는 것입니다.

사실 이것은 정식 유서가 아닌 메모 형식의 기록이었습니다. 하지만 그들은 이 메모를 유서로 판단했고 이에 따라 손 이병이 입대 전인 중학교 2학년 때부터 비관적인 생각을 가지고 있던 중 부대에서 자살했다고 판단한 것입니다. 그래서 이는 '군 복무 연관성과 상당히 떨어지는 자살이니 순직 처리할 수 없다'는 논리였습니다. 참으로 경악스러운 일이 아닌가요?

저는 지금까지 군 헌병대의 수사가 공정하지 않다는 주장을 수없이 해왔습니다. 하지만 손 이병 사망 사건에 있어서만은 군 헌병대가 참 이례적인 수사 결과를 내놓아 군이 좀 변했는 줄 알았습니다. 군부대 측에 많은 귀책 사유가 있음을 명쾌하게 밝혀냈기 때문입니다. 그런데 아니었습니다. 육군 순직 심사 심의위원들이 자기들 조직이 밝혀낸 군 헌병대 수사 결과조차 부정한 것입니다. 그러면서 단 몇 줄의 문장을 임의로 해석하여 '순직 불가 입장'을 고집하는 것이 너무도 황당할 뿐이었습니다.

손 이병은 입대 전까지 일체의 정신 병력을 앓아온 사실이 없었습니다. 정신과 치료를 받은 적조차 없었습니다. 그런 손 이병이 군에 와서 죽은 것입니다. 군 헌병대 수사 결과처럼 군 복무 과정에서 발생한 여러 문제점이 중첩되어 끝내 목숨을 끊은 것입니다. 손 이병의 군 복무 기간은 불과 70일 정도. 하지만 이 짧은 복무 기간 동안 손 이병이 선임병에게 당한 괴롭힘은 적지 않았습니다. 군 헌병대가 손 이병의 동료 사병을 상대로 받은 진술서에 따르면 그 사실이 명료해집니다. 그 진술서 중 일부 내용입니다.

"○중대의 아무개 선임병이 손형주를 싫어했다. 그래서 (선임병이) 밑의 애들한테 형주를 일 많이 시키고, 갈구라고 시켰다. 그리고 사망 전에는 형주가 학벌이 좋고 머리가 똑똑해서 군수과 행정병으로 뺀다는 얘기가 많이 나왔다. 이후 (손 이병이) 중대에서 혼자 떨어져 (왕따같이) 다니는 것을 종종 봤다."

행정병으로 차출될 것이라는 소문에 선임병들이 손 이병을 싫어했고, 이로 인해 괴롭힘을 많이 당했다는 진술은 이외에도 여러 명에게서 확인되었습니다. 고통은 이뿐만이 아니었습니다. 선임병들에 의한 내무 부조리는 더욱 심했다고 합니다. 군 헌병대 조사에 따르면 자대 배치 후 손 이병은 총 14일 근무 기간 동안 무려 15번의 경계근무를 섰다고 합니다. 그런데 그중 두 번은 자신의 근무가 아닌 선임병의 근무까지 대신 선 것으로 확인되었습니다. 그 이유를 헌병대가 선임병에게 물은 결과 신병인 손 이병에게 몸이 안 좋은 관계로 대신 근무해달라고 부탁했다는 것입니다. 그 시간이 새벽 1시와 4시 등 보초 근무병이 가장 싫어하는 시각이었습니다. 과연 이것이 정당한 부탁입니까? 말이 부탁이지, 사실상 신병인 손 이병을 괴롭힌 선임병의 가혹행위입니다. 그 추운 2월에 외부에서 새벽 1시와 4시에 근무를 서는 일은 누구나 힘듭니다. 자신의 근무 시간 2시간 외에도 추가로 2시간을 더 경계 업무를 하면서 손 이병은 사실상 잠도 잘 수 없었던 것입니다.

그런데 더 심각한 일은 따로 있었습니다. 바로 손 이병의 자대 배치 후 이어진 경계 근무입니다. 통상 부대 적응 기간이라고 해서 신병에게는 자대 배치 초기 일주일 동안 근무를 세우지 않게 되어 있습니다. 하지만 손 이병은 이런 과정 없이 바로 경계 근무에 투입되었습니다. 이는 '사단 경계지침을 위반한' 명백한 잘못입니다.

결국 이러한 선임병의 괴롭힘, 그리고 자신들이 만든 신병 배려에 대한 지침 자체도 위반했을 뿐만 아니라 근무 날수보다 더 많은 경계 근무를 서도록 관리 소홀이 벌어졌던 것입니다. 이런 상황에서 손 이병의 정신 건강은 피폐할 대로 피폐해지고, 좌절감 역시 극대화됐을 것이 분명합니다. 저는 이러한 사정에 대해 과연 육군 심의위원들이 제대로 고민이나 했는지 묻고 싶습니다.

그렇다면 손 이병을 대상으로 한 또 다른 가혹행위는 정말 없었을까요. 유족에게 든 의혹이 있습니다. 사망한 손 이병의 몸 여러 곳에서 발견된 적자색 상처 흔적입니다. 유족은 이 상처들이 소위 '쪼인트' 걸어차기(정강이 걸어차기) 등 구타에 의한 상처가 아닌지 군 헌병대 수사를 의뢰했습니다. 하지만 헌병대의 수사 결과는 엉뚱했습니다. 맞아서 생긴 상처가 아니라 사격 저조자로 선정된 손 이병이 이후 팔굽혀 펴기 등 얼차려를 수행하는 과정에서 연병장 돌 등에 부딪힌 상처라는 추론이었습니다. 여러분은 이 추론이 맞을 수 있다고 보시나요? 저는 믿기 어렵습니다. 돌을 던져 정강이에 맞히지 않고서야 어찌 팔굽혀 펴기 중 멍이 든단 말인가요? 그게 가능한 이야기인가요? 정말 너무도 한심한 변명이 아닐 수 없습니다.

따라서 저는 메모 내용을 근거로 손 이병을 순직 처리를 보류했다는 당시 군 당국의 주장에 동의하기 어려웠습니다. 이런 식으로 책임을 회피한다면 대한민국 군대에서 순직으로 처리될 군인은 누가 있겠냐며 격렬하게 항의했습니다. 그때, 제 항의에 난감해하던 담당자가 갑자기 묘한 제안을 꺼냈습니다. 그 요지는 이랬습니다. '죄송하지만 저를 믿고 한 달

만 기다려주시면 안 되겠느냐'는 말이었습니다. 손 이병을 순직 처리할 수 있도록 자신이 노력할 테니 이를 믿고 언론에 보도하지 말고 좀 기다려줄 수 있겠냐는 말이었습니다.

이 말에 저는 고민에 빠졌습니다. 어떻게 해야 할지 고심했습니다. 사실 그때 이미 많은 신문사와 방송국으로부터 연락이 오고 있었기 때문입니다. 이전에 나간 손 이병 사연을 보고 그 결과 처리가 궁금했던 언론사들이 관심을 보여왔습니다. 그런데 담당자는 일단 추가 언론 보도를 자제하고 믿고 기다려달라는 것입니다. 어떻게 해야 할까요? 결국 제가 선택한 것은 믿고 기다리는 것이었습니다. 고백하자면 그렇게 믿기로 한 이유는 크게 두 가지였습니다.

하나는, 그가 진짜 저를 속이려는 것은 아닐 거라고 생각했기 때문입니다. 이는 지금도 마찬가지입니다. 그래서 그의 말을 믿었고, 믿고 싶었습니다. 두 번째 더 큰 이유가 있었습니다. 그의 제안을 제가 거부한다고 해서 달리 선택할 카드가 없었다는 것입니다. 순직 여부는 국방부의 권한입니다. 설령 언론이 아무리 비판한다 할지라도 그 결정권은 결국 국방부가 쥐고 있었으니까요. 그래서 믿기로 한 것입니다. 그 길 외에는 없었기에 그랬습니다. 그러면서 저는 두 번 세 번, 계속해서 그에게 당부했습니다. 이제 침묵하고 다음 순직 심사일만 기다리겠다고 했습니다. 그러니 부디 이 억울한 손 이병의 죽음에 대해 그 명예만이라도 회복시켜달라고 읍소했습니다.

이후 많은 언론사로부터 연락이 왔습니다. 예정된 순직 심의 결과가 어찌 됐느냐고 물었습니다. 하지만 저는 약속대로 침묵을 지켰습니다. 그리고 기다렸습니다. 그런 상황에서 돌발적인 일도 있었습니다. 아들의 순직 결정이 보류되었다는 소식에 손 이병의 아버지가 울화가 터져 한 방송사와 인터뷰를 했다는 것입니다. 그런데 저는 해당 방송사와 아버지에게 부탁하여 그 보도를 막기도 했습니다. 지금 생각해보면 정말 바보 같지만 제가 그렇게 했습니다. 믿고 기다려달라고 했는데 우리가 약속을 어겼다며 손 이병의 순직 결정을 기각할까 봐 그랬습니다. 그렇게라도 순직 처리가 될 수 있다면, 저는 무엇을 해서라도 손형주 이병이 명예회복될 수 있게 하고 싶었습니다. 그렇게 약속한 한 달이 지나가던 3월 11일, 마침내 2월 12일에 1차 보류되었던 손 이병의 순직심사가 다시 열린다는 소식이 들려왔습니다. 간절한 기도가 다시 시작되는 순간이었습니다.

그런데 결과는 비참했습니다. 끔찍했습니다. 아니, 차라리 무서웠습니다. 우리가 기대했던 순직 결정이 아니었습니다. 이번에는 보류 결정도 아니었습니다. 놀랍게도 심사 결과는 '순직 요청 기각'이었습니다. 손 이병의 죽음은 '군과 상관없는 죽음'이라는 최종 결정이 내려진 것입니다.

더는 참을 수 없는 분노와 울분이 가슴 깊은 곳에서 치밀어 올랐습니다. 차마 이 소식을 손 이병의 어머님께 어떻게 전해야 할지, 절망스러웠고 미안했습니다. 손 이병의 두 번째 재심 여부 결정이 있던 날 아침에, 저는 어머니와 다음과 같이 통화했습니다. "오늘 형주 심의 날이니 마음 단단히 먹고 기다려보시죠. 우리가 최선을 다했지만 또 심의는 국방부 권한이니 단정할 수는 없지만 너무 절망도, 그렇다고 실망도 하지 말고 일단 담담하게 지켜보시죠."

누구보다 아들의 명예회복을 기도한 사람은 당연히 손 이병의 어머니였습니다. 그래서 저는 그 어머니에게 전화를 걸어 두 번째로 잡힌 순직심사 결정에 대해 위로와 함께 희망을 주고 싶었습니다. 그런데 놀랍게도 이날 손 이병의 어머니는 아들의 두 번째 심의가 열리는지도 모르고 있었습니다. 순직 심사 기구에서 이러한 사실조차 유족에게 알리지 않고 있기 때문입니다. 남의 귀한 자식을 데려가 다시 돌려주지도 못하면서 무책임하기 짝이 없는 태도를 보이는 대한민국 국방부에 제가 화가 나지 않을 수 없는 이유입니다. 그런데 이 소식을 건네는 전화기 너머로 잠시 후 들린 어머니의 오열은 참으로 서글프기 짝이 없었습니다. 뭐라 말할 수 없는 심정으로 묵묵히 그 울음이 잦아들기만을 기다렸습니다. 그리고 이어진 어머니 말씀, 참으로 애간장이 탄다는 말은 이럴 때 쓰는 것일까요?

"사실은 오늘이 우리 형주 죽은 지 만 3년 되는 3년상 기일이에요. 2011년 3월 11일에 그 사고가 나 형주가 죽었는데 오늘이 2014년 3월 11일이잖아요. 그래서 지금 형주 있는 절에 가려고 외출 준비하던 참이었어요. 보좌관님, 우리 형주 불쌍해서… 불쌍해서…."

아들 사망 후 3년, 어머니에게 이 세월은 살아도 살아 있는 세월이 아니었습니다. 그렇게 죽은 아들도 야속했고, 또 그 아들을 데려가 죽게 만든 이 나라 국방부도 야속한 일이었습니다. 그런데 그 아들의 3년 기일이 되는 날 국방부가 '순직 기각'을 통보한 것입니다. 정말 피도 눈물도 없는 야만적 결말이었습니다.

어머니는 말했습니다. 입대 후 아들을 단 한 번도 만나보지 못했다고. 2011년 1월 3일 아들이 군에 입대한 후 일체 면회가 허용되지 않았다고 합니다. 그래서 사망하는 날까지 한 번도 보지 못했다고 합니다. 사형수로 끌려간 것도 아니고 무슨 큰 죄를 짓고 감옥에 간 것도 아닌데 어떻게 이럴 수가 있냐고 어머니는 울었습니다. 어머니는 "생전에 아들을 한 번만이라도 봤다면 이렇게 한이 맺히지는 않았을 것"이라며 서럽게 울었습니다. 저는 할 말을 잃었습니다.

결국 손형주 이병의 명예회복은 기각됐습니다. 그들만의 순직 여부 심사는 그렇게 끝났습니다. 그리고 이 결정을 내린 그들은 다시 거대한 '국방부의 숲속으로' 사라졌습니다. 하지만 저는 꼭 하고 싶은 말이 있습니다.

형주가 왜 죽었는지, 무엇 때문에 죽었는지, 항의도 해명도 할 수 없지만 대신 제가 형주의 마음으로 이 나라 국방부 높은 이들에게 따질 말이 있습니다.

군이, 대한민국 국방부가 아무리 그 책임을 외면한다 해도 손 이병의 죽음은 대한민국 군의 잘못입니다. 그 이유는 분명합니다. 만약 심의위원들의 판단처럼 원래 손 이병이 중학교 2학년 때부터 세상살이에 염세적 비판을 갖고 있었다면, 그런 손 이병은 징병 검사에서 걸러져야 마땅한 일이었습니다. 하지만 병무청과 군은 손 이병이 건강한 대한민국 청년이라며 현역병으로 징병했습니다. 그런데 왜 책임이 없습니까?

또 '건강한 군인이라고 판단하여 손 이병을 현역병으로 선발했는데 사망했다' 해도 이 역시 군의 책임입니다. 결국 멀쩡한 군인이 죽었다면, 군인이 자살하지 않도록 예방하고 관리하지 못한 군 당국에 잘못이 있기 때문입니다. 군인으로 징병해 데려갔다면 국방부는 그 군인에 대한 생사 역시 책임져야 합니다. 그렇게 한 후에 '당신의 귀한 아들을 내놓으시오'라고 국방부가 국민에게 요구할 수 있는 것입니다.

그런데 부하 사병의 신체적 조건도 고려하지 않은 채 가혹하게 대하고, 그리하여 끝내 그 군인이 견디지 못하고 죽었는데 왜 책임이 없나요? 그래서 저는 분명하게 말합니다. 군과 이 나라는 더 이상 우리 아들들을 군인으로 징병해서는 안 됩니다. '손 이병과 같은 억울한 군인의 죽음을 더 이상 만들지 말아야' 합니다.

지난 66년간 38,000여 명의 군인이 자살로 처리되어 죽어갔습니다. 그들에게 이 나라와 국방부는 지켜주지 못해 미안하다는 말 대신 '네가 못나서 죽은 패배자'로 낙인찍었습니다. 그렇게 해서 그 어머니와 아버지에게 부끄러운 자식을 둔 실패자로 낙인찍고, 그래서 억울하다는 말도 당당하게 하지 못하도록 했습니다. 이게 정말 옳습니까? 부끄러운 것은 그 부모가 아니라 바로 국방부입니다. 진짜 자살한 것은 우리의 아들들이 아니고 바로 국방부의 양심입니다.

저는 대한민국의 이등병, 끝까지 최선을 다했으나 끝내 자신이 할 수 없는 벽에 부딪혀 목숨을 끊은 손형주 이병의 죽음을 '순직 기각 처리한' 이 나라 육군참모총장과 국방부장관의 결론에 전혀 동의할 수 없습니다. 이병 손형주를 대신하여 끝까지 따질 것입니다. 〈고상만의 수사반장〉은 끝까지 지켜볼 것입니다.

유족의 돈마저 가로채고 있는 군,
반성은 없나

신 이병 사건을 통해 본 군 영현비·장례비 지급 실태

처음 의심을 품게 된 것은 2013년 9월경이었습니다. 그날 저는 한 술집에서, 아들을 군에 보낸 아버지 일행을 만나고 있었습니다. 평범해 보이는 50대 중후반의 그들은 사실 깊고 진한 아픔을 하나씩 가슴속에 담아두고 있었습니다. 바로 군에 보낸 아들을 다시 돌려받지 못한 군 사망사고 희생자의 아버지들이었기 때문입니다.

이날 저는 참으로 많이 울었습니다. 자식을 잃은 부모 사연 중 어느 것 하나 슬프지 않은 일이 없지만 이날은 더욱 참기 힘들었습니다. 이유는 아버지들의 눈물 때문이었습니다. 남자라는 체면에 어디 가서 내색하지는 못하지만 늘 가슴에 담겨 있던 슬픔, 그 아픔이 소주병이 쌓여가면서 더해지는 취기 속에서 한꺼번에 폭발한 것입니다.

처음엔 말없이 눈물만 주룩주룩 흘리시다가 점점 취기가 더해지자 그동안 참아왔던 서러움과 힘겨움이 주체할 수 없는 오열로 쏟아져 나왔습니다. 아들이 너무나 보고 싶다고, 또 지켜주지 못해 미안하다며 흐느끼는 아버님들, 그들에게는 말로 다할 수 없는 아픈 사연이 있습니다. 그런데, 이처럼 군에서 아들을 잃으면 과연 국가는 어떤 예우를 해줄까요? 세상의 전부인 아들을 잃고 고통 속에 살아가는 그들 부모에게 과연 국방부는 어떤 예우를 해주는지 궁금해졌습니다. 그래서 2014년 4월경, 저는 '군인이 사망할 경우 군에서 지원하는 항목이 무엇인지' 국방부 측에 자료를 제출해달라고 요구했습니다. 국회 국방위원회 소속 국회의원 보좌관으로 일하고 있었기에 가능한 요구였습니다. 그러자 국방부는 사망한 군인의 경우 '영현비'라는 항목으로 장례비용을 지원한다고 답변해왔습니다. 즉, 복무 중인 군인이 사망할 경우 각 군별 본부에서 일정한 금액을 지원해주는데, 그 비용은 별 네 개 장군이든 작대기 하나인 이등병이든 똑같은 비용으로 지원해준다는 것입니다.

한편 이 제도가 생긴 것은 한국전쟁 중이었던 1951년 9월 28일이었다고 합니다. 국방부 군수참모부 물자과에서 발행된 『병참 발전사』에 의하면, 당시 군은 2,229,800환을 사망 군인에게 영현비로 지급했다고 기록되어 있었습니다. 그러다가 오늘 날과 같은 형태로 영현비 제도가 정착한 것은 2001년 이후라고 합니다.

1998년 판문점 김훈 중위 의문사 이후 군대 사망사고에 대한 국민적 관심이 높아지면서 무책임한 군의 태도를 비난하는 목소리가 높아지고 있을 때였습니다. 특히 군 헌병대 수사 결과 '자살로 처리된' 군인에 대해 국가가 아무것도 해주지 않는 현실이 알려지면서 국민의 비난이 높아졌습니다. 그러자 국방부는 2011년 새로운 제도를 만듭니다. 그것이 바로 '자살을 인정하는 유족에 한해' 국방부장관 위로금 500만 원을 지급하는 제도입니다.

하지만 이 역시 그냥 주는 돈이 아니었습니다. 위로금 500만 원을 받으려면 먼저 유족이 해야 할 일이 있었습니다. 동사무소를 찾아가 사망 신고를 한 후 그 확인서를 발급받아 위로금 지급 신청서에 첨부하는 일이었습니다. 그런데 사망 신고를 할 때, 반드시 지켜야 하는 항목이 있었습니다. 바로 사인의 종류를 '자살'로 표기하는 일이었습니다.

유족들은 이러한 사실을 알게 되자 당연히 반발했습니다. 돈 500만 원을 받기 위해 아들의 자살을 인정하라는 국방부에 항의하고 나섰습니다. 참으로 비열한 국방부가 아닐 수 없습니다.

한편, 이러한 위로금 외에 따로 주는 돈이 있었습니다. 유가족 접대비 1,674,000원, 장의비 80만 원, 화장비 20만 원 등 도합 2,674,000원으로 구성된 '군 영현비'라는 항목이 있습니다. 이는 쉽게 말해 장례절차에 소요되는 비용을 군이 지급하는 것입니다. 그런데 이 돈 중 '유가족 접대비' 1,674,000원의 경우는 군이 그냥 사용해서는 안 되는 항목이었습니다. 원칙적으로 유족에게 지급해야 하는 '유족의 돈'이기 때문입니다. 다만 2001년부터 2011년 사이에는 이 돈을 유족 동의하에 장례비용으로 사용할 수 있는 예외적 조항을 두고 있었습니다. 장례를 치르는 데 현실적으로 영현비가 부족하니 발생한 편법이었던 것입니다. 하지만 이 역시도 제대로 된 일이 아니었습니다. 문제는 사전 동의였습니다. 2001년에서 2011년 사이에 장례를 치른 유족을 상대로 확인한 결과, 이들 유족은 자신들에게 지급되어야 하는 1,674,000원의 유가족 접대비 항목 자체를 모르고 있었습니다. 이유가 있었습니다. 부대 관계자 중 누구도 이런 사실을 유족에게 알려준 적이 없기 때문입니다.

정상적인 절차라고 한다면 군 관계자는 먼저 유족을 찾아가 지급된 이들 영현비 항목에 대해 설명을 해야 합니다. 그런 후에 유족에게 이 돈을 어떻게 쓸지 묻고 그에 따라 장례가 원만히 치러지도록 지원을 하면 될 일입니다. 그런데 군은 이렇게 하지 않았습니다. 대부분 이러한 설명 없이 군부대 측에서 일방적으로 돈을 썼다고 합니다. 그래서 무슨 돈인지 모르지만 군부대 측에서 장례를 치러주니 고맙다고 일부 유족은 생각했다고 합니다. 유족의 돈으로 군부대가 생색을 내고 있음을 전혀 몰랐던 것입니다.

그런데, 이렇게 자기들 멋대로 돈을 쓴 후, 군부대 측에서 유족 동의도 없이 제멋대로 돈을 쓰더니 마지막 날 추가로 돈이 들어갔다며 유족에게 보전을 요구하는 일도 있었습니다. 군부대 측에서 술과 밥, 고기와 떡 등을 사가지고 와서, 매일같이 조문한다며 군인들이 찾아와 먹어치웠다고 합니다. 유족 입장에서는 유족에게 돈을 달라고 한 것도 아니고 자기들 돈으로 사와서 먹으니 뭐라고 간섭할 수도 없는 일이었다고 합니다.

그런데 장례가 끝난 후 군부대 측에서 종이 한 장 가져와, 알지도 못했던 영현비 2,674,000원으로 먼저 썼는데 장례 기간 중 음식 준비 등으로 돈이 초과되었다며 그 초과분을 유족에게 달라고 했다는 것입니다. 유족 입장에서는 너무도 황당한 일이 아닐 수 없습니다. 대부분의 유족은 아들이 자살했다는 마당에 누구를 조문 오라고 말할 수도 없어 고작 형제 등 가까운 친인척만 20여 명 정도 오는 것이 전부라고 합니다. 나머지는 전부 군인이었는데 그들이 매일 술과 고기, 밥과 떡과 국, 과일, 음료수 등을 먹었다는 것입니다. 그런데 그 비용을 왜 유족에게 청구하나요? 이게 말이 되나요?

2012년 이후 군 영현비는 더욱 문제가 심각합니다. 유족에게 지원하는 장례 지원 영현비가 현실적으로 너무 적다는 여론이 일자 국방부가 개선안을 발표한 것입니다. 그러자 국방부는 2012년 영현비 집행 계획을 다시 수립하여 군 영현비 지원액을 늘리게 됩니다.

이를 통해 기존에는 사전 동의를 받을 경우 통합 집행하여 쓸 수 있도록 했던 유가족 접대비 1,674,000원은 '절대 건드리지 말고' 무조건 유족 통장에 입금하도록 변경한 것입니다. 대신 부족했던 장의 비용을 현실화한다며 기존 80만 원이었던 장의비는 350만 원으로, 20만 원이었던 화장비는 50만 원으로 늘려 이전 대비 300만 원을 늘린 군 영현비가 지급되기 시작한 것입니다.

그런데 국회 김광진 의원실에서 확인한 결과, 일선 부대의 도덕적 해이는 이후에도 전혀 달라지지 않았습니다. 절대 다른 용도로 써서는 안 된다고 못 박은 유가족 접대비를 일부 부대에서 여전히 제멋대로 사용하고 있는 사실이 확인된 것입니다.

제일 먼저 확인된 사례는 2014년 7월 발생한 임 병장 총기 난사사건의 육군 22사단에서의 일입니다. 임 병장 사건이 벌어지고 4일이 지나가던 2014년 7월 27일, 육군 22사단에서 근무하던 신 모 이병이 숨진 채 발견됩니다. 군은 관심병사였던 신 이병이 스스로 자해하여 사망한 것이라고 발표했습니다. 하지만 유족은 이를 믿을 수 없다며 반발했습니다. 이유는 신 이병이 사망하게 된 경위가 남달랐기 때문입니다. 신 이병은 병무청에서 징병 검사를 받을 당시부터 A급 관심사병으로 분류된 상태였습니다.

정말 심각한 문제 아닌가요? 군인으로 복무하기 어려운 조건에 있는 사람을, 병력 수급이 부족하다는 이유로 마구잡이로 현역병으로 징병하고 있으니, 그 때문에 신 이병과 같은 안타까운 사고가 벌어지는 것입니다. 심각한 증상을 지닌 사람을 현역으로 분류하여 징병하고도 정작 군은 제대로 된 관리나 보호도 해주지 않은 채 방치하다가 끝내 죽음에 이르게 되면 자신들의 책임은 없다고 주장합니다. 과연 책임이 없습니까? 직접 총을 쏴야 살인일까요? 바로 이런 무책임한 징병이 또 다른 살인행위인 것입니다.

특히 신 이병의 부모가 더 억울해하는 것은 관심사병이었던 신 이병이 부대 적응을 못해 자살했다는 군 수사당국의 발표 때문입니다. 신 이병의 부모는 입대 전까지 아들은 정상적이었고 전혀 문제가 없었다고 합니다.

그런 아들이 관심사병이었다는 것을 처음 알게 된 것은, 아들이 군에 입대하고 약 3~4주가 지나가던 그때, 신병 훈련소에서 걸려온 전화를 받고 부대를 방문해서였다고 합니다. 훈련소 중대장과 만나 면담을 하는데 "신 이병이 정신적 문제가 있어 A급 관심사병으로 분류되었다"는 말을 들었다는 것입니다. 그래서 놀란 신 이병의 부모가 "어떻게 해야 하냐"고 묻자 훈련소 중대장은 "그냥 모른 척해달라"고 답했다는 것입니다. 이런 상황에서 부모로서 어찌해야 할까요? 답답했지만 이미 아들이 군에서 생활하는 상황이니 군인의 부모로서 그 말을 따르는 수밖에 없었다고 합니다. 하지만 애써 모른 척하고 있던 부모에게 먼저 자신이 관심사병으로 분류되었다는 말을 꺼낸 쪽은 아들 신 이병이었다고 합니다. 훈련소를 마치고 자대 배치된 아들이 어느 날 전화하여 엄마에게 안부를 묻고는 이어 "엄마, 제가 관심사병이래요?"라고 말했다 합니다.

순간 가슴이 철렁했지만 엄마는 훈련소 중대장이 시킨 것처럼 모른 척해야 한다고 생각했다 합니다. 그것이 아들을 위하는 길이라고 말했으니 그렇게 해야 한다고 믿었다는 것입니다. 그래서 신 이병의 엄마는 "그래? 네가 왜 관심사병이니? 너처럼 아무 문제가 없는 애가…"라며 연기했습니다. 그러자 신 이병은 "그래서 제가 부대에서 더 열심히 해야 해요"라는 말을 엄마에게 거듭했다고 합니다. 만약 그렇게 하지 않으면 정신병원에 강제로 끌려갈지 모른다고 부대 선임병들이 말했다는 것입니다.

이 말에 신 이병의 엄마는 가슴이 무너졌다고 합니다. 하지만 아무렇지도 않은 척 엄마는 내내 행동했다고 합니다. 다만 너무 궁금한 점이 있었다고 합니다. 열심히 하지 않으면 정신병원에 강제로 끌려갈지 모른다는 부대 선임병의 말에 마음이 쓰였습니다. 그래서 "네가 관심사병이라는 것을 다른 부대 사람들이 어떻게 아는 거니?"라고 물었습니다. 그러자 돌아온 아들 신 이병의 답변. 매일 부대에서 우울증 약을 주는데 "이 약을 먹으면 기분이 어떠냐"며 부대 선임병들이 묻는다는 것입니다. 공개적으로 정신과 약을 주고 있었던 것입니다.

그리고 이런 전화 통화를 하고 약 20여 일이 지나가던 2014년 7월 27일, 열심히 근무를 해야 한다며, 그래야 정신병원으로 끌려가지 않는다며 엄마에게 말하던 그 아들 신 이병이 그만 부대에서 목을 매고 숨졌다는 소식을 들었습니다.

군 헌병대 수사 결과, 그날 아침 신 이병을 만난 동료 이병의 증언은 다음과 같습니다. 아침에 일어난 신 이병이 매우 우울한 표정을 짓고 있더라는 것입니다. 그래서 왜 그러냐며 동기병이 묻자 신 이병은 "어젯밤 꿈에 강제로 정신병원에 끌려가는 꿈을 꿨다. 아무래도 병원에 끌려가게 될 것 같다" 했습니다. 동기병은 그런 신 이병에게 "네가 왜 거길 가냐? 아무 문제없다. 괜찮아"라며 위로해줬다고 합니다. 하지만 그날 오후, 신 이병은 결국 해서는 안 될 선택을 하고 말았습니다. 정신병원에 끌려갈지 모른다는 두려움으로 그만 절망적인 선택을 하고 만 것입니다.

과연 신 이병을 죽인 이는 누구일까요. 저는 이 나라의 잘못된 관심사병 제도라고 생각합니다. 이 제도는 전 부대원에게 '저 사람은 미친 정신병자임을 널리 알리고 대신 아무것도 하지 않아 스스로 죽게 만드는 제도'이기 때문입니다. 그러니 이처럼 아들을 잃게 된 그 부모의 심정을 무엇으로 설명할 수 있을까요?

부모 품을 떠나 이제 국방부가 부모 대신 잘 보호해줄 것을 믿었는데 국방부가 돌려준 것은 싸늘한 아들 시신과 정신병으로 자살했다는 오명

외에는 아무것도 없습니다. 그런데 군부대가 주지 않은 것이 또 있었습니다. 그것은 바로 그 아들에게 지급된 군 영현비 중 유족에게 당연 지급하도록 되어 있는 유가족 접대비 1,674,000원이었습니다.

2012년 이후부터는 절대 다른 곳에 쓸 수 없도록 규정이 바뀐, 그래서 반드시 유족의 통장으로 입금하게 된 유가족 접대비를 신 이병의 근무 부대 간부가 제멋대로 쓴 것입니다. 이 사실을 뒤늦게 안 후 유족은 분노하지 않을 수 없었습니다. 신 이병의 어머니가 더 분한 이유가 있었습니다.

사랑하는 아들이 죽었다는 사실 앞에서 그 어머니는 아무것도 삼킬 수가 없었다고 합니다. 그래서 아들의 장례 절차가 진행되는 3일간 커피 다섯 잔 정도를 마신 것이 전부였다 합니다. 그런데 매일매일 조문을 이유로 군인들은 찾아왔다고 합니다. 그러면서 앞서 다른 유족의 증언처럼 술과 떡, 고기와 밥을 집단으로 와서 먹고 마시다 갔다는 것입니다. 그런데 그중 기억나는 것은 장례 이틀째 되던 날이었다고 합니다. 갑자기 군부대 부사관 등 간부들이 찾아와 유족들을 데리고 바깥 식당으로 나가자고 제안했다는 것입니다. 어머니가 밥을 못 드시니 밖에 나가 밥을 대접하겠다는 뜻인 줄 알았습니다.

정중히 거절했음에도 차까지 가져와서 권하니 그 성의를 차마 무시할 수 없어 결국 따라나섰습니다. 그렇게 해서 도착한 어느 백반집 식당. 군 간부들은 뭐든 주문하시라고 하면서 자기들 역시 음식을 시켜 참 맛있게 먹었습니다. 하지만 자식의 죽음으로 제정신이 아닌 엄마는 그 호의를 무시할 수 없어 음식 주문은 했지만 정말 먹지는 못했다고 합니다. 그러면서도 자신을 배려해주는 군 간부들에게 연신 고맙다고 인사를 했습니다. 그런데 그렇게 쓴 돈이 사실은 '유족의 돈이었다는 것'을 알게 된 후 신 이병의 엄마는 "이게 사람이 할 수 있는 일이냐"며 크게 격분했습니다. 신 이병의 부모에게 반드시 지급해야 할 유가족 접대비를 군 간부들이 마치

자기 돈인 양 제멋대로 쓴 것입니다. 정말 어떻게 이해해야 할까요?

　이런 사실을 알게 된 저는 육군본부에 2014년 한 해 동안 유가족 접대비가 집행된 내역을 자료 제출하도록 요구했습니다. 하지만 뭐가 문제인지 자료 제출은 근 두 달이나 미뤄지고 있었습니다. 악착같이 재촉했습니다. 그렇게 해서 받게 된 서류 한 장, 어처구니없게도 고작 한 장의 서류를 제출하는 데 두 달이 걸렸습니다.

　그런데 더 이상한 일은 2014년에 지출된 유가족 접대비 항목이 전부 정상이라는 것입니다. 유가족 통장으로 접대비를 전부 입금했다는 주장입니다. 그래서 저는 대면 보고를 하러 온 육군본부 관계자에게 "유가족 통장으로 입금한 입금증을 전부 확인한 것이냐"고 물었습니다. 그러자 그는 "당연한 일"이라고 자신있게 답했습니다. 그래서 제가 재차 물었습니다. "그럼 이들 2014년 장례를 치른 유족 중에서 유가족 접대비를 받지 못했다는 사람이 있다면 이는 거짓말이냐"고 한 것입니다. 그러자 그는 자신있다는 취지로 당당하게 그렇다고 했습니다.

　그때였습니다. 저는 육군본부 관계자에게 2014년 집행된 총 69건의 육군 영현비 지급 내역 중 신 이병을 손가락으로 짚으며 "지금 바로 해당 부대에 연락하여 이분 유족에게 입금한 입금증 사본을 의원실 팩스로 송부하라"고 요구했습니다. 그러자 갑자기 당황하기 시작한 육군본부 관계자. 잠시 후 확인된 진실은, 예상처럼 그의 답변이 거짓이었단 겁니다.

　그렇게 해서 드러난 이 사건의 추악한 진실, 2014년 당시 국회 김광진 의원실이 국방부 국정감사를 통해 밝힌 사실에 의하면, 그동안 육군본부가 집행한 2012년 1월부터 2014년 9월 사이 최소한 68건의 군 영현비 유족 돈이 유족 모르게 빼돌려진 것을 확인하게 된 것입니다.

　그런데 이러한 사실이 저의 집요한 추적 끝에 확인되자 이후 해당 부대가 취한 태도는 새로운 분노를 일게 하였습니다. 자신들의 잘못을 은폐할 목적으로 이번엔 유족 동의를 받아 대신 집행했을 뿐 결코 횡령한 것은 아니라며 주장하고 나선 것입니다.

그러면서 처음 이 사실을 확인한 후 국회 김광진 의원실이 2014년 JTBC 〈뉴스룸〉에 관련 자료를 제공하여 보도하자 육군본부 공보실 관계자가 언론 중재위 제소 등을 언급하며 압력을 행사했기도 했습니다. 정말 추악한 진실에 걸맞은 추악한 은폐 행위, 거기에 부도덕한 행위가 아닐 수 없는 일입니다. 그들은 유족의 동의를 받아 쓴 것뿐, 절대 횡령이 아니라 주장했습니다. 하지만 이는 정말 파렴치한 거짓말입니다. 먼저 2012년 이후 유가족 접대비는 유족의 동의 여부와 상관없이 절대 군부대가 쓸 수 있는 돈이 아니었습니다. 이 돈은 무조건 유족의 돈입니다.

신 이병 유족의 경우처럼 이 돈이 무엇인지 알려주지도 않은 채 그냥 해당 군부대 간부가 마치 자기 돈인 양 써버린 것입니다. 또한 군 당국의 주장처럼 이 돈을 정말 장의비용으로 전부 썼다 해도 문제입니다. 이는 형법상 유용죄가 되기 때문입니다.

더 큰 문제는 정말 이 돈을 장의비용으로 썼는지 유족은 알 수 없다는 것입니다. 정산 영수증을 보여준 적도 없기 때문입니다. 따라서 자식을 잃은 것도 억울한데, 그 자식을 잃게 한 해당 부대 군 간부들이 그 유족마저 바보 취급을 한 것 아니냐며 더 큰 가슴의 한으로 남게 된 것입니다. 그러자 위기감을 느낀 해당 부대 측에서 다시 또 두 번째 조작에 나섰습니다. 2014년에 유가족 접대비를 지급하지 않은 7명의 유족을 군부대 관계자가 찾아다닌 것입니다. 그러면서 미지급한 이 돈을 장례비용으로 통합하여 쓸 수 있도록 동의했다는 허위 문서를 받으러 다닌 것입니다.

이런 사실을 신 이병의 부모에게 전해 듣고 저는 그야말로 '피가 거꾸로 솟는' 분노를 느끼지 않을 수 없었습니다. 신 이병의 부모님에 의하면, 그 날짜는 2014년 8월 25일이었다고 합니다. 군부대 측에서 자신들에게 지급해야 할 돈을 마치 지급한 것처럼 조작했다는 사실을 알게 된 후 해당 부대의 간부가 뒤늦게 사후 동의서에 서명해줄 것을 부탁한 날입니다.

신 이병의 아버지가 죽은 아들의 영혼을 데려온다며 부대를 방문한 날이었다고 합니다. 급하게 가야 하는데 이 '사후 동의서'에 서명하지 않으시면 절대 보내드릴 수 없다는 아들 부대 간부들의 억지에 그만 아버지가 서명하고 말았다는 것입니다.

이런 사실을 저에게 전해오며 죄송하다고 말하는 신 이병의 아버지. 아버지는 당황하여 그만 서명을 해줬지만 그것은 자기 뜻이 아니었다고 했습니다. 정말 이럴 수가 있을까요. 이런 사후 동의서를 가지고 추후 해당 부대 측은 유가족 접대비를 유족 동의로 전용했으니 문제없다는 말을 했습니다. 그 말을 들은 후, 저는 제가 할 수 있는 한 가장 크게 그 해당 군인에게 화를 냈습니다.

빼돌려진 유가족 접대비 외에 심각한 문제는 또 있습니다. 바로 장의비로 집행되었다는 나머지 돈 350만 원이었습니다. 정말 이 돈이 어찌 다 쓰였는지 누구도 알 수 없다는 점입니다. 영수증도 없고 유족도 알지 못합니다. 정말 이 돈이라도 제대로 쓰인 것일까요? 이 잘못된 관행은 반드시 개선되어야 합니다. 다행히 이 문제 제기 후 국방부는 각 군 본부에 전면적인 제도 개선을 시행했습니다. 그래서 과거 있었던 사례가 절대 반복될 수 없도록 조치를 취했다고 합니다.

하지만 사실일까요? 앞으로도 〈고상만의 수사반장〉은 이 문제를 끝까지 묻고 확인하겠습니다. 적어도 우리의 귀한 아들이 목숨을 잃었는데 그 대가를 다른 누군가가 취해 배를 불리는 일만은 일어나지 않도록 할 것입니다.

"정의가 있다면 저를 명예로이 해주세요"

대한민국의 자랑스러운 여군 오 대위의 절규

참으로 안타깝고 어처구니없는 사건이 발생한 것은 지난 2013년 10월의 일이었습니다. 육군 3사관학교를 졸업한 후 군인으로 정년 퇴직하는 것을 목표로 삼았던, 스스로를 '자랑스러운 대한민국 여군'으로 규정했던 당시 28살의 오 모 대위가 상관이었던 남자 장교로부터 성적 요구 및 가혹행위에 시달리다 끝내 목숨을 끊은 것입니다.

군 수사 결과, 오 대위는 자신의 직속상관인 당시 37살 노 모 소령으로부터 끊임없는 성추행 및 가혹행위에 시달린 것으로 드러났습니다. 오 대위가 자살을 결행하기 약 3달 여 전인 2013년 7월 12일 자 일기입니다. 이날 일기에서 오 대위는 자신의 직속상관인 노 소령에 대해 "농담이라고 할지라도 '나랑 잘래?' 이건 심하지 않은가"라는 글을 남겨두고 있었습니다. 노 소령의 성적 추행은 이뿐만이 아닙니다. 오 대위는 이 사실을 일기장에 빠짐없이 기록하고 있었습니다. 노 소령은 오 대위에게 "자는 시간 빼고 거의 하루 종일 같이 있었는데 그 의도도 모르나? 같이 자야 아나? 같이 잘까?"라는 말을 병사들이 보는 앞에서 했다고 합니다.

오 대위를 향한 노 소령의 폭언도 끔찍했습니다. 노 소령이 오 대위에게 가한 성추행 및 가혹행위가 사실로 드러나자, 그는 구속됩니다. 이후 노 소령에 대한 재판이 열렸는데 이 법정에 증인으로 출석한 해당 부대 사병들과 부대 간부의 증언이 이어졌습니다. 이들의 증언에 의하면, 노 소령은 생전 오 대위를 상대로 '이 새끼' '저 새끼'라는 욕설은 기본이었다고 합니다. 사병들이 보고 듣는 자리에서도 '병신' '정신 지체장애인' '쓰레기 같다' '소 같다' '머리 박고 죽어라'는 등의 모욕적인 폭언을 일상적으로 퍼부었다고 합니다. 그야말로 참을 수 없는 인격적 모욕이 아닐 수 없습니다.

이해할 수 없는 일은 또 있습니다. 노 소령이 오 대위에게 특정 종교를 강요한 행위였습니다. 불교 집안에서 자라 불교를 믿던 오 대위에게 노 소령은 자신이 다니는 교회에 출석할 것을 강요했다고 합니다. 그래서 오 대위는 일요일이면 교회에 나가야 했습니다. 종교의 자유는 물론 일요일에 쉴 수 있는 휴식권까지 빼앗은 것으로 군 수사 결과 밝혀졌습니다.

더 끔찍한 것은 이 사건을 바라보는 군 당국의 해석입니다. 군 사법당국은 노 소령의 이러한 발언에 대해, 특히 노 소령이 오 대위에게 한 '나랑 잘래?'와 같은 발언에 대해, 많은 사람과 함께 있는 공개적 장소에서 있었던 발언이라며 "직접적인 성관계 요구가 아니"라고 해석했습니다. 농담성 발언이니 문제삼기 어렵다는 것입니다. 노 소령의 행위보다 군 당국의 인식이 더 끔찍한 이유입니다.

이러한 노 소령과 또 노 소령의 잘못을 인정치 않는 군 당국의 야만은 이뿐만이 아니었습니다. 오 대위가 끝내 목숨을 끊은 후 사회적 파문이 일자 군 사법당국은 가해자인 노 소령을 구속하게 됩니다. 그리고 이어진 군사법원 1심 재판을 거치면서 감춰진 진실이 더 드러나기 시작했습니다. 그중 하나가 오 대위 친구인 박 모 씨의 진술입니다. 저는 이 내용을 읽다가 가슴이 탁 막혀오는 분노를 느끼지 않을 수 없었습니다.

박 씨는 생전 오 대위에게 자신이 직접 들은 이야기라고 하면서 "노 소령이 회식 장소에서 오 대위의 다리를 더듬거나 노래방에서 가슴을 만지는 등 성추행을 저질렀다"고 증언했습니다. 또한 오 대위에게 노 소령이 "같이 자면 편해질 텐데…"라고 말했음을 증언하기도 했습니다. 대한민국 여군이 군 복무를 편하게 하려면 남자 상관과 자야 하나요? 정말 이것이 대한민국 군대에서 벌어질 수 있는 일인가요?

이러한 오 대위의 억울한 죽음이 누구보다 가슴 아픈 사람들은 오 대위의 가족입니다. 특히 그 어머니의 가슴에 박힌 상처는 평생을 가도 뽑히지 않을 깊은 옹이가 되었습니다. 오 대위가 마지막으로 어머니에게 보낸 문자는, 그래서 그 어머니에게 더욱 아프게 느껴질 수밖에 없습니다. 사망 전 오 대위가 어머니에게 보냈다는 문자의 일부입니다.

"10개월 동안 (노 소령으로부터) 언어 폭력, 성추행. '하룻밤만 자면 모든 게 해결되는데…' 하면서 매일 야간 근무시키고… 약혼자가 있는 여장교가 어찌해야 할까요?"

이 문자에 나오는 것처럼, 노 소령은 자신의 더러운 욕심을 받아주지 않는 오 대위를 상대로 업무를 빙자한 정신적 고통을 줬다고 합니다. 법정 증언에 의하면, 노 소령이 한 행위는 이런 식이었습니다.

먼저 점심시간이 되면 카톡으로 업무 지시를 했다고 합니다. 노 소령이 식사를 마치고 난 후 바로 확인할 테니 그때까지 지시사항들을 끝내놓으라는 요구였다고 합니다. 이렇게 하니 오 대위는 점심도 먹을 수 없게 됩니다. 그런데 이렇게 밥도 못 먹게 일을 시켜놓고는 정작 어느 날은 확인조차 하지 않았다고 합니다. 그만큼 의미 없는 일을 고의적으로 시킨 것이 아닐까요?

이 정도도 황당하지만 더 황당한 것은 업무 내용 확인 후 이어지는 괴롭힘이었습니다. 업무 처리가 마음에 들지 않는다며 전부 다시 하라는 지시를 내린다는 것입니다. 그래서 퇴근 때까지 재지시 사항을 이행하기 위해 업무를 해놓으면 또 반려. 결국 저녁조차 먹지 못한 채 새벽까지 일하는 경우도 많았다는 증언이 법정에서 나오기도 했습니다. 이런 방식으로 노 소령은 오 대위를 괴롭혔습니다. 그리고 그럴 때면 "나랑 한번 자면 편할 텐데…"라고 말했다는 것입니다. 그런데 이러한 노 소령의 언행이 '농담'이므로 처벌하기 어렵다는 군 당국의 판단을 어찌 받아들일 수 있을까요?

기가 막힌 사연은 또 있었습니다. 오 대위가 유서를 통해, 그리고 주변 지인의 증언과 일기장을 통해 밝힌 노 소령의 성적 발언 등에 대해 당사자인 노 소령이 적극 부인하고 나선 것입니다. 자신은 그런 성적 표현을 한 번도 한 적이 없다며 억울하다는 주장이었습니다. 피해자인 오 대위가 이미 죽었으니 당사자 본인이 부인하면 누구도 진실을 확인할 수 없다고 여긴 것입니다. 또한 법정에 출석한 사람들의 증언도 결국 오 대위에게 말을 들었다는 주장일 뿐이고 이러한 진실을 밝힐 의무가 있는 군 당국도 자기편이라고 믿은 것일까요? 그래서 결국 여느 사건처럼 진실이 침몰할지 모를 위기의 순간이었습니다. 그때, 이 모든 상황을 지켜본 진실의 목격자가 있었습니다. 바로 오 대위 차량에 설치된 블랙박스였습니다.

노 소령이 자신의 행위를 적극 부인하자 군 검찰은 오 대위 차량의 블랙박스 영상 중 음성녹음 내용에 대한 검증을 실시했습니다. 그리고 그 음성녹음 파일을 작동시키자 노 소령의 음성이 들리기 시작했습니다. 오 대위에게 향한 노 소령의 추악한 발언이 적나라하게 들려오기 시작한 것입니다. 그야말로 글로 옮기기 어려울 정도의 추악한 발언이었습니다. 노소령의 거짓말이 명백히 드러나는 순간이었습니다.

한편, 오 대위 사망 후 오 대위 어머니에게 가슴 아픈 일은 또 일어났습니다. 혼자 떨어져 생활하는 딸에게 어머니는 김치며 먹을거리를 택배로 보내줬다고 합니다. 하지만 늘 시간이 없어 통화조차 마음 놓고 하지 못한다는 딸을 보며, 주말에도 바쁘다는 딸 때문에 찾아갈 수도 없었다고 합니다. 그러다가 사고 후에야 딸의 집을 찾아갔는데 그때 보게 된 것이 바로 자신이 보낸 택배 음식이었다고 합니다. 그 택배가 끈조차 풀리지 못한 채 그대로 방치되어 있었다는 것. 밥 먹을 시간조차 없이 그렇게 노소령에게 시달렸던 것입니다. 특히 가해자 노 소령은 여군이라는 이유로 오 대위에게 성차별적이고 부당한 대우를 했다고 합니다. 오 대위는 유서에 "여군, 여군, 여군, 여군! 그놈의 여군 비하 발언 듣기 싫고 거북했습니다" "왜 전군의 여군을 싸잡아서 그러십니까?"라며 항변하고 있었습니다.

밤낮을 가리지 않고, 또 주중과 주말을 가리지 않고 노 소령의 카톡은 계속됩니다. 오 대위에게 "I♥YOU" "항상 참모가 사랑한다" 따위의 내용을 보냈습니다. 또 어느 때는 노 소령이 오 대위에게 ×반도를 채워주겠다며 신체적 접촉을 통한 성추행을 하기도 했고 "피곤하지?"라며 어깨를 주무르거나 참모실로 불러 성적인 얘기를 하며 몸을 비비는 등 그야말로 추악한 행위를 끊임없이 저질렀음이 재판 과정에서 드러나기도 했습니다.

결국 2013년 10월 16일 밤, 오 대위는 해서는 안 될 선택을 하고 말았습니다. 자신이 근무하던 부대 인근에서 승용차 안에 번개탄을 피워 목숨을 끊은 것입니다. 이때 자살을 결심한 오 대위는 무려 한 시간 반 동안 흐느껴 울었습니다. 이러한 모습이 자동차 블랙박스에 고스란히 녹화되고 있었던 것입니다. 오 대위의 심정을 생각하면 말로 다 할 수 없는 슬픔을 느끼지 않을 수 없습니다. 우리가 지켜주지 못한 오 대위의 영혼에 그 무슨 위로를 표해야 할지 저는 알 수 없습니다.

그때 오 대위가 남긴 유서 마지막 부분입니다.

"영원히 저주할 겁니다. 나를 이렇게 몰고 간 당신을, 이렇게 만든 당신을. (당신이 믿는다는) 그 하늘에 계신 분이 (당신을) 지켜주는지는 모르지만… 제 이 억울함 제발 풀어주세요. 누구라도. 저는 명예가 중요한 이 나라의 장교입니다. 병사들, 우리 처부 간부들, 타 처부 간부들, 예하부대까지, 짓밟힌 제 명예로서 저는 살아갈 용기가 없습니다.

단 한 번도 쉬이 넘어가지 않고 수명하지 않으려 내뺀 적 없고 고민안 한 적 없습니다. 2009년 임관부터 지금까지 제 임무를 가벼이 대한적 단 한 번도 없습니다. 정의가 있다면 저를 명예로이 해주십시오."

이렇게 유언을 남기고 목숨을 끊은 스물여덟 살의 오 대위. 하지만 오 대위가 유언에 남긴 당부는 지금 이 시간까지도 이뤄지지 못하고 있습니다. 오 대위가 왜 죽음을 선택했는지 그 진실을 밝혀줘야 할 군 당국이 오히려 이 죽음의 진실을 축소, 왜곡하려 하기 때문입니다.

오 대위 사건이 발생한 직후 육군 15사단장이었던 조국제 소장은 장례식장에서 유족을 위로하면서 신속하게 순직 결정이 이뤄지도록 노력하겠다고 약속했다 합니다. 하지만 노 소령에 대한 구속 이후 생각지도 못한 반전이 기다리고 있었습니다.

순직 처리를 약속했던 육군 15사단 측에서 오 대위 자살 사유를 왜곡하려는 시도에 나선 것입니다. 즉, 오 대위가 자살한 것은 상관인 노 소령의 잘

못 때문이 아니라 결혼을 약속한 약혼자와 다퉈 이를 비관한 죽음이라며, 향후 노 소령의 재판 추이를 보면서 순직 여부를 결정하겠다고 했습니다.

군이 자신들을 속였다는 사실을 알게 된 유족은 군 인권센터를 찾아가 억울함을 호소하게 됩니다. 이후 군 인권센터가 기자회견을 통해 숨겨진 오 대위의 사연을 세상에 알리자 다급해진 쪽은 군 당국이었습니다. 처음 약속과 달리 순직 불가 쪽으로 입장을 바꿨던 군 당국이, 언론 보도로 국민적 분노가 들끓자 이를 잠재우기 위해 전격적으로 순직 방침을 밝힌 것입니다. 2014년 4월 8일 낮 2시, 그렇게 해서 오 대위는 국립 대전 현충원에 안장되었습니다. 그나마 이것이라도 다행스럽다 해야 하나요?

대한민국에서 자랑스러운 여군이고 싶었던 오 대위. 오 대위가 어떤 군인이었는지는 노 소령의 1심 재판 당시 검찰이 구형을 하면서 낭독한 구형 논고에서도 알 수 있습니다. 당시 군 검찰관은 노 소령에 대한 수사를 진행하면서 법정에 출석한 증인들의 증언을 종합하여 군인 오 대위의 삶을 이렇게 평했습니다.

"오 대위는 성실하고, 책임감 있는 장교였습니다. 누구보다 일찍 나와 누구보다 늦게까지 업무에 매달렸습니다. 그런 그에게 돌아온 것은 무엇이었을까요. 드라마 제목 같은 '따뜻한 말 한마디'도 아니었고, 선거 캐치프레이즈 같은 '저녁이 있는 삶'도 아니었습니다. 매일 같은 질책 · 폭언이 그녀의 월급이었고, 모욕 · 성희롱이 그녀에겐 성과급이었습니다. 잠시 눈을 감고 상상해보시기 바랍니다. 입에 담기도 어려울 폭언과 모욕적인 질책을 퍼붓고 몇 시간 채 지나지 않아 '보좌관 힘들지'라며 어깨를 주무르는 상관을 말입니다."

이날 검찰은 이 사건 가해자 노 소령에게 징역 5년을 구형했습니다. 하지만 재판을 담당했던 제2군단 보통군사법원은 2014년 3월 20일 노 소령에게 징역 2년에 집행유예 4년을 선고합니다. 참으로 어처구니없는 형벌 선택이었습니다. 재판부는 노 소령에게 적용된 강제 추행과 직권남용, 가혹행위, 폭행, 모욕 등, 공소 사실 전부에 대해 모두 유죄임을 인정하면서도 '강제 추행 정도가 약하고, 초범이라는 이유로' 집행유예를 선고한다고 했습니다.

하지만 재판부가 판결문을 통해 밝힌 내용만 살펴봐도 이해할 수 없는 처벌이 아닐 수 없었습니다. 재판부는 판결문에서 2013년 6월경 노 소령이 오 대위에게 "너는 일처리가 왜 이렇게 느려터졌냐. 소 같다. 너는 15사단 여자 소다. 미련하다. 곰 같다"고 말하여 모욕감을 느끼게 했다고 적시했습니다. 이어 2013년 여름경에는 "사람은 욕구를 잘 참아야 한다. 나는 오 대위가 몸매가 드러나는 옷을 입고 있어도 성욕을 잘 참고 있지 않냐"고 말하여 성적 수치심을 느끼게 했고, 2013년 8월 23일에는 "너는 어떻게 대위를 달았냐? 이런 멍청한 새끼를 보좌관으로 두고 있으니 답답하다. 봉급값도 못하는 정신 지체장애인"이라며 오 대위에게 폭언했다고 밝혔습니다.

재판부가 공개한 범죄 일람표에서도 마찬가지입니다. 특히 2013년 8월 16일, 노 소령은 그야말로 최악의 성 범죄 발언을 합니다. 노 소령은 오 대위에게 "일요일에 남친과 성관계할 때 내가 전화하면 안 좋을 것 아니냐"라고 말했습니다. 또한 2013년 9월 25일 10시경 노 소령은 오 대위를 지칭하며 "봉은 뭐 하러 가져왔냐? 자위하려고 가져왔냐? 아, 너는 구멍이 없어서 못하지?"라고 하였고, 이러한 끔찍한 말을 하는 자리에는 여러 장교와 사병들이 있었던 것으로 확인되었습니다. 오 대위가 유서에서 말한 그 뜻, "저는 명예가 중요한 이 나라의 장교입니다. 병사들, 우리 처부 간부들, 타 처부 간부들, 예하부대까지, 짓밟힌 제 명예로서 저는 살아갈 용기가 없습니다"라며 절규했던 비명이 들리는 듯합니다.

그런데도 노 소령의 이러한 범죄 행위가 약하다며 군사 법원이 집행유예 처분을 내린 것입니다. 그래서 실형을 선고하기에는 노 소령의 행위가 워낙 미약한 수준이라서 집행유예 외에는 처벌할 수 없다는 군사법원의 판단. 도대체 얼마나 더 극악해야 실형을 받을 정도의 범죄인지 묻지 않을 수 없습니다.

오 대위는 유서에서 말했습니다. '정의가 있다면 저를 명예롭게 해달라'고 그는 절규하며 죽었습니다. 하지만 오 대위의 절규는 제2군단 보통 군사법원의 문턱에서 쓰러졌습니다. 죽어버렸습니다. 재판장 대령 한재성, 군 판사 소령 김민경, 군 판사 소령 김애령의 판결에서 '오 대위는 강제 추행의 정도가 약했음에도 나약하여 스스로 죽어버린' 못난 여군이 되어버린 것입니다.

실로 죽은 것은 오 대위가 아니라 이 나라 정의입니다. 이 나라 정의가 없어 오 대위를 죽게 한 것이며 다시 또 그 오 대위의 명예를 죽여버린 것입니다. 이 나라의 정의가 도대체 무엇인지 저는 절규하는 심정으로, 오 대위를 대신하여 분노합니다.

2013년 10월 16일, 오 대위가 목숨을 끊고 난 후 1년 1개월이 지나가는 오늘, 오 대위의 명예는 여전히 회복되지 못하고 있습니다. 오 대위의 죽음이 그나마 순직으로 처리된 것, 그리고 노 소령에 대해 군사법원 1심 재판부가 유죄를 인정하고 집행유예 처벌을 내린 것으로 과연 오 대위의 명예가 살아났다고 할 수 있을까요? 그렇기에 오 대위의 유족과 또 오 대위의 억울한 죽음에 분노하는 이들은 1심 판결 이후에도 가해자 노 소령의 처벌을 위한 노력을 멈추지 않았습니다. 그런 가운데 새로 시작된 군사 고등법원 2심 재판 과정에서 매우 중요한 보고서가 발표되었습니다. 2014년 10월 24일에 공개된 이 보고서는 '오 대위 사망에 있어 노 소령의 가학 행위가 어떤 영향을 미쳤는가'에 대한 심리부검 결과였습니다.

정신과 의사와 자살예방센터 관계자 등 7명이 중심이 되어 오 대위의 유서와 일기장 등을 중심으로 분석한 심리 부검 보고서에 의하면, 가해자 노 소령의 행위가 결정적인 자살의 원인이 되었다고 합니다. 이들은 보고서를 통해 "사망 당시 28살이었던 오 대위가 2012년 12월 육군 제 15보병사단에 전입하기 전까지 명랑했고 주위에서 인정받는 모범적인 군인이었다"고 평가했습니다. 그런데 이처럼 아무 문제가 없던 오 대위가 육군 15사단으로 전입하고 한 달이 지나가던 2013년 1월경부터 심각한 정신적 문제를 보이기 시작했다고 합니다. 이런 문제가 직속상관인 노 소령에 의한 '직권남용 가혹행위, 폭행, 모욕, 강제추행' 때문이라는 분석이었습니다.

그러면서 오 대위가 자살할 수밖에 없는 이유에 대해 "상명하복이 중요한 군대의 특성상 자신의 직속상관이 성폭력을 행사하고 있다는 사실을 군대 내 누군가에게 알리는 것은 거의 불가능한 일이며, 그래서 노 소령이 전출 갈 때까지 얼마 남지 않았으니 그때까지 혼자 참으려 했으나 결국 노 소령의 반복되는 신체적, 정신적, 성적 가해 행위로 인해 오 대위가 감당할 수 있는 한계를 넘어 자살에 이르게 되었다"며 "오 대위가 노 소령을 제외하면 생전 갈등 관계인 사람이 없었고, 친구와도 깊은 대인관계를 맺는 성향인 점, 남자친구와 의견이 맞지 않을 때도 이해하려고 노력하는 모습을 보였고, 가족에게는 든든하고 착한 맏딸이었다"며 "대학 재학 시 4년 장학금을 받던 모범생으로 수차례 표창을 받을 정도로 성실하고 책임감이 강했던 오 대위가 장교로서의 자부심을 무너뜨리는 노 소령의 인간적 모욕과 성추행, 성적 모욕에 해당되는 언행으로 심리적인 고통 수준을 넘어 우울하고 무기력한 신체적 고통에 빠져 결국 극단적인 선택으로 몰아넣기에 충분했다"고 적시하고 있습니다.

이를 간단히 정리하면, 오 대위가 자살하게 된 직접 원인은 바로 직속 상관인 노 소령의 성추행과 가혹행위에 따른 것이라고 결론내린 것입니다. 이에 따라 오 대위 측 변호인은 지난 1심에서 노 소령에게 적용한 '강제 추행죄'가 아닌 '강제 추행 치상죄'를 적용하는 것이 옳다고 강조했습니다. 단순한 추행 정도가 아니라 그러한 추행으로 정신질환 상해를 입었기에 치상죄로 다스려야 한다는 주장이었습니다.

그렇게 해서 이뤄진 군사고등법원의 판결, 1심에서 집행유예가 내려진 노 소령에게 2심 군사고등법원은 징역 2년 형을 선고하게 됩니다. 그리고 이어진 2015년 7월 16일, 대법원 2부는 '군인 등 강제추행 혐의'로 징역 2년을 선고 받았던 노 소령의 상고를 기각합니다. 이로써 사건 발생 근 1년 9개월 만에 노 소령에 대한 형사 재판이 끝나게 되었습니다.

하지만 과연 이러한 판결에 대해 오 대위는 만족할까요? 그리고 노 소령이 자신의 행위에 대해 진심으로 반성하고 뉘우칠까요? 그래서 저는 오늘 이 방송을 듣는 여러분에게 호소합니다. 잊지 말아주십시오. 오 대위의 절규를. 그가 죽기 전 1시간 30분간 차 안에서 흐느껴 울던 그 고통을 기억해주십시오. 오 대위가 유서에서 말한 "제 이 억울함을 제발 풀어주세요. 누구라도. 저는 명예가 중요한 이 나라의 장교입니다. 정의가 있다면 저를 명예로이 해주십시오"라고 외친 그 절규를 부디 잊지 말아주십시오.

대한민국의 여군은 자랑스러운 이 나라의 딸임을, 그 딸들이 자랑스러운 군인으로 살아가는 세상을 위해 함께 노력하겠습니다. 그래서 오 대위가 외친 세상의 정의를 위해 함께 싸워나가겠습니다. 오늘 또다시, 저는 오 대위의 명복을 빕니다.

윤 일병 사건, 주범은 따로 있다

28사단 윤 일병 폭행사망사건의 전모

　아들을 군대 보내야 하는 모든 부모를 경악케 했던 2014년 윤 일병 폭행 치사 사건. 선임병으로부터 집단적이며 지속적인 가혹행위 끝에 맞아 죽어야 했던 그 윤 일병 사건은, 그러나 우리나라 군 인권 현실에서 보면 아주 특별히 놀랄 일도 아닙니다.

　물론 윤 일병 사건이 가벼운 일이라는 의미가 결코 아닙니다. 정확히 표현하자면, 윤 일병과 같은 비극적인 사례가, 사실은 비일비재하게 있어 왔다는 이야기입니다. 다만 그 차이가 있다면, 윤 일병은 속된 말로 '맞아 죽음으로써 자신이 어떤 경위로 죽어갔는지' 세상에 알렸고 또 다른 제2, 제3의 윤 일병은 맞아 죽기 전날 견디지 못하고 목 매어 자살하는 차이가 있을 뿐이라고 저는 주장합니다.

　만약 윤 일병 역시 비극적으로 숨을 거두기 전날, 다른 누구처럼 스스로 목매어 자살을 기도했다면 이 사건 결과는 어찌 되었을까 생각해봅니다. 그렇습니다. 뻔한 일입니다. '무슨무슨 비관에 의한 자살'로 처리되었을 것입니다. 장담하건대, 사건의 본질은 전혀 다르지 않습니다.

윤 일병 사건의 이러한 진실이 드러나기까지는 그야말로 극적인 반전이 숨어 있었습니다. 한 제보자를 통해 시민단체인 군 인권센터가 입수한 이 사건 기록. 만약 이 기록이 없었다면 윤 일병의 억울한 죽음은 밝혀질 수 있었을까. 오늘 〈고상만의 수사반장〉은 그 기록을 토대로 윤 일병 사건을 재구성하려 합니다. 그 끔찍한 사건의 전말, 지금부터 시작합니다.

윤 일병이 이들 가해자로부터 폭행당하기 시작한 날은 자대를 배치받은 직후부터였습니다. 2014년 3월 3일, 자대 배치를 받고 전입한 윤 일병은 대답이 느리고 인상이 나쁘다는 이유로 고참 중 한 명인 이 모 상병에게 가슴 부위를 주먹으로 맞았다고 합니다. 이 폭행이 출발이었습니다. 윤 일병은 이후 또 다른 이 모 병장과 이 상병으로부터 다음 날 마대 자루가 부러지도록 허벅지와 종아리를 맞았다고 합니다. 이처럼 폭력이 난무하면서 방법 역시 더욱 대담해졌습니다. 그런 만큼 윤 일병의 군 복무생활 역시 하루하루가 지옥 같은 나날의 연속이었다고 합니다.

군 검찰 수사 결과만 보더라도, 윤 일병은 거의 매일 폭력 체벌과 고문 수준의 육체적 고통을 당한 것으로 확인됩니다. 부대에 전입 오고 5일과 6일째를 맞이하던 3월 8일과 9일에는, 무려 3시간이 넘도록 기마 자세로 벌을 서는 가혹행위를 당했습니다. 결국 육체적 고통으로 쓰러지자 가해자들은 윤 일병의 가슴과 팔, 뺨 등을 무차별적으로 구타했습니다.

사람이 사람에게 할 수 없는 온갖 가혹행위도 서슴지 않았습니다. 가해자 중 한 명인 이 병장의 진술서에서 그 진실의 조각이 보입니다. 이 병장에게 군 수사관이 묻습니다. "그렇다면 윤 일병을 상대로 거의 매일 구타를 한 것이냐?"며 묻자 이 병장은 "사실이 아니다"라고 부인합니다. 이에 "왜 아니냐?"며 수사관이 반문하자, 이 병장의 답변이 참으로 기가 막힙니다. 그는 "2014년 3월 15일부터 3월 21일까지 휴가를 갔기 때문에 이 기간에는 때리지 않았다"며 변명합니다. 그러자 군 수사관이 다시 묻습니다. "그럼 이 시간을 제외하고 거의 매일 때린 것이 맞냐?" 그러자 이 병장은 "맞다"고 답합니다. 즉, 자신의 휴가로 인해 빈 시간을 제외하고 내내 때렸다는 것. 이 얼마나 어처구니없는 사실인가요?

그러다가 윤 일병에 대한 선임병들의 집단적이며 일상적인 고문, 가해행위로 끔찍한 비극이 발생한 날은 2014년 4월 6일이었습니다. 그렇습니다. 이날은 윤 일병의 사망일입니다. 그날 도대체 무슨 일이 있었던 것일까요?

군 검찰 수사 기록에 의하면, 윤 일병은 전날 밤부터 가해자들에 의해 지독한 폭력의 한가운데에서 방치되어 있었습니다. 가해자들은 전날부터 윤 일병을 자지 못하게 했습니다. 그런데 아침 7시 30분경, 윤 일병이 깜빡 졸았다며 이 병장이 구타를 하기 시작합니다. 이후 윤 일병은 사망하기 전까지 20~30분 간격으로 선임병들에게 구타와 가혹행위를 당하게 됩니다.

이날 가해자들은 모두 4명. 의무소대에서 함께 근무하던 선임병들이 윤 일병을 돌아가면서 구타했는데, 그중에 이 사건 주범 격인 이 병장의 범죄 행위는 도저히 사람으로서는 상상할 수 없는 수준이었습니다. 수사 기록에 의하면 이날 이 병장은 오전 10시경 내무반 땅바닥에 가래침을 2회 뱉었다고 합니다. 그런 후 이 병장은 윤 일병에게 이를 핥아 먹으라고 지시합니다. 이어 전날부터 계속된 폭행으로 윤 일병이 다리를 절뚝이자 이들은 윤 일병의 얼굴과 허벅지 등에 안티프라민 연고를 발라줬다고 합니다. 자신들의 범죄 사실이 드러날까 싶어 이를 숨기기 위한 행위였습니다. 그러나 이들의 행위는 다시 가혹행위로 번졌습니다. 가해자 중 한 명인 하 병장과 이 상병이 갑자기 윤 일병의 성기 부위에 안티프라민을 바른 것입니다. 화끈하고 따끔거리는 안티프라민 약 성분으로 인해 윤 일병이 고통스러워하는 모습을 보려는 목적이었습니다.

이후 낮 12시에서 2시 사이, 이 병장은 윤 일병에게 생각지도 않은 호의를 베풀었습니다. 비타민 수액을 놓아준 것입니다. 왜 그랬을까요? 갑자기 착해진 것일까요? 아니었습니다. 전날부터 많이 맞고 가혹행위를 당한 윤 일병이 자신들의 눈에도 이상해 보인 것입니다. 그래서 치료를 하려고 한 것 같은데 이 과정에서도 군 검사 수사 결과 가혹행위가 이어졌습니다. 이 병장은 6시간 동안 맞아야 정상인 수액 주사를 불과 2시간 만에 다 맞도록 합니다. 수액 떨어지는 속도를 무려 3배나 빠르게 한 것입니다. 그러고 나서 이 병장은 다시 윤 일병을 폭행하기 시작했습니다. 정말 끔찍한 이 행위들을 무슨 말로 다 비난할 수 있을까요? 차마 적당한 표현을 찾을 수가 없을 지경입니다.

그러던 낮 3시 50분경, 본격적인 비극이 또다시 시작됩니다. 이번엔 냉동 만두를 사와서 먹던 윤 일병을 가해자들이 때리기 시작합니다. 쩝쩝 소리를 내며 음식을 먹는다는 이유였습니다. 눈물이 납니다. 이루 말할 수 없는 참담함이 가슴을 후빕니다. 그리고 끝내 그날, 윤 일병은 바지에 오줌을 싸며 죽어갔습니다. 차마 필설로 다 밝힐 수 없는, 끔찍한 하나하나의 행위로 끝내 윤 일병을 죽인 것입니다.

이 같은 끔찍한 범죄 행위로 윤 일병의 목숨을 빼앗은 가해자들은 이후 진실을 은폐하고자 입을 맞춥니다. 윤 일병이 오줌을 싸며 의식을 잃고 쓰러지자 이 병장 주도하에 하 병장과 이 상병은 "윤 일병이 냉동식품을 먹다가 죽은 것으로 입을 맞추자"며 공모합니다. 실제로 윤 일병이 의식을 잃고 병원에 후송된 후인 저녁 6시경, 해당 부대 이 모 소령이 가해자 중 한 명인 지 상병을 지휘 통제실로 불렀습니다. 그리고 윤 일병이 쓰러진 이유를 묻자 지 상병은 "냉동식품을 먹다가 갑자기 쓰러졌다"며 이 소령에게 보고합니다. 부대가 윤 일병이 쓰러진 이유를 '음식물 섭취 중 기도 폐쇄에 의한 사고사'로 최초 기록한 이유였습니다.

이 거짓말이 드러난 것은 정말 우연한 계기였습니다. 지 상병이 이 소령에게 사고 경위를 거짓말하고 나온 직후인 당일 저녁 6시 20분경, 지 상병은 다른 소대의 김 모 병장과 우연히 마주치게 됩니다. 이때 김 병장은 의무소대에서 사고가 났다는 말을 들었던 차라 그 의무소대 소속인 지 상병을 상대로 윤 일병의 상태를 물었습니다. 그러자 지 상병은 순간적으로 김 병장에게 매우 중요한 말을 흘리게 됩니다. 김 병장의 갑작스러운 물음에 당황한 지 상병은 "어쩌면 교도소에 가게 될지도 모르겠다. 혹시 어디까지 알고 있냐?"고 물었습니다. 그러자 김 병장은 "냉동식품 먹다가 숨이 막혀 쓰러진 것으로 알려졌던데 사실이 아니냐?"며 되물었습니다.

지 상병은 "사실은 그게 아니고 이 병장이 때려서 그렇게 된 것이다. 처음엔 꾀병인 줄 알았는데 일이 이렇게 됐다. 그러니 다른 사람에게는 말하지 말고 혼자만 알고 있으라"고 당부했습니다. 하지만 훗날 이 발언이 윤 일병 사망사건의 진실을 밝히는 최초의 도화선이 될 줄은 당시 지 상병도 몰랐을 것입니다.

그날 밤, 김 병장은 잠을 이룰 수 없었다고 합니다. 지 상병에게 사건의 내막을 처음 듣고 난 직후 김 병장은 지 상병을 설득했다고 합니다. 지금이라도 있는 사실 그대로 말하는 것이 좋지 않겠냐고 설득했습니다. 하지만 그러한 권유에 지 상병은 이렇게 얘기했습니다. "이대로 윤 일병이 깨어나지 말고 죽어야 한다. 사실대로 말하면, 나도 이 병장에게 맞아 죽을 수 있다. 불안해죽겠다"는 것입니다. 이 병장이 생전 윤 일병을 얼마나 지독하게 대했는지 유추해볼 수 있는 또 다른 증언입니다.

밤 10시 40분경, 김 병장은 어떤 결심을 하고 내무반에서 일어납니다. 그는 갈등 끝에 부대 내 공중전화 부스로 가서 전화 수화기를 듭니다. 그리고 자신이 속한 포대장 김 모 대위에게 전화를 걸었습니다. 바로 이 전화가 윤 일병 사건의 진실이 알려지는 첫 계기가 되었습니다.

한편 의무소대 지 상병이 김 병장에게 말한 것처럼, 가해자들의 무서운 음모는 계속됩니다. 윤 일병을 병원으로 후송하고 자대 복귀한 이 병장 등은 제일 먼저 윤 일병의 관물대로 향했습니다. 그런 후 혹여나 써놓았을지 모를 윤 일병의 기록을 모두 파기하기 시작합니다. 육군 수첩과 수양록 등 관련 자료를 모두 찢어버립니다. 그리고 가해자들은 거짓 진술을 공모합니다. 윤 일병의 사인을 왜곡하고자 본격적으로 조작을 벌입니다. 먼저 주범인 이 병장의 진술입니다. 이 병장은 윤 일병의 사망 원인에 대해 "냉동식품 하나에 이렇게까지 될 줄 몰랐다"고 설레발을 칩니다. 아주 야비한 일이 아닐 수 없습니다. 하 병장 역시 마찬가지였습니다. 그는 "원인 모를 이유로 윤 일병의 맥박과 호흡이 가팔라졌다. 소대 내 분위기도 화목했다"고 했습니다. 또한 이 상병과 지 상병 역시 "가혹행위는 절대로 없었고 평소 화목한 분위기였다"며 거짓말을 합니다. 공범끼리 완벽하게 입을 맞춘 것입니다.

그럼에도 불구하고, 이 진실을 지켜본 또 다른 사람이 있었습니다. 바로 윤 일병이 끔찍한 고통을 받았던 그때, 우연히 천식 환자로 의무소대에 입원하고 있었던 김 모 일병이었습니다. 사실 김 일병은 윤 일병 사건 이후 유족과 군 인권센터가 가장 만나고 싶었던 대상이었습니다. 하지만 군 수사당국은 김 일병과 유족이 만날 수 없도록 방해했습니다. 김 일병이 유족을 만나고 싶어 하지 않는다는 명분이었습니다. 하지만 이후 김 일병은 군 수사당국과 전혀 다른 말을 하여 사람들을 격분케 했습니다. 자신은 결코 그렇게 말한 적이 없다는 것입니다. 오히려 윤 일병을 지켜주지 못한 죄책감으로 자신 역시 매우 괴로워했고 그 유족에게 위로를 전하고 싶었다는 증언이었습니다. 군대 내에서 벌어지는 사건을 왜 군이 수사하면 안 되는지, 그 분명한 증거를 보여주는 것이 바로 윤 일병 사건이라고 제가 생각하는 이유입니다.

여하간 이렇게 해서 만나게 된 김 일병을 통해 드러난 그날의 진실은 많은 이들을 경악하게 했습니다. 너무도 끔찍한 일들이 버젓이 벌어졌기 때문입니다. 지금까지 드러난 사실은 전부 군 수사기관이 가해자의 입을 통해 들은 것입니다. 이미 숨진 윤 일병의 입장은 하나도 없었습니다. 제3자의 증언도 없었습니다. 그렇기에 가해자들의 불리한 행위가 축소되었으면 되었지 사실 그대로 말했다고 믿기 어렵습니다. 그런 상황에서 가해자가 아닌 제3의 목격자, 김 일병이 전하는 그날의 진실은 매우 구체적이었습니다.

김 일병의 진술에 의하면, 가해자들은 윤 일병이 사망하기 전날인 4월 5일 밤부터 구타 및 가혹행위를 했다고 합니다. 이로 인해 윤 일병의 말과 행동이 유난히 느려지는 등 이상 반응을 보이기 시작했다는 것입니다. 그래서 자고 있는데 너무 시끄러워서 깨보니 이러한 윤 일병의 행동을 이유로 이 병장이 또 발로 차고 주먹으로 때리는 등 폭행을 하고 있었다는 것. 이에 보다 못한 김 일병이 용기를 내어 이 병장을 제지했으나 폭행은 멈추지 않았고 특이한 것은 이때 윤 일병이 평소보다 숨을 심하게 몰아쉬었다는 증언입니다. 하지만 이 병장의 가혹행위는 폭행으로 끝나지 않았습니다. 윤 일병을 구타한 후 이 병장은 당일 밤 잠을 자지 말라는 지시를 내립니다. 윤 일병이 사망 당일인 4월 6일 아침, 잠을 잤다는 이유로 폭행당한 이유가 바로 이것 때문이었습니다. 그렇습니다. 이 병장은 살인죄로 처벌하는 것으로도 부족한 악마입니다.

그뿐이 아닙니다. 김 일병의 증언에 따르면 사건 당일 이 병장은 "체하는 게 뭔지 알려주겠다"며 윤 일병의 입에 냉동만두를 강제로 넣은 후 폭행했다고 합니다. 그 폭행 소리가 너무 커서 잠을 깬 김 일병이 봤다는 증언입니다. 그러다가 입안 가득 음식물을 물고 있던 윤 일병이 가해자들의 구타로 흘리자 그들은 윤 일병에게 그 흘린 음식물을 다시 주워 먹게 했습니다. 그 행동이 굼뜨다며 또다시 폭행. 과연 사람이 사람에게 이런 일을 할 수 었다고 누가 상상할 수 있겠습니까?

그런 후, 구타와 가혹행위로 지친 윤 일병이 가해자에게 "물 좀 마셔도 되겠습니까?"라고 물었다고 합니다. 가해자들은 3초 내에 물을 마시고 오라고 한 뒤 시간을 지키지 못했단 이유로 폭행을 반복했습니다. 그 순간이었습니다. 윤 일병이 오줌을 싸며 침상에 주저앉았다고 합니다. 기절한 것입니다. 그러나 이때도 가해자 이 병장은 윤 일병에게 꾀병을 부린다며 또 폭행했다고 김 일병은 전합니다. 그런 후 이 병장 등은 눈동자가 돌아가 흰자만 보이는 윤 일병의 배 위에 올라가 발로 짓밟고 주먹으로 가슴을 폭행하는 등 폭력을 멈추지 않아 윤 일병은 끝내 절명합니다. 이것이 바로 윤 일병 사망 사건의 전모입니다.

어떤 말을 할 수 있을까요. 저는 이들 가해자를 그 어떤 관용으로도 용서할 수 없습니다. 그들은 사람이기를 포기한 악마입니다. 윤 일병은 올해 고작 21살의 청년이었습니다. 군 입대 전 대학에서 학생장을 지낼 만큼 똑똑하고 평범한 청년이었고 미래의 남자 간호사를 꿈꿨던 학생이었습니다. 훈련소 퇴소식 날, 면회 오신 어머니가 사준 고기를 맛있게 먹으며 활짝 웃었다는 고故 윤승주 일병.

입영하면서 작성한 「나의 성장기」에서 "지금 내게 가장 걱정이 되는 가족은"이라는 질문 항목에 "비가 오는 날 입대하는 못난 아들을 위해 논산까지 배웅해주신 어머니가 걱정됩니다. 비가 오는 고속도로를 혼자 가실 어머니가 걱정이 된다"고 썼던 착한 아들 고 윤승주 일병. 그런 윤 일병이 고작 스무 해를 살다가 참담하게 죽어간 것입니다. 도대체 윤 일병에게 무슨 큰 죄가 있어 이토록 처참하게 죽어가야 하나요? 저는 윤 일병에 대한 생각만 하면 목울대를 넘어오는 눈물과 분노를 참을 길이 없습니다.

하지만 이 사건의 진실은 여전히 다 밝혀진 것이 아닙니다. 언급한 것처럼, 이 사건의 공소 사실은 오직 가해자의 입을 통해 드러난 것이며 수사 역시 군 검찰이, 그리고 재판 역시 군 재판부가 하고 있기 때문입니다. 군의 잘못을 군이 스스로 다 밝힌다는 것을 여러분은 믿으시나요?

그렇기에 윤 일병 사망사건과 같은 군내 인권 유린 사건을 방지하고 해결하기 위해서는 저는 다음과 같은 방안이 필요하다고 생각합니다.

첫째, 군사기밀을 빼고는 전부 민간 영역에 반드시 개방해야 합니다. 둘째, 군대 내에서 벌어진 가해 사건에 대해서 군이 아닌 민간 합동으로 공정히 조사할 수 있는 외부 조사 기구를 반드시 만들어야 합니다. 윤 일병 사건 역시 김 일병의 양심 제보가 아니었다면 이 사건 역시 즐거운 분위기 속에서 회식을 하던 중 기도 폐쇄로 사망한 단순 사고사로 처리될 뻔했습니다. 그런데 이 진실을 밝혀낼 수 있었던 것은 가해자 집단인 군 수사 덕분이 아니었습니다. 군대 조직으로는 절대 불가한 일이라고 저는 단언합니다. 셋째, 평시 체제하에서는 민간 법정에서 군 사고를 처리할 수 있어야 합니다. 이것은 매우 중요하고 시급한 일입니다. 그래야 그나마 진실이 밝혀질 수 있습니다. 그리고 마지막으로, 의무복무 중 사망한 군인에 대해서는 국가가 책임지고 그 죽음을 순직 처리하여 국립묘지에 안장해줘야 합니다. 군인이 사망하면 국가가 많은 부담을 안아야 합니다. 그래야 국가와 국방부가, 군인이 군대에서 죽도록 더 이상 방치하지 않게 됩니다.

2016년 8월 25일, 대법원 2부는 윤 일병 폭행사망사건의 주범인 이 병장에게는 살인죄를 적용, 징역 40년을 확정 선고했습니다. 또한 이 병장의 지시를 받아 윤 일병을 폭행한 하 병장과 이 상병, 그리고 지 상병에게는 상해치사 혐의를 적용하여 각각 징역 7년을 최종 선고합니다. 그리고 또 한 사람, 자신이 관리·감독하는 병사의 범행을 방조한 혐의 등으로 기소된 유 모 하사에게는 징역 5년이 확정 선고되었습니다.

하지만 결코 이들만이 범죄자가 아닙니다. 저는 이 사건의 진짜 주범은 바로 이 나라 국방부라고 주장합니다. 여전히 국방부가 이러한 사건에 대해 제대로 반성하지 않기 때문입니다.

그 증거가 지난 2016년 7월 5일의 일입니다. 그날 국회에서는 대정부 질의가 있었습니다. 질의자로 나선 사람은 정의당 소속의 김종대 국회의원. 김 의원은 이날 한민구 국방부장관을 발언대로 불러 윤 일병 유가족이 제기한 이 사건 축소, 은폐 의혹에 대한 입장을 물었습니다. 윤 일병이 1박 2일에 걸쳐 가해자에게 670여 대 이상 맞고 그 결과로 쇼크사하기까지, 그리고 자대 배치 후 37일 근무일 중 35일간을 매일 절뚝거리며 다녔는데 이러한 부대 관리 문제에 대해 가족이 고발해도 누구 하나 책임지는 사람이 없는 게 말이 되냐는 질타였습니다. 그런데 이에 대한 한민구 국방부장관의 답변은 놀라웠습니다. 한 장관은 "안타까운 사건 사고가 있지만 많은 장병들이 굉장히 보람을 느끼면서 인격이나 인권이 보장되는 가운데서 근무하는 것도 현실"이라며 "그런 작은 것을 가지고 전체를 문제시"해서는 안 된다며 답변한 것입니다. 이에 김종대 의원이 "지금 윤 일병 사망사건을 작은 것이라고 했느냐"며 확인하고 나서자 그제야 자신의 답변이 문제가 있다고 여겼는지 한민구 장관은 "작다는 것은 적절하지 않고, 부분적이라는 것이다. 우리 장병이 건강하게 근무하고 있다"며 정정하기도 했습니다.

작은 것이든 부분적인 것이라고 표현한 것이든, 다 문제입니다. 군인의 죽음에 대해 너무도 안이한 국방부의 태도에 제가 격분하지 않을 수 없는 이유입니다. 불행하고 비극적인 윤 일병 사건을 부분적인 문제라고 여긴다면, 제2, 제3의 윤 일병 사례는 계속 나올 수밖에 없습니다. 저는 국방부의 반성을 촉구합니다. 반드시 반성해야 합니다. 〈고상만의 수사반장〉, 오늘은 여기까지입니다.

군사법원은 왜 폐지되어야 하는가

공군 정 상병의 자원 입대, 애국심이 불러온 비극

이 사건을 처음 알게 된 때는 지난 2015년 5월 초 어느 날이었습니다. 〈오마이뉴스〉 국방부 출입기자인 김도균 기자에게서 전화가 왔습니다. 대뜸 저에게 "공군 정 상병 사건을 아냐"며 물어오더군요. 당시 사회적 이슈로 부각된 사건이었기에 당연히 알고 있었습니다.

2014년 4월 21일, 정 상병이 공군에 입대하면서 비극은 시작됩니다. 사실 정 상병은 군대를 가지 않아도 되는 사람이었습니다. 공고를 졸업했기에 본인이 원한다면 방위 산업체에서 군 복무를 대신할 수 있었다고 합니다. 하지만 정 상병의 생각은 달랐습니다. 대한민국의 건강한 청년이라면 누구나 군대를 가야 한다고 여겼고, 그래서 선택한 곳이 공군입니다. 육군과 달리 공군과 해군은 별도의 시험을 봐야 입대할 수 있는데 다행히도 정 상병은 180센티미터가 넘는 건강한 신체 덕분에 공군 현역병으로 무난히 합격했다고 합니다.

하지만 이처럼 건강했던 정 상병은 지금, 생각지도 못했던 극심한 고통의 한가운데에 놓여 있습니다. 그리고 이 모든 비극의 출발은 어처구니없게도 정 상병의 애국심. 바로 그 애국심이 또 다른 비극을 불러왔으니 가슴 아픈 사연이 아닐 수 없습니다. 도대체 정 상병에게는 무슨 일이 있었던 것일까요?

정 상병이 공군 훈련소를 마치고 자대 배치를 받은 지 약 두 달이 지나가던 2014년 7월 초, 이때 정 상병은 선임병 몇 명으로부터 이유 없는 괴롭힘을 당했다고 합니다. 신병의 군기를 잡겠다며 선임병들이 정 상병을 괴롭히기 시작한 것입니다. 그 방법이 야비했습니다. 일과가 끝난 후 당시 이병이었던 정 상병의 생활관으로 선임병들이 침입했다고 합니다. 그런 후 정 상병에게 '엎드려 뻗쳐'와 '팔굽혀 펴기' 등의 얼차려를 수시로 강요하며 육체적, 정신적 고통을 가한 것입니다. 결국 이러한 선임병들의 집단적인 괴롭힘에 괴로워하던 정 상병은 부대 선임원사를 찾아가 이 사실을 신고합니다.

누구든 어려운 일이 있으면 고민을 상담하러 오라고, 그러면 해결해주겠다던 부대 선임원사의 말을 믿고 찾아간 것입니다. 이날 정 상병은 그동안 자신에게 벌어진 일을 사실 그대로 신고했다고 합니다. 본인이 겪는 어려움을 선임원사가 도와줄 것이라 믿었습니다. 그런데 그 처리 결과는 어떠했을까요?

누가 들어도 기가 막힐 일입니다. 당연히 이들 가해 선임병들이 처벌받으리라 믿었으나 결과는 아니었습니다. 놀랍게도 가해자들에게 내려진 처분은 '사실상' 아무것도 없었습니다. 나중에서야 이런 사실이 있었음을 알게 된 정 상병의 아버지가 선임원사에게 선임병 처리 결과를 묻자, 선임원사의 답이 '엄중 조치를 내렸다'고 했는데 말입니다. 도대체 그 '엄중 조치'가 무슨 뜻인지 몰라 정 상병의 아버지가 재차 선임원사에게 물었다고 합니다. 그러자 돌아온 답변, '부대가 알아서 다 하는데 무슨 말씀이 그리 많으시냐? 그렇게 되면 아드님 부대생활만 힘들어진다'는 취지의 반협박성 발언이었다고 합니다. 참으로 기가 막힌 일 처리가 아닙니까?

이보다 더 어처구니없는 일은 또 벌어집니다. 선임병의 가혹행위 및 괴롭힘을 선임원사에서 호소했을 당시, 선임원사가 취한 조치입니다. 가해자 선임병에게 밑도 끝도 없는 '엄중 조치'를 취한 선임원사가 이를 신고한 정 상병에게도 또 하나의 조치를 취했다는 것입니다.

바로, 선임병의 가혹행위를 신고했다며 정 상병을 관심사병 B급으로 지정한 것입니다. B급 관심사병은 중점 관리 대상입니다. 그러니 가해자들은 모두 제대해서 부대를 나간 후 피해자인 정 상병은 남아 관심사병 B급으로 남게 된 것입니다. 이런 것이 대한민국 공군이 말하는 정의인지, 저는 묻지 않을 수 없습니다. 그런데 정 상병의 고통은 그것이 끝이 아니라 또 다른 시작이었습니다. 파국은 급행열차처럼 빠르게 다가왔습니다. 선임병의 가혹행위에 대해 무관심했던 부대 관리가 빚어낸 비극적 파행, 그리하여 결국 정 상병과 그의 아버지, 또 그 일가족을 참담한 고통으로 밀어넣은 그 야만. 오늘 〈고상만의 수사반장〉은 피를 토하는 심정으로 이 나라 공군에 대해 고발합니다.

이 나라 모든 부부는 사랑해서 결혼을 합니다. 그리고 부모가 되어 아들을 낳고 또 키우고 가르쳐 대한민국이 국민의 의무라며 강요하는 병역을 이행해내기 위해 군복을 입힙니다. 그런데 그 아들이 훈련소에 입소하는 순간, 부모는 더 이상 그 아들을 지킬 수도, 보호할 수도 없게 됩니다.

훈련소 입소 후부터는 '나라의 아들'이라며 부모의 간섭을 최소화하라고 요구합니다. 대신 군인의 부모가 할 일이 있다면, 그것은 사실상의 방위세를 내주는 일입니다. 전 세계 꼴찌 수준인 사병 월급을 부모가 보조하는 일이 전부입니다. 사병 월급만으로는 생활할 수 없으니 부모가 나라사랑 통장으로 용돈을 보내줘야 합니다. 그뿐인가요? 질 낮은 수준의 피복과 장구를 쓸 수 없다고 하니 사제 물품도 보내줘야 합니다. 친구에게 편지를 쓰거나 전화를 하기 위해 필요한 우표나 전화카드도 사줘야 합니다. 집으로 걸어오는 수신자 부담의 콜렉트 콜 전화 비용 역시 부모의 몫입니다. 또한 군복을 빤 후 이를 건조시키는 기계 사용료가 천 원이라며 매월 면회 때마다 가져다달라고도 합니다. 부모로서는 아들의 부탁을 외면할 수 없습니다. 분기별로 실시하는 주말 외박 면회 역시 부담스러운 일입니다. 말로는 평일 면회도 가능하다고 하지만 실상은 토요일에만 외박 면회가 가능합니다. 그러니 주말에 숙소를 잡기 위해서는 매우 비싼 숙박비를 가져가야 합니다. 형편이 빠듯한 부모는 외박 면회 비용도 부담스러워 속앓이를 하니 미안한 일입니다.

이러한 비용을 군에서 감당하면 안 될까요? 그래서 누구나 마음 편하게 외박 면회를 하도록 바꿀 수는 없을까요? 있는 부모나 없는 부모나 적어도 자식이 군에 가 있는 동안에는 국가로부터 애국자 예우를 받을 수 있으면 얼마나 좋을까요?

그런데 말입니다. 이런 것도 다 필요 없다고 합니다. 그건 됐으니 제발 죄인 취급만이라도 하지 말라는 것이 군에 자식을 보낸 이 부모님의 솔직한 심정입니다. 부모 의무만 있을 뿐 권리는 없는 대한민국 군인의 부모. 이것이 바로 오늘 우리가 이야기하는 정 상병 사건의 핵심입니다.

저는 정 상병 사건이야말로 대한민국 군인 부모가 겪는 모든 비극을 함축적으로 보여주는 사건이라고 단언합니다. 그렇다면 도대체 정 상병에게는 무슨 일이 벌어진 것일까요?

정 상병의 고통이 본격적으로 다시 시작된 것은 선임병들의 괴롭힘을 신고하고 첫 휴가를 다녀온 직후였다고 합니다. 부대에 복귀한 정 상병에게 생각지도 못한 비극이 기다리고 있었습니다. 때는 2014년 7월, 기대했던 가해 선임병에 대한 처분은 없고 대신 '선임병을 정 상병이 찔렀다'는 소문만 파다하게 퍼져 있었다 합니다. 그러면서 부대 내에서 불리게 된 정 상병의 별명이 이른바 '이름보'입니다. 선임병을 고자질했다는 조롱과 비아냥, 그리고 왕따였습니다. 바로 이때 이전과 다른 새로운 집단이 정 상병을 괴롭히기 시작했습니다. 바로 정 상병과 같은 생활관에서 있었던 3명의 공군 동기병입니다.

현재 군은 이전과 달리 동기 생활관을 운영하고 있습니다. 과거 선임과 후임이 함께 생활하는 내무반 운영으로 가혹행위 등 인권유린이 발생한다며 이를 개선하고자 동기병끼리 생활하는 제도로 바꾼 것입니다. 그러한 제도 개선을 가장 먼저 시행한 곳이 공군이었습니다. 그런데 이러한 공군부대에서 동기생에 의한 집단적인 가혹행위가 벌어진 것입니다.

군 검찰의 공소 사실에 의하면, 이들 동기병들이 정 상병을 상대로 집단적인 가혹행위를 한 것은 2014년 10월부터라고 합니다. 하지만 정 상병의 아버지는 그보다 3달여 앞인 7월부터라고 주장하고 있습니다. 의심에는 이유가 있었습니다. 정 상병이 휴가 나온 7월부터 이미 이상한 징후가 확인되었기 때문입니다.

정 상병은 이전과 달리 불안하고 초조한 모습으로 내내 안절부절못하는 태도를 보였다 합니다. 자신보다 7살이나 어린 중학교 1학년 여동생과 다투는가 하면, 그전에는 전혀 하지 않던 어린이용 카드놀이 유희왕 놀이에 집착하는 등, 이전에는 없었던 생소한 모습을 보였다는 겁니다. 갑작스러운 아들의 변화에 내심 무슨 일이 있나 의심하던 차였다고 합니다.

밝혀진 진실은 참혹했습니다. 누구의 도움도 받지 못한 채, 정 상병은 이들 가해자들의 집중적인 괴롭힘과 폭력 속에서 무방비하게 노출되어 있었습니다. 세 명의 동기병들이 정 상병을 괴롭힌 이유를 크게 보면 두 가지입니다. 그런데 그 이유가 하나같이 기가 막힙니다.

첫째는, 정 상병이 선임원사에게 선임병들을 신고한 것, 이로 인해 부대 분위기를 나빠졌다는 것이 정 상병을 괴롭힌 이유였습니다. 그런데 두 번째 이유가 더 어이가 없습니다. 그냥 장난이었다는 것입니다, 장난. 그렇다면 이들이 장난으로 했다는 행위는 도대체 어떤 것일까요? 2014년 대한민국 사회를 큰 충격으로 몰아넣었던 윤 일병 폭행 치사사건과 정 상병이 당한 괴롭힘은 너무도 흡사했습니다. 군 검찰이 이들 가해자들을 수사하여 기소한 공소장에 의하면, 그 사례는 이와 같습니다.

먼저 가해자 A 일병 등이 정 상병을 생활관 침상에 넘어뜨렸다고 합니다. 그런 후, 배나 등 위에 올라탄 상태에서 마구잡이로 정 상병을 폭행했다고 합니다. 이러한 가해자들의 집단적인 폭행이 근 1시간에 걸쳐 이뤄졌으며, 심한 매질로 정 상병이 탈진 상태에 이릅니다. 이러한 행위를 혼자가 아니라 3명이 함께 했습니다. 그런데도 이런 행위는 그저 심심풀이였다고 강변합니다.

이러한 가해자들의 폭행 중 정 상병이 가장 끔찍하게 기억하는 일이 있습니다. 그것은 바로 생활관 내 관물함에 자신을 밀어 넣고 가한 폭행입니다. 아주 좁은 공간에 정 상병을 강제로 구겨 넣은 후 가해자들은 마구잡이로 폭행했다고 합니다. 특히 성기와 허벅지, 엉덩이 등을 집중적으로 때렸다고 합니다. 이런 가혹행위를 거의 매일 저녁마다 자행했다니,

그야말로 피가 거꾸로 솟구치는 분노밖에 일지 않습니다. 이런 가혹행위를 당한 정 상병의 심경은 정말 어떠했을까요? 저항할 수도 없는 상태에서 매일같이 이런 가혹행위를 당한 정 상병….

육체적 학대보다 더 분노스러운 것은 가해자들이 벌인 의도적인 모욕입니다. 가해자들은 이처럼 정 상병을 관물대에 구겨 넣은 후 마구잡이로 폭행하면서, 다른 한편으로는 다른 생활관에 있는 정 상병의 후임들을 방으로 불러왔다고 합니다. 그러면서 이들 후임이 보는 자리에서 정 상병을 구타했다는 것입니다. 정 상병이 지금 가장 치욕스럽고 고통스러워하는 부분이 바로 이것입니다. 상상만으로도 치욕스럽고 끔찍한 모멸감. 이러한 행위를 한 자들이 어찌 사람일 수 있을까요. 그러고도 이들은 장난이라고 변명하고 있습니다. 정말 이것이 장난이란 말입니까?

정 상병이 잊을 수 없는 정신적 고통은 또 있었습니다. 가해자들에 의해 관물대 안에서 구겨진 채 얻어맞고 있을 때 들은 말이었습니다. 가해자들은 정 상병을 마구 구타하면서 후임들에게 "부대 생활 똑바로 해라. 안 그러면 너희들도 이렇게 된다"며 겁박했습니다. 그런데 그때 얻어맞던 정 상병의 눈에 서너 명의 후임병들이 보였다고 합니다. 그때 후임병들이 웃고 있었다고 합니다. 자신이 맞는 모습을 보며 낄낄거리며 웃고 있었습니다. 정 상병은 그 모습을 잊을 수 없다며 고통을 호소하고 있습니다. 너무 창피하고 비참해서 죽고 싶었다는 정 상병. 저는 이러한 범죄 행위를 보고도 신고는커녕 키들거리며 웃었다는 그들 후임병 역시 처벌받아 마땅한 일이라고 생각합니다. 이것을 어찌 이해해야 할지 이 나라 군대 문화가 개탄스러울 뿐입니다.

이뿐만이 아니었습니다. 윤 일병 사건처럼 정 상병 사건 역시 마찬가지였습니다. 가해자들은 정 상병을 물리적으로만 폭행한 것이 아닙니다. 온갖 형태의 가혹행위로 정 상병을 괴롭힌 것입니다. 군 검찰이 작성한 범죄 일람표에 의하면, 2014년 12월 초순에는 정 상병의 입을 강제로 벌린 후 1.5리터 콜라 3분의 2가량을 부었다고 합니다. 자신이 먹던 콜라가 남았다는 것이 이유의 전부였습니다. 탄산가스로 고통스러워하는 정 상병의 모습을 보고 즐기려는 목적이었을 것입니다.

어떤 날은 "때리는 것 대신에 이걸 입에 넣어준다"며 자신이 의무대에서 처방받은 가글액(인후통 치료제)을 정 상병의 입안에 짜 넣기도 했다고 합니다. 입안을 가시는 가글액을 삼키라고 겁박했다는 것입니다. 이런 방식으로 모두 5번 넘게 괴롭혔습니다. 이를 거부하면 "너 이거 마실래? 아니면 또 맞을래?"라며 물어봤습니다.

어느 날은 이 고통스러운 일들에 정 상병이 쓰러지자 가해자는 "연기하냐? 죽을래? 병신아"라며 30분간 강제로 팔굽혀 펴기 등을 시켰다고 합니다. 하지만 몸이 좋지 못한 정 상병이 안간힘을 써도 더는 할 수 없게 되자 가해자들은 또다시 "장난치냐? 죽을래?"라며 손바닥으로 머리 등을 마구 때린 것으로 군 검찰 수사 결과 밝혀지기도 했습니다.

정 상병은 가해자들에게 있어 그야말로 장난감 같은 존재였습니다. 한 번은 여러 사람이 보는 앞에서 가해자가 이유 없이 정 상병을 때렸다고 합니다. 이에 다른 동기병이 "왜 가만히 있는 애를 이유 없이 때리냐?"며 가해자를 말렸다고 합니다. 그러자 무안당했다고 여긴 가해자가 "왜 착한 척하냐?"며 슬리퍼 신은 발로 정 상병을 연거푸 세 차례 걷어차는 폭력을 행사한 것으로도 드러났습니다. 실로 짐승 같은 행위가 아니고 무엇입니까?

끝도 없는 이들 가해자의 행위는 물리적 폭력뿐만 아니라 심각한 언어폭력으로도 이어졌습니다. 특히 정 상병의 가족을 상대로 한 이들 가해자들의 발언은, 미치지 않고서는 어떻게 이런 말을 할 수가 있는지 이해할 수 없을 정도입니다. 가해자들은 정 상병의 집이 경기도 의정부라는 이유만으로 다른 사병들이 있는 자리에서 "의정부 북한 빨갱이 새끼들, 의정부는 개 촌동네, 전쟁 나면 10분 안에 사라지는 곳"이라며 모욕했다고 합니다. 또한 기독교 신자인 정 상병이 종교 행사에 참석하려 하자 "가점 받으러 가냐? 좆도 이 병신 새끼. 뭐 먹으러 가냐? 이 식충 쓰레기 새끼"라는 말도 수시로 했다 합니다. 가장 심한 말은 정 상병의 부모를 욕하는 발언이었습니다. "너 같은 건 왜 사냐? 너 같은 것을 낳은 부모가 불쌍하다. 너 친구는 있냐? 있어봐야 너처럼 병신 같겠지" 등등, 온갖 모욕적 언사를 거침없이 했다 합니다. 그런 다음에는 유사 성행위를 연상케 하는 행동으로 정 상병을 모욕한 이들 가해자. 정말이지 일일이 전부 다 열거할 수 없는 만행, 또 만행이었습니다. 이러한 기간이 최소 4개월에서 길게는 반년간 지속되어온 것입니다. 과연 이 고통의 한가운데에서 피해자인 정 상병의 심정은 어떠했을까요?

이후 정 상병이 정신과 의사와 상담한 기록을 보면 그 일단을 엿볼 수 있습니다. 정 상병은 "부대를 탈출하기 위해 사고를 쳐 영창이라도 가고 싶었다. 자살하고 싶었지만 부대 안에는 2층 이상 건물이 없어 뛰어내려 봐야 죽지 않을 것 같아 실행하지 못했다"는 말을 한 것으로 기록되어 있습니다. 그런데도 정 상병은 이전처럼 신고하지 못했다고 합니다. 이미 한번 신고를 해봤는데 얻은 것은 아무것도 없었고 오히려 고통만 더해졌으니 신고해봤자 불이익만 더하리라 생각하게 된 것입니다.

그러다가 도저히 견딜 수 없는 지경이 된 2015년 1월 초, 정 상병은 마지막이라는 각오로 다시 한 번 선임원사를 찾아갔다고 합니다. 그리고 그동안 자신이 당한 피해를 털어놓으며 살려달라고 절규했다고 합니다. 하지만 이번에도 다르지 않았습니다. 정 상병의 절규에 돌아온 선임원사의 답이 참으로 경악스럽습니다. "참아봐라. 생활하면서 좀 견뎌봐라"가 끝이었던 겁니다. 그러자 정 상병은 죽기 살기로 울면서 다시 선임원사에게 매달렸다고 합니다. 살려달라고, 차라리 병원으로 보내달라며 매달렸습니다.

정 상병이 이렇듯 발악하며 매달리자 선임원사가 대대장에게 전화를 걸었다고 합니다. 정 상병과의 상담 내용을 설명하며 어찌해야 할지 상의를 했습니다. 그러나 병원에 보내달라고 한 정 상병의 요구는 묵살되었다고 합니다. 선임원사는 대대장과 전화 통화를 마친 후 정 상병에게 일단 생활관으로 돌아가 있으라고 명령했습니다. 그러면서 일단 기존의 생활관이 아닌 우수 사병들만 모인 '으뜸 병사들의 방'으로 보내줬다고 합니다.

정말 어처구니없는 공군 간부들의 조치가 아닐 수 없습니다. 결국 그래서 벌어진 2015년 1월 12일의 비극. 정 상병이 재차 가해자들에게 집단적인 폭력 피해를 입은 것입니다. 피했지만 쫓아와 가혹행위를 하는 그들에게 정 상병은 속수무책으로 당할 수밖에 없었습니다. 이 모든 책임, 바로 이 부대 대대장과 선임원사를 정 상병의 아버지가 원망하는 이유입니다. 그러자 그제야 정 상병의 부대 대대장이 사안의 중대성을 깨닫게 됩니다. 또다시 가해자들에게 정 상병이 폭행당했음을 알게 된 부대 대대장이 군 헌병대에 수사를 의뢰한 것입니다. 이후 군 헌병대는 수사 의뢰 하루 만인 2015년 1월 14일, 가해자 중 주범 격인 황 모 상병을 구속했다고 합니다. 그나마 늦었지만 참 다행스러운 일이라고 해야 할까요?

그런데 왜 황 상병만 구속되고 나머지 두 명의 가해자는 처벌을 피한 것일까요? 피해자인 정 상병이 이들 두 가해자와 합의서를 제출했기 때문이라고 합니다. 처벌을 원하지 않는다는 합의서, 그래서 이들 가해자들은 기소조차 되지 않았습니다. 어떻게 된 일일까요? 정 상병은 왜 자신을 그토록 때리고 학대한 가해자를 용서한 것일까요?

내막은 따로 있습니다. 이 모든 것은 부대 대대장과 선임원사가 정 상병의 의지와 상관없이 벌인 또 다른 조작이라고 정 상병과 그 아버지는 주장합니다. 도대체 무슨 말일까요?

정 상병은 이 사건 직후 서울대병원 정신병동에 입원하여 치료를 받았습니다. 가해자들의 지속적인 학대로 인해 정 상병의 모든 것이 멈춰버린 것입니다. 생각하는 힘도, 무엇을 듣거나 읽으면 이를 해독하는 힘도 크게 떨어져 있는 상태였습니다. 시험까지 봐가며 입대한 공군에서 멀쩡한 아들이 철저히 망가진 것입니다. 이 모습을 봐야 하는 그 아버지의 심정을 무엇으로 설명할 수 있을까요?

이처럼 온전한 자기 정신이 아닌 아들을, 사건 발생을 전후한 시기에 매일 밤마다 대대장과 선임원사가 불러 압박을 했다고 합니다. 이에 대한 정 상병의 증언입니다.

"선임원사가 한 달 넘게 매일 나를 불러 '가해자도 내 새끼다' '빨간 줄만 안 갔으면 좋겠다'면서 가해자들과 합의해줄 것을 요구했어요. 하루는 훈련을 마치고 씻기 위해 세면장으로 갔는데 거기까지 대대장이 찾아와 '네가 용서해줄 수 없겠냐'며 '네가 부대를 위해 희생 좀 해주면 안 되겠느냐'고 한 거예요. 그런 상황에서 저는 가해자와 합의하는 것을 거의 (대대장) 명령으로밖에 이해할 수 없었습니다."

정 상병이 이들 가해자와 합의한 이유, 바로 이것이었습니다. 물론 이러한 정 상병의 주장에 대해 대대장과 선임원사는 사실이 아니라고 부인했습니다. 자신이 합의를 강요할 이유가 없다는 것입니다. 과연 누구의 말이 사실일까요?

그런데 여기서 우리가 살펴봐야 할 또 다른 일이 있습니다. 정 상병이 부대에서 이처럼 가해자들과 '이유 없는 합의를 하는 동안' 도대체 정 상병의 가족들은 무엇을 한 것일까요? 놀라지 마십시오. 아무것도 하지 못했습니다. 왜 그랬을까요? 부대가 정 상병의 부모에게 아무것도 알려주지 않았기 때문입니다.

정 상병이 사실은 선임병에게 괴롭힘을 당하고 있었음을, 이후 동기병 세 명에게 가혹행위를 당했고 이 과정에서 가해자 두 명과 불처벌 합의를 했다는 사실도 알려준 적이 없었습니다. 따라서 가해자 중 한 명은 군 검찰에 기소되어 재판을 받고 있다는 것조차 알려준 적이 없는 것입니다. 어떻게 이런 일이 벌어진 것일까요? 뒤늦게 이 사실을 알게 된 정 상병의 아버지가 부대 측에 항의를 했습니다. 왜 부모에게 이런 사실을 전혀 알리지 않았는지 납득할 수 없다며 울분을 터뜨렸습니다. 그때 부대 측의 답변이 참으로 기가 막혔다고 합니다. 정 상병이 미성년자가 아니기에 굳이 그 부모에게 이러한 사실을 알릴 의무가 없다는 말이었다고 합니다. 정말 가당치도 않은 변명이 아닌가요?

정 상병은 이미 그때 정상적인 판단을 하기 어려운 상황이었습니다. 그런데 그런 심신 미약 상태에 있는 정 상병에게 가해자와 합의를 종용했다면 이는 결코 용납될 수 없는 일입니다. 도대체 이게 납득할 수 있는 일인가요?

정 상병 사건의 어처구니없는 일들은 이것으로도 다 끝이 아니었습니다. 재판이 시작되었습니다. 형식상 이 사건에서 정 상병의 변호인 역할을 하는 이는 군 검찰입니다. 그러나 군사 법원에서 군 검찰은 결코 피해 군인의 편이 아닙니다. 그들의 신분은 군인이고 그들이 지켜야 할 대상은 바로 군의 안정이기 때문입니다. 그것이 현실이 아닐까요?

정 상병의 아버지는 도대체 나도 모르는 사이에 내 아들에게 무슨 일이 일어난 것인지 알고 싶었다고 합니다. 그래서 공소장과 군 수사기록 등을 열람하거나 복사해줄 것을 군 검찰 측에 거듭거듭 요구했다고 합니다. 하지만 이러한 요구는 군 재판부와 검찰에 의해 거의 대부분 거부당했습니다. 정 상병의 아버지는 군 검찰관에게 때로는 항의하고 거의 대부분은 간청하며 읍소했습니다. 기록을 보여달라고, 그리고 제정신이 아닌 상태에서 군 지휘관의 강압으로 합의된 두 가해자 역시 기소하여 처벌해줄 것을 간청했다고 합니다. 하지만 군 검찰관의 답변은 누가 들어도 기가 찰 일이었습니다. 정 상병이 만 19세가 넘은 성인이니 그런 정 상병이 자유롭고 임의로운 판단으로 작성한 불처벌 합의서가 무효일 수 없다는 것입니다. 그러니 그런 합의서가 제출된 지금에 와서 두 가해자를 다시 재수사하여 기소하는 일은 불가능하다는 완강한 반박이었다고 합니다. 피해자인 정 상병 아버지로서는 정말 기가 찰 일이었습니다.

그런데 마지막 하이라이트가 또 남아 있었습니다. 바로 이 사건 1심 재판 구형 공판이 있었던 지난 2015년 6월 23일의 일이었습니다. 이날 군 검찰관이 채택한 증인이 있었습니다. 바로 정 상병이 자신의 정신적 고통에 대해 상담했던 병영생활 상담관이었습니다. 그런데 이 순간 군사법원 재판장이 방청 중인 정 상병의 아버지에게 퇴정을 명령했다고 합니다. 정 상병의 아버지가 있는 상황에서는 증언하기 곤란하다는 상담관의 요청으로 방청할 수 없다는 것입니다.

피해자의 아버지가 왜 퇴정해야 하는지 이유는 알 수 없으나 따르는 수밖에 없었다고 합니다. 내내 이상한 군사법원의 재판이었지만 다른 도리가 없었던 것입니다. 그런데 그 재판이 끝난 후 듣게 된 비밀 앞에서 정 상병의 아버지는 다시 한 번 경악하지 않을 수 없었습니다.

정 상병의 아버지가 밖으로 내보내진 후 이어진 병영생활 상담관의 증언은 가히 상상키 힘든 말이었다고 합니다. 내용인즉슨, 정 상병이 자신을 찾아와 말하기를 '자신을 정서적으로 학대한 이는 가해 군인이 아니라 또 다른 사람'이라며 전해줬다는 것입니다. 바로 그 사람, 정 상병의 아버지였다는 것입니다.

그 내용을 보면 더욱 황당합니다. 아버지에게 당한 학대의 시작은 자신이 만 3살이 되던 때였다는 겁니다. 그래서 이날 병영생활 상담관의 증언은 정 상병이 지금 정신병원에 입원한 이유는 만 3살 때부터 이어진 아버지의 학대 때문이며 이처럼 상처받은 정 상병을 구속된 가해자인 황 상병이 재차 가해했다는 식의 증언을 한 것이었습니다. 이러한 증언에 누구보다 가장 격분한 이는 바로 이 사건 피해자이자 아들인 정 상병이었습니다. 정 상병은 자신을 돕는 군 인권 피해자 관련 변호사로부터 이러한 사실을 전해 들은 후 장문의 글을 써서 재판부에 제출했습니다. 그 글의 시작과 핵심을 요약하면 이렇습니다.

"난 지금 매우 화가 난다. 병원에 있으면서 하루에 10알 이상의 진정제를 먹으며 매일 버티고 있는데 이번 재판 과정을 들으면서 군 관계자들 절대 용서가 안 되고 화가 많이 난다. 감히 네놈들이 뭔데 나를 살려준 아빠를 폭력 아빠로 매도하느냐?

내가 지금 정신적으로 힘들어진 게 아빠 때문이라고? 내가 어렸을 때 대들거나 다투다가 몇 번 맞은 적은 있어도 중고등학교 때부터는 맞지도 않았고 난 3살 때 기억도 없고 3살을 기억하면 그건 천재다.

말도 안 되는 소리를 지껄이지 마라. 내가 상담사한테 상담받으러 간 것도 병사들끼리 안 좋은 분위기 때문에 견디다 못해 찾아간 것이

지 아빠 때문에 힘들어서 간 것이 아니다.

　제 아빠를 폭력 아빠로 만든 상담관도 구속 수사를 원합니다. 3살을 기억하면 그건 천재입니다."

정 상병 사건의 시작과 끝, 그리고 그 과정을 살펴보면 뭐라고 말할 수 없는 인간적 슬픔을 느낍니다. 과연 이것이 인간 사는 세상에서 벌어질 수 있는 일인지 묻고 싶습니다. 도대체 누구 하나 제대로 책임지고 원인을 해결하려는 모습이 없습니다. 거짓과 위선, 그리고 말도 안 되는 억지로 상황만 수습하고 처리하면 된다는 추악한 모습이 너무도 적나라하게 드러나 있기 때문입니다.

다행히 언론 보도를 통해 이 추악한 진실이 알려지면서 사람들은 이후 공분하게 됩니다. 이 과정에서 재판장이 한 차례 변경되는 우여곡절 끝에 군 검찰은 주범인 황 상병에게 징역 3년 6개월을 구형하게 됩니다. 그리고 보통군사법원은 황 상병에게 징역 1년 6개월을 실형 선고했습니다. 하지만 정 상병의 아버지는 반발했습니다. 무려 95회에 걸쳐 지속적으로 폭행한 사건인데, 그리하여 외상 후 스트레스 장애로 피해자가 여전히 고통받고 있는데 어떻게 구형량의 절반에도 미치지 않는 처벌이 내려질 수 있냐며 반발했습니다.

그러자 2심인 고등군사법원은 1심이 인정하지 않았던 상습 상해를 인정하며 1심보다 6개월이 늘어난 실형 2년을 선고하였습니다. 가해자가 정 상병을 폭행할 당시 '이로 인해 외상 후 스트레스 장애를 입게 될지 모른다는 미필적 인식을 갖고 있었다고 봄이 상당하다'고 판단한 것입니다. 즉, 정 상병의 정신과적 피해가 황 상병의 폭행으로 인한 것임을 인정한 것입니다. 그리하여 지난 2016년 5월 27일, 대법원은 고등군사법원이 선고한 징역 2년을 원심 확정함으로서 이 사건 재판은 모두 종료되었습니다.

하지만 정 상병과 정 상병의 아버지는 여전히 다 해결된 게 아니라고 말합니다. 주범만 처벌되었을 뿐 말도 안 되는 합의서를 근거로 공범 2명은 기소조차 되지 않았기 때문입니다. 또한 이러한 합의를 강요한 부대 대대장과 선임원사 역시 아무 처벌도 받지 않았습니다. 과연 이것이 정의입니까?

그래서 정 상병의 아버지가 저에게 주장하는 것이 있습니다. '군사법원의 폐지'입니다. 저 역시 이러한 정 상병 아버지의 주장에 적극 동의합니다. 도대체 군사법원이 왜 필요한지 이유를 모르겠습니다. 전시 상황이 아닌 평시 상황에서는 민간법원에서 군의 잘못을 다뤄야 합니다. 이것으로도 충분합니다. 이것이 옳습니다. 그래야 또다시 정 상병과 같은 사례가 되풀이되는 일을 막을 수 있습니다.

공군 정 상병의 쾌유를 기원합니다. 도대체 언제까지 이런 군대에 우리 아이들을 보내야 할지 답답할 뿐입니다. 저는 이러한 군 부조리가 바로잡힐 때까지 비판을 멈추지 않겠습니다. 끝까지 싸울 것입니다.

"나는 북한 인민 서열 43호, 국군 포로 자녀입니다"

국군 포로와 그 후손들은 실재하고 있다

1953년 7월 27일, 한국전쟁은 정전협정이 맺어진 뒤 휴전에 들어갔습니다. 그런데 전쟁이 끝났다고 비극마저 끝난 것은 아니었습니다. 전쟁은 그 뒤로도 또 다른 비극을 남겼습니다.

2014년 8월 무더운 어느 날이었습니다. 제가 일하던 국회의원실로 낯선 억양의 말투를 쓰는 남녀가 세 명 찾아왔습니다. 그러면서 무작정 국회의원과 면담하게 해달라며 떼를 썼습니다. 억양을 보니 탈북자가 분명했습니다.

솔직히 고백하자면 저는 이들 탈북자에 대해 그리 좋은 인상을 가지고 있지 않았습니다. 이유가 있었습니다. 탈북자 가운데 일부 사람들이 쓸데없는 돌출 행위로 남북 긴장을 조성하는 것이 싫었습니다. 북으로 삐라를 날려서 통일이 되고 또 북한 주민의 인권도 개선된다면 얼마든지 그래도 좋습니다. 하지만 삐라를 날리는 것은 원시적인 도발 행위 그 이상도, 이하도 아니라고 생각합니다. 통일이 되는 것이 아니라 전쟁 가능성만 더 높일 뿐이며, 이로 인해 북한 주민의 인권이 개선된다는 것 역시 아무런 근거가 없을 뿐입니다.

여하튼 이런 이유 때문인지 북한 억양을 쓰며 방문한 이들이, 그것도 막무가내로 떼를 쓰자 불쾌감이 이는 걸 어쩔 수가 없었습니다. 그래서 말이 좀 퉁명스럽게 나갔나 봅니다. 그러자 상대방의 태도 역시 곱지 않았습니다. "왜 이렇게 사람을 무시하듯 불친절하게 대하냐"며 강하게 치고 나오는 것 아닌가요. 그러자 저 역시 배알이 꼬여 "내가 뭐라고 했습니까? 확인해서 답한다고 하는 것 아닙니까?" 하며 시비 아닌 시비가 붙게 된 것입니다. 그러자 사람들이 말리기 시작했습니다. 그렇게 옥신각신 언성이 높아진 후 대충 상황이 정리될 때였습니다.

동료 보좌진 중 한 명이 저에게 새로운 사실을 알려주었습니다. 지금 찾아온 분은 그냥 탈북자가 아니라 사실은 국군 포로의 자녀라는 것이었습니다. 그 순간, 저는 "그게 뭐냐"고 다시 물었습니다. 그렇게 저는 국군 포로와 그 자녀들에 대한 이야기를 접하게 됩니다. 오늘 저는 대한민국이 책임져야 할 또 다른 정신적 빚, 대한민국 국군 포로와 그 자녀에 대한 이야기를 시작합니다.

한근수. 가명입니다. 현재 이분의 가족들이 북한에 남아 있어 실명이 아닌 가명으로 호칭하려 합니다. 그는 함경북도 경흥군에서 태어났다고 합니다. 남한의 국민에게 아주 악명 높은 북한 지명이 있지요? 바로 아오지 탄광인데요, 한근수 씨가 태어난 고향 함경북도 경흥군이 바로 그 아오지 탄광이 있는 곳이라고 합니다.

지난 2014년 인천 아시안게임 당시, SNS상에서 아오지 탄광에 관련된

흥미로운 이야기가 떠돌았습니다. 28년 만에 한국 남자 축구가 아시안게임 축구 결승전에 올라갔는데, 공교롭게도 결승전 상대가 북한이었습니다. 그러자 우리나라 일부 네티즌들이 '북한에 져주자'는 농담을 열심히 퍼날랐습니다. 우리야 결승에서 패한다 하더라도 군 미필자만 '육군 논산 훈련소 다녀오면 끝이지만' 북한은 패배 시 선수 전부가 '아오지 탄광으로 끌려갈지 모른다'는 말이었습니다. 물론 농담으로 떠돈 이야기였지만 정말 궁금하지 않나요? 정말 북한에서는 경기에 패한 선수를 아오지 탄광으로 보낼까요?

놀랍게도 이는 사실이었다고 합니다. 다만 1994년 탈북한 전 북한축구대표팀 감독이었던 문기남 씨 증언에 의하면, 지금은 아니지만 과거 1960년대까지 그랬다는 증언입니다. 지금은 아니라니 다행이지만, 예전에 그랬어도 너무한 일 아닙니까. 스포츠는 스포츠일 뿐이지 그것으로 원치 않는 탄광행이라니, 역시 독재 국가다운 발상이 아닐 수 없습니다.

여하간 이처럼 '아오지 탄광'이라는 단어는 우리 국민에게 있어 북한의 독재와 인권 유린을 상징하는 단어로 기억되고 있습니다. 그런 곳에서 한근수 씨가 태어난 것입니다. 도대체 한근수 씨의 부모는 어떤 분이기에 이른바 저주받은 땅, 아오지에서 한근수 씨를 낳게 된 것일까요?

1962년에 태어난 한근수 씨. 한 씨의 아버지는 사실 국군 포로였다고 합니다. 1931년 강원도 삼척에서 태어난 한 씨의 아버지는 18살이 되던 1949년 8월 15일 국방 경비대에 입대하게 됩니다. 그리고 1950년 6월 25일 한국전쟁이 발발하자 전선에 투입되어 치열한 전투에 참여했다고 합니다. 그러던 1951년 1월경이었습니다. 강원도 양구와 인제에서 중공군에 맞서 일진일퇴의 치열한 전투를 벌이던 중, 그만 한 씨의 아버지가 생포되었습니다. 그렇게 해서 끌려간 곳이 평안남도 강동에 위치한 포로

수용소였다고 합니다. 이곳에서 한 씨의 아버지는 다른 국군 포로와 함께 수용되어 부상 치료를 받으며 감금 생활을 했습니다. 그러던 차에 1953년 8월, 북한군 계급으로는 중좌, 우리나라 계급으로 치면 중령에 해당하는 계급장을 단 인민군이 포로수용소를 방문했다고 합니다. 그리고 그날 수용소에 갇혀 있던 국군 포로들에게 매우 색다른 지시가 내려졌습니다. 전부 수용소 연병장에 집결하라는 지시였습니다. 영문도 모른 채 집결한 국군 포로를 상대로 인민군 중좌가 입을 열었습니다.

그 요지는 "조국해방전쟁이 우리 공화국의 승리로 끝났다"는 거짓 선전이었습니다. 더불어 느닷없이 연병장 한가운데에 줄을 그었습니다. 그러더니 모여 있는 포로들에게 갑작스럽게 제안을 했다고 합니다. 대한민국으로 가고 싶은 사람은 좌측으로, 그리고 북한에 남고 싶은 사람들은 우측으로 이동하라고 지시했습니다.

그때였습니다. 한 씨의 아버지가 천천히 좌측으로 움직이기 시작했습니다. 자신이 태어나고 자란 강원도 삼척 고향으로 돌아가기 위해 대한민국을 선택한 것입니다. 그렇게 한 씨의 아버지를 비롯하여 다수의 사람들이 웅성거리며 좌측으로 이동하는 순간이었습니다. 순간 도열해 있던 인민군들이 어깨에 메고 있던 기관단총을 풀어 집총을 하기 시작한 것입니다. 드르륵드르륵, 기관단총에서 발사된 총알이 대한민국을 선택한 국군 포로의 발밑으로 박히기 시작했습니다. 그 순간, 자리에 풀썩 주저앉아 오줌을 지리는 사람들, 무서워 몸을 움츠리고 고꾸라진 사람들, 자신이 총을 맞았다고 생각하고 기절한 사람도 있었고 또 누군가는 울며 살려달라고 외치는 사람도 있었다고 합니다. 그러자 그때 또 들려온 인민군 중좌의 목소리. "어느 쪽으로 갈 것인지 신중하게 다시 생각해서 선택하라"는 소리였다고 합니다.

그러자 대한민국을 선택하고자 좌측으로 몰려가던 이들은 전부 우측으로 발길을 옮겼다고 합니다. 그러자 중좌는 웃으며 "동무들을 공화국의 이름으로 열렬히 환영한다"며 해산 명령을 내렸다는 것입니다. 이날의 이 행위가 이후 북한이 지금까지 '북한에는 국군 포로가 단 한 명도 있지 않으며, 스스로 공화국을 선택한 자들만 있다'는 주요한 근거가 되었다는 것입니다.

이 일이 있고 이삼 일이 지나가던 어느 날이었습니다. 강동 포로수용소에 감금되어 있던 한 씨의 아버지를 비롯한 이들에게 기차역으로 이동하라는 지시가 떨어졌다고 합니다. 그래서 강제로 화물 기차에 올라탄 이들은 목적지가 어디인지도 모른 채 하루를 달려가야 했습니다. 그렇게 해서 도착한 곳, 바로 아오지 탄광이었습니다.

여기서 아오지 탄광에 대해 좀 자세히 알아보겠습니다. 흔히 '아오지 탄광'이라고 불리는 이곳의 정확한 현재 지명은 함경북도 은덕군입니다. 이 은덕군의 옛 지명이 경흥군 아오지읍이었기에 이후 아오지 탄광이라는 이름으로 불리게 되었습니다. 그러다가 1994년 아오지 일대의 지명을 은덕군으로 바꿨고 이후 아오지 탄광 이름 역시 '6·13 탄광'이라는 이름으로 개명하면서 엄밀히 말하면 현재 아오지 탄광은 사라졌다고 합니다.

그런데도 여전히 우리나라 국민에게 아오지 탄광은 북한 주민 인권 탄압의 상징으로 알려져 있습니다. 그 이유가 무엇일까요? 바로 아오지 탄광에서 일하는 사람들의 신분 때문입니다. 아오지 탄광은 그저 탄을 캐는 업무만 하던 곳이 아니었습니다. 북한의 정치범 수용소 역할도 함께하고 있었기 때문입니다.

1945년 8월 15일 광복 후부터, 북한 당국은 자신들의 사회주의 체제를 반대하는 세력을 이곳 아오지로 보내기 시작합니다. 그러다가 6·25전쟁을 일으킨 후 생포한 국군 포로 역시 이곳으로 보냈다고 합니다. 이렇게 아오지로 보내진 대부분의 국군 포로들은 이후 생을 마칠 때까지 이곳을 벗어날 수 없었습니다. 철저하게 통제된 가운데 일생을 아오지에서 마치는 것은 국군 포로의 숙명이었다고 이들 국군 포로의 자녀들은 증언하고 있습니다.

한편, 이러한 국군 포로들에게 새겨진 또 하나의 이름이 있었다고 합니다. 바로 '43호'라는 호칭이었습니다. 북한 인민들에게는 계급처럼 번호가 매겨진다고 합니다. 예를 들어 북한에서 최고로 높은 1호는 김일성 일가라고 합니다. 그리고 2호는 한국전쟁 당시 인민군으로 참전했던 군인 및 그 가족, 그리고 3호는 우리나라로 치면 의사자로 지정된 사람들….

이런 식으로 각기 인민 서열이 번호로 정해져 있는데 그중 가장 마지막 인민 서열 번호가 43호였다고 합니다. 바로 아오지 탄광 등에서 강제 노역을 하던 국군 포로 및 그 자녀가 43호라는 것입니다. 그렇다면 이들 국군 포로는 또 누구와 결혼을 했을까요? 한근수 씨가 증언하는 가족사는 기구했습니다. 한 씨의 어머니 사연입니다. 1951년 1월 4일, 그러니까 6·25전쟁 당시 그 유명한 1·4 후퇴가 일어난 날이었습니다. 압록강까지 치고 올라갔던 국군이 중공군의 개입으로 후퇴를 결정합니다.

그리하여 그 유명한 흥남부두 철수 당시 국군은 흥남에서 배를 소유한 모든 이들을 강제 동원하였다고 합니다. 이때 국군에 의해 배가 징발된 선주들은 정작 자신들의 가족은 태우지 못한 채 군인만 실어 남쪽으로 향하게 됩니다. 그래서 남게 된 부역자들의 가족, 바로 그들에게도 43호 호칭이 붙게 됩니다. 그렇게 남게 된 선주의 아내와 딸과 아들 들이 아오지 탄광으로 이주하게 된 것입니다. 이것이 국군 포로였던 한근수 씨의 아버지와 어머니가 아오지 탄광에서 만나 자식을 낳고 살게 된 사연입니다.

그렇다면 이들의 삶은 또 어떠했을까요? 북한 당국은 이들 국군 포로 가정에게 일률적으로 작은 방과 부엌이 딸린 사택을 제공했다고 합니다. 일반적인 사택처럼 칸칸이 이어 붙인 집이었는데 한근수 씨는 옆집에서 방귀를 뀌면 그 소리가 들릴 정도로 허술한 집이었다고 회상합니다.

가구와 살림 역시 빈약하기 짝이 없었다고 합니다. 고작 이불과 책상이 전부였다고 합니다. 그래도 결혼식이 있거나 누군가가 회갑을 맞으면 나름 잔치도 했답니다. 그런데 잔치를 하면서 진짜 음식을 가져다놓는 일은 어려웠다고 합니다. 그래서 인민위원회가 보관하다가 대여해주는 모형의 과일과 떡 등을 빌려와 상을 차린 후, 기념사진 한 장 찍는 것이 전부였다는 증언입니다.

한편 한 씨가 자신의 신분, 그러니까 43호라는 굴레를 제대로 인지하게 된 때는 자신의 나이 열다섯 살이 되던 해였다고 합니다. 그때까지만 해도 자신이 왜 아오지에서 사는지 이유를 몰랐답니다. 그러다가 아버지가 국군 포로라는 사실, 그리고 이에 따라 자신은 대학에 갈 수도, 그리고 인민군에 입대할 수도 없다는 사실을 처음 알게 된 후, 그 절망은 이루 표현할 길이 없었습니다.

이후 한근수 씨는 말 그대로 비행 청소년의 길을 걸어가게 됩니다. 공부를 해봐야 대학도 못 가고 또 인민군도 될 수 없으니 모든 희망이 사라진 것입니다. 인민군에 입대할 수 없으면 자연스럽게 공산당원도 될 수 없습니다. 그러니 결국 자신이 원하는 직장도 가질 수 없게 된 한 씨의 절망은 너무도 클 수밖에 없었습니다.

결국 자신 역시 아버지와 다르지 않은 인생을 살게 될 처지였습니다. 아버지처럼 아오지 탄광에서 죽을 때까지 탄만 캐다가 그곳에서 최후를 맞이해야 한다는 것. 다만 아버지와 약간 다른 점이 있다고 했습니다. 국군 포로는 죽을 때까지 갱 안에서 탄을 캐야 하지만 아들의 경우는 원할 경우 지상으로 탄을 운반하는 업무도 할 수 있다고 합니다. 갱 안의 일이 너무 고되니 그 아들만은 좀 더 수월한 일을 할 수 있게 배려한 덕분이라고 합니다. 이러거나 저러거나 참으로 끔찍한 일이 아닐 수 없습니다.

자신의 사회 신분을 알게 된 후 삐뚤어져만 가는 막내아들의 좌절을 지켜보는 아버지의 심정이 오죽했을까요? 그러던 어느 날이었습니다. 그날따라 아버지가 한 씨에게 나무를 하러 산에 가자고 손을 내밀었다고 합니다. 그래서 따라나선 그날, 한근수 씨는 오랫동안 묻고 싶었던 질문을 가슴속에서 꺼내 아버지에게 물었습니다. "왜 남조선 괴뢰군의 군인으로 살면서 공화국에 전향하지 않느냐"는 원망이었다고 합니다. 아버지는 주춤하더니 아들의 얼굴을 한참 바라봤다고 합니다. 아버지의 그런 행동에 아들은 잠시 멋쩍어 그 시선을 외면했습니다. 그때 한 씨는 처음으로 아버지 입을 통해 아버지 고향, 강원도 삼척에 대한 이야기를 들었다고 합니다.

푸른 바다, 그리고 나무, 돌, 바람, 사람들…. 특히 아버지에게 들은 이야기 중 가장 신기한 부분은 다름 아닌 과일, 그중에 배에 대한 것이었다고 합니다. 아버지가 말씀하시기를 "내 고향 삼척에서는 배가 어린애 머리통만큼 크다"고 하셨다는 겁니다. 여하튼 그날 아버지에게 들은 대한민국, 즉 아버지 고향에 대한 이야기는 어린 한 씨에게 새로운 희망을 줬다고 합니다. 바로 그때, 아버지로부터 매우 놀라운 권유를 듣게 됩니다.

"근수야. 나에게 두 아들과 딸이 하나 있지만 내가 보기에 나머지 자식들은 이대로 안주해서 여기 그냥 살 것 같구나. 하지만 너만은 다를 것이라고 생각했다. 그러니 너는 남으로 탈출해라.

그리고 이 아버지의 군번을 알려줄 테니 그곳에 가면 꼭 알리도록 해라. 너만이라도 그곳에서 행복하게 살아갔으면 싶구나. 그렇게만 된다면, 비록 이곳에서는 43호로서 비참하게 살아가는 우리이지만 그곳에서는 2호의 삶을 살 수 있지 않겠니?"

그리고 세월이 흘렀습니다. 2004년 4월 9일, 한근수 씨의 아버지이자 '대한민국의 영원한 국군'이었던, 그래서 끝내 사상 전향을 거부했던 아버지가 돌아가셨습니다. 아버지의 장례가 끝난 후 한 씨는 생전 아버지가 남긴 유언을 지키고자 목숨을 걸고 북에서 탈출했습니다.

아버지가 말씀하신 바로 그 고향 삼척에, 그래서 그곳에서 그날 아버지가 말씀해주신 것처럼 '어린애 머리통만 한' 배가 정말 있는지 한근수 씨는 직접 보고 싶었다고 합니다. 그리고 아버지의 말씀처럼 북에서 배척받던 43호의 굴레를 벗고 대한민국에서 2호의 영예를 받으며 사람처럼 사는 것으로 아버지의 한을 풀어드리고 싶었다고 합니다. 그래서 마침내 말로 다할 수 없는 고난 끝에 들어온 한근수 씨는 대한민국으로 들어왔습니다. 그리고 그렇게 꼭 확인하고 싶었다던 어린애 머리통만 한 배가 있다는 것을 직접 봤다며 저에게 웃었습니다. 또 아버지가 그렇게 그리워하던 강원도 삼척도 가봤다고 합니다.

하지만 거기까지였습니다. 국방부를 찾아가 국군 포로인 아버지 군번을 대자 아버지 병적 기록표에는 아버지가 전사자로 기록되어 있었다고 합니다. 사망 추정일은 1950년 6월 25일. 한국전쟁이 발발한 그날 아버지가 전사한 것으로 처리되어 있었던 것입니다.

이는 비단 한근수 씨의 아버지뿐만이 아니었습니다. 1986년 국방부가 내놓은 한국전쟁 요약 자료에 따르면, 한국전쟁 당시 국군 포로의 숫자는 82,318명으로 기록되어 있었고 이중 휴전협정 후 돌아온 국군 포로는 7,862명에 불과한 것으로 확인되었습니다. 이중에 전쟁 중 행방불명된 이들은 모두 전사자로 처리되었고 이들의 사망일은 전부 1950년 6월 25일로 현재도 기록되어 있습니다. 그래서 어처구니없는 일이 지금도 벌어지고 있는 것입니다.

결과적으로 한근수 씨는 아버지의 소원처럼 '대한민국 2호'가 되지 못했습니다. 더 정확히 이야기하면 한근수 씨는 대한민국에서 '또 다른 43호', 즉 '국군 포로의 탈북 자녀'로 살아가고 있는 것입니다. 대한민국 국방부는 최고의 예우로 국군 포로의 자녀를 대하는 것이 아니라 한 달에 100만 원 남짓 되는 참전 유공자 후손 연금조차 지급하지 않고 있습니다. 그 이유가 너무도 어처구니없습니다. 한근수 씨의 아버지가 북한에서 2004년까지 살았다는 것은 아들의 주장일 뿐 그의 병적 기록표에 따르면 1950년 6월 25일 사망한 것이 현재까지의 진실이라는 것입니다. 따라서 이미 그때 사망한 것으로 서류상 처리되어 있는 그분이 어떻게 1962년에 자식을 낳을 수 있냐는 논리였습니다. 그래서 한근수 씨처럼 목숨 걸고 북을 탈출하여 남으로 내려온 국군 포로의 자녀 93세대가 이 연금의 지급 대상마저 못 되고 있는 실정입니다.

아버지가 배신하지 않은 조국 대한민국, 그래서 아들만은 '북 43호'가 아닌 '남 2호'로 살라며 자신의 군번을 소중하게 알려준 그 아버지에게 과연 대한민국은 어떤 말을 해주고 있나요? 그래서 여쭤봤습니다. 국군 포로의 자녀로서 대한민국에 원하는 것이 무엇이냐고. 그러자 그는 이렇게 답했습니다.

"북한처럼 우리를 인민 서열 2호로 예우해달라는 기대는 이미 포기했습니다. 다만 우리 역시 다른 참전 유공자 유족만큼만 대해주십시오. 이것도 정말 무리한 요구인가요?"

국군 포로 문제는 우리 정부가 외면할 수 없는 문제입니다. 우리 정부가 인도적 차원에서 장기수를 북으로 보낸 것처럼 북한 역시 생존한 국군 포로들을 남으로 송환시켜줘야 합니다. 우리 정부가 현재 파악한 정보에 의하면, 북에는 약 500여 명의 국군 포로가 여전히 억류되어 있다고 합니다. 이들의 송환을 위한 우리 정부의 노력은 결코 중단되어서는 안 됩니다.

그런데 이보다 먼저 우리 정부가 할 일이 있습니다. 국군 포로의 자녀를 정당하게 예우하는 일입니다. 우리 대한민국이 갚아야 할 또 다른 정신적 부채로서 국군 포로를 인정하고 그 후손에게 경제적 지원을 다해야 합니다. 죽음보다 더한 고통 속에서도 끝내 변절하지 않고 대한민국을 선택한 그들에게 우리 정부 역시 화답해야 합니다. 이것은 너무도 당연한 일이 아닙니까?

끝으로, 저는 고통 속에서도 살아남아 대한민국을 찾아온 모든 국군 포로의 자녀분들에게 깊은 연대의 마음을 보냅니다. 힘내세요. 고맙습니다.

혼자 건널 수 없는 거대한 강을 건너려 할 때, 손을 내미는 사람 고상만

재심 전문 변호사 박준영이 말하는 〈고상만의 수사반장〉

"한 사람의 생애에서 더러는, 자기 혼자 힘으로는 결코 건널 수 없는 운명과도 같은 거대한 강물과 맞닥뜨리기도 하는 법이다."

임철우의 책 『봄날』 서문에 나오는 글이다. 억울한 누명을 쓴 채 깊은 수렁에 빠져 혼자 힘으로는 결코 그 수렁을 헤쳐 나올 수 없는 운명. '봄날'의 운명과 다를 바 없을 것이다.

2014년 여름, 존속살해 혐의로 수감된 무기수 김신혜를 처음 보았다. 입으로 말하는 것이 아니라 온몸으로 절규하는 모습이었다. 처음부터 재심을 맡아 진행할 생각으로 간 것은 아니었다. 한 번만 만나달라는 SBS 시사 프로 〈그것이 알고 싶다〉 피디의 부탁 때문에 간 소이였다. 억울함을 호소하는 김신혜의 모습을 직접 보고 나니, 재심 청구에 나서지 않을 수가 없었다. 무기수 김신혜 사건은 〈그것이 알고 싶다〉 방송(2014년 8월 2일) 이후 큰 반향을 불러일으켰다. 결국 대한민국 사법역사상 최초로 복역 중인 무기수에 대한 재심 개시 결정이 내려졌다. 이 역사적인 사건, 저절로 벌어진 게 아니다. 인권운동가 고상만의 '포기하지 않는 진실' 덕분이었다.

〈그것이 알고 싶다〉에 김신혜 사건이 방송된 것은 고상만의 사전 조사 덕분이었다. 2000년 12월, 시민단체인 반부패국민연대에서 일하던 고상만은 '우리 누나가 억울하게 갇혀 있어요'라는 인터넷 게시글을 읽게 되었다. 2심에서 무기징역을 받고 형을 살고 있는 김신혜의 남동생이 자신의 누나를 도와달라고 글을 올린 것이었다. 고상만은 이 사건 수사 기록과 1, 2심 판결문을 검토했고, 완도까지 수차례 왕복했다.

"가혹행위를 당하고, 입에 담기도 민망한 성적 희롱, 욕설을 들었다는 사실이 너무 수치스럽고, 창피해서 숨기고만 싶은 심정이었습니다. 아직도 그 생각을 하면 몇 끼 식사를 하지 못하고, 공포감에 시달립니다. 혼자 있는 것을 좋아했는데, 혼자 있다는 것이 죄가 될 줄은 몰랐습니다. 도와주세요! 이미 제 자신은 이 상처를 안고 평생을 살아가야 하는 어쩔 수 없는 운명 속으로 걸어 들어가야 하지만, 더 이상 이렇게 짓밟히는 영혼이 이 땅 위에 없었으면 합니다."

무기수 김신혜가 고상만에게 보낸 편지 중 일부이다. 편지를 보낸 후 한 달 만인 2001년 3월 23일, 대법원은 김신혜의 상고를 기각했고 형은 확정되었다. 고상만은 "김신혜를 도와주고 싶었지만 손을 쓸 시간조차 없이 사건이 끝나버렸다"면서 당시 상황을 아쉬워했다.

하지만, 고상만은 멈추지 않았다. 김신혜와 수없이 많은 편지를 주고받으며 진실을 추적했고 그를 면회했다. 그리고 사건 관계자를 통해 그날의 진실을 찾았고 이를 검증하기 위해 현장을 방문했다. 이를 통해 고상만은 이 사건이 억울하게 만들어진 사건임을 확신하게 된다. 무엇보다 김신혜의 무리한 자백 말고는 그 어떤 물적 증거도 없는 살해사건. 조작의 냄새가 났다고 한다. 범죄에 쓰인 양주병과 양주잔은 바다에 버렸다고 하고, 처음 이 사건을 경찰에 신고했다는 고모부의 말과 김신혜의 말은 하나부터 열까지 서로 다른 내용을 이야기하고 있었다고 한다. 그런데도 법원은 존속 살해 혐의를 인정하고 말았다. 고상만은 그래서 이 사실을 글로 쓰고 말로 하며 김신혜의 억울함을 대신 세상에 알리고자 노력해왔다. 그리고 이에 공감한 언론이 사건을 세상에 알렸다. 그러한 지난한 과정을 거쳐 〈그것이 알고 싶다〉 제작진과도 연결이 됐다. "저는 아버지를 죽이지 않았습니다!" 외치는 무기수의 목소리를 외면하지 않은 그의 노력 덕분에 세상 사람들이 김신혜 사건을 잊지 않았고 결국 대한민국 최초의 수형중인 재소자가 재심 개시 결정을 받는 기적에 이른 것이다.

이렇듯 고상만은 팟캐스트 〈고상만의 수사반장〉을 통해 수많은 인권침해사건을 공론화해왔다. 피해자들과 함께 현장을 다니며 그들의 억울함을 대변했다. 그 노력의 결실이 맺어지고 있다. 2014년과 2015년에 걸쳐 두 번 〈고상만의 수사반장〉에 소개된 바 있는 '충주 귀농 부부의 공권력 횡포 피해사건'은 올해 1월 재심을 청구한다. 대한변호사협회가 재심을 돕고 있다. 이 사건 역시 〈고상만의 수사반장〉을 통해 공론화된 덕분이었다. 처음 이 사건의 억울함과 조작을 알린 사람이 고상만이기 때문이다. 2017년 현재, 고상만은 대한변협 인권위 재심법률지원 소위원회의 부위원장으로 억울함을 호소하는 이들과 여전히 함께하고 있다.

　혼자 힘으로는 결코 건널 수 없는 거대한 강물을 맞닥뜨려 함께 건너 줄 누군가가 필요할 때, 고상만은 그가 누구이든 그와 함께했고, 함께하려 했다. 앞으로도 함께할 것이다. 이 책을 통해 많은 사람들이 '고상만의 포기하지 않는 진실'에 연대했으면 좋겠다. 나 역시 고상만의 든든한 동지가 되고 싶다. 늘 그렇게.

2017년 1월
변호사 박준영